二次建國

THE SECOND FOUNDING

ERIC FONER

How the Civil War and Reconstruction Remade the Constitution

重塑美國憲法的關鍵時刻

艾瑞克・馮納——著
鄭煥昇——譯

獻給達莉亞與克傑爾

目次

推薦序

別人有第二次了，但我們的第一次呢？

劉珞亦（法律白話文運動社群總監）

這本書的標題本身就運用一個矛盾的命題作為開場。

一個早在一七七六年即宣布獨立、一七八九年即制定憲法的國家，為何還需要「再一次」建國？難道建國並非一次性事件，而是一個漸進、層層遞進、甚至不斷重寫定義的過程嗎？

作者似乎就是這樣認定。

作者選擇從美國歷史中三條關鍵憲法修正案：第十三、十四與十五修正案切入，用法律視角與制度論述，重新書寫一部「美國的建國史」，似乎指向：**所謂建國，不僅是政權與疆界的建立，更是自由、平等與參政權在制度中被完整承認與保障的歷史過程**。舉個例子，第十五修正案寫下了一句簡單卻革命性的話：不能因為你是黑人、曾為奴，就剝奪你投票的權利。這是美國憲政史上，第一次承認參政不是恩賜，而是基本權。然而真正的政治平等，也並非在修正案通過那天就實現，而是靠一場又一場訴訟、抵制與遊行，才慢慢逼迫制度兌現承諾。這些事情，都不是建國之初就有的。

而我最喜歡的是第四章〈正義與判例法〉。

作者將前三章的制度歷史總結為一個更根本的命題：一個國家之所以能夠稱為「建國」，關鍵不在疆域、政體或軍事，而在於其能否建立一套具公共正當性的法理基礎。

這套法理基礎包括：法律為誰服務？法律為何具有權威？誰能界定正義？當這些問題的答案來自人民的集體討論與制度設計，而非歷史繼承或殖民複製，國家才真正具備自主性。

美國的「二次建國」，即是這樣一場漫長且痛苦的法理轉型，它從一套建立於白人財產階級之上的殖民法律體制，轉化為可供各種族、性別、階級參與的民主制度。而這樣的轉型，不靠革命，不靠軍事，而是透過司法判決、修憲程序與社會抗爭持續推進。

當美國有了「第二次建國」，我們卻仍在追問：那麼，臺澎金馬的「第一次建國」在哪裡？

當然我們連第一次的建國都尚未完成，但如果要從作者的角度以及價值出發，也就是制度的意義在是否真實地落實那些重要的權利，或許我們也可以從大法官解釋中尋求一些跡象。

我們來用三個解釋作為依據。

第一個解釋：我們能在共同體的範圍落實投票權利。

在一九四八年第一屆中央民意代表（立法委員、監察委員、國民大會代表）選出後，因國共內戰與動員戡亂時期的特殊情勢，第二屆遲遲無法改選。講白話一點來說，政府認為就是在「大中國」選出來的代表，怎麼可以在「臺澎金馬」重選。如果在「臺澎金馬」這塊區域重新選出來民意代表，不就代表「臺澎金馬」實質獨立？這要如何回應當時的「反攻大陸」這個政治話術？因此這批「資深民代」一任就是四十多年，被戲稱為「萬年國會」，導致國會一直沒有改選，憲法所稱的每三年國會改選，彷彿僅是一個口號。

就在一九八七年解嚴後，社會要求國會全面改選的呼聲高漲，因此爆發當時最大的抗議：野百合事件。隨後陳水扁等二十六位立委聲請釋憲，要求檢討「萬年國會」的正當性。大法官作出釋字二六一號解釋，明確指出：民意代表應定期改選以反映民意，貫徹民主原則。大法官要求，除無法行使職權者應即解職外，其餘「萬年國會」成員應於一九九一年底前全數退場，政府須盡速辦理次屆選舉。此舉終結了「萬年國會」，開啟國會全面改選，推動民主化進程，被視為民主轉型的重要里程碑。

從此我們的國會確認進入到「臺澎金馬」的組成，而不是「大中國」下的共同體，並且人民開始進入真正的選舉時代。

第二個解釋：憲法核心價值是「自由民主憲政秩序」。

然而在一九九九年，國民大會第五次修憲時，通過一系列爭議性條文，包括以無記名投票方式修憲、延長民代任期、以及將國大代表產生方式改為依立委席次比例分配，被批評為「自肥修憲」，引發社會強烈不滿。這次修憲被質疑違反公開透明原則、程序有重大瑕疵，且內容涉及代表性不足與利益衝突。立委聲請釋憲，要求審查修憲程序與內容的合憲性。

二〇〇〇年三月二十四日，釋字四九九號解釋出爐，大法官認為，修憲必須公開透明，讓國民能監督代表行使權力。這次修憲不僅程序違規，還在本質上違反憲法當中的「自由民主憲政秩序」，因此宣告相關修憲條文無效，恢復原條文。

這號解釋不僅糾正了「自肥修憲」的弊端，更確立了「自由民主憲政秩序」，告訴大家我們憲法裡的核心價值為：「民主共和國原則、國民主權、基本權、權力分立原則」，成為臺灣憲政民主的重要防線，即使是憲法，也不能違反之。

憲法的核心價值就這樣被確立，一個自由民主憲政秩序共同體慢慢被書寫起來。

第三個解釋：我們是個婚姻平權的國家。

二〇一七年五月二十四日，釋字七四八號解釋公布，確認了法律需要保障同性婚姻，兩年後，立法院通過《司法院釋字第七四八號解釋施行法》，臺灣成為亞洲第一個承認同性婚姻的國家。

平等的概念，更在這一次大法官解釋中，突破前進。

回到本書，《二次建國》以法政視角回望美國制度史，指出建國不僅僅是開國元勳的決定或戰爭勝利的結果，而是一個自由、平等與參政權被逐步寫進制度、落實於生活，將政治價值轉化為可操作的制度設計，並不斷擴充其適用主體與影響範圍的過程。

作者並沒有歌頌開國元勳的偉大，也沒有浪漫化革命的浪漫色彩，而是將目光投向一個國家內在的制度重塑歷程，讓我們深刻理解真正的建國，源自於人民不斷為正義奮鬥、修補制度的持續行動。

若將這樣的理論視角轉向自身，我們或許會看到一種反向的歷史曲線。在臺澎金馬這個共同體中，透過釋字第二六一、四九九與七四八號等關鍵憲法解釋，我們也許已經逐步建立起一套具有公共正當性的法理基礎，並使民主原則、基本權保障與憲政秩序逐步制度化、社會化，一個具備公共正當性的法理基礎正在這塊土地逐步「落地生根」。

然而跟美國不同的是，我們所真正缺乏的，或許正是那個能在主權位階與國體樣貌上，為整個共同體劃下清晰起點的「第一次建國」，一個由人民明確確認自身政治實體地位的創始性舉措。

這樣的缺席，成為我們憲政體系的懸缺，造就規範與現實之間的巨大落差，在我們自稱民主憲政的敘事中留下一道醒目的斷層，於是乎我們僅能用一套不完整的語言，去描述一個本該完整的共同體。

我們還在等待屬於我們的第一次。

導讀

修憲與重建：美國民主的未竟承諾

盧令北（東吳大學歷史學系副教授兼系主任）

《二次建國：重塑美國憲法的關鍵時刻》是一部具有里程碑意義的著作，艾瑞克・馮納（Eric Foner）教授以其敏銳的洞察力和嚴謹的學術態度，再次檢視「重建時期」（Reconstruction Era）*對美國憲政發展的影響。透過歷史事件的縝密梳理，本書不僅帶領讀者掌握美國「重建時期」的全貌，也讓世人瞭解一個社會如何在戰後重生，並將歷史教訓轉化為前行的動力。

早期研究「重建時期」的美國歷史學家，當屬以哥倫比亞大學歷史系教授鄧寧（William

* 註：一般定義的重建時期始於南北戰爭結束的一八六五年，終於聯邦部隊自南方撤軍的一八七七年。這段期間美國面臨奴隸制的存廢、南方各州重新融入聯邦的方式與條件、聯邦政府與州政府的關係與權限等重大議題。

A. Dunning）領銜的「鄧寧學派」（Dunning School）最具影響力。該學派認為，北方激進共和黨人懷著對戰敗南方的報復心理，祭出嚴苛、懲罰性的重建政策羞辱南方；南方的重建政府在北方人的掌控下，將甫獲自由，但欠缺教育程度與治國能力的非裔人民拱上政治舞臺，成為北方政治人物的傀儡，導致重建政府腐敗無能，戕害民主制度。「鄧寧學派」直指為期十二年的重建是場失敗的實驗，以黑白種族為基礎的民主制度絕不可行。此歷史論述主導了近半世紀的史學與公共論述，更深刻影響一八九六年聯邦最高法院在審理「普萊西訴佛格森案」（*Plessy v. Ferguson*）時的判決思維，以及國會與政治人物處理種族與民權問題的作為，形塑了所謂「歷史政治學」（politics of history）。

馮納教授早在一九八八年，便以近七百頁鉅著《重建：美國未竟的革命，1863-1877》（*Reconstruction: America's Unfinished Revolution, 1863-1877*）獲頒「班克羅夫特獎」（Bancroft Prize），該書引用大量的原始史料及文獻，全面批判並成功翻轉「鄧寧學派」的史觀。馮納教授在該書指出，重建失敗的主因不在剛解放的非裔美國人，而在共和黨無意信守聯邦的承諾，全面自民權及平權問題上撤守，以及白人至上集體暴力的肆虐所致。《二次建國》的篇幅雖僅有《重建》一書的四分之一，但全書的主軸聚焦在重建時期所通過，且深深影響後世歷史走向的三條「重建修正案」（Reconstruction Amendments）的內涵與影響。

本書並非憲法專書，也非單純討論美國憲政的發展史，而是透過憲法視角，剖析國家權力與社會變遷的互動關係。美國憲法雖是法律文件，但理解美國歷史發展時，只要涉及國家權力，以及政治、社會、經濟等重要變遷，必然得回溯憲法尋根探源。因此，美國憲法既是歷史年表，也是一手史料，更是美國國家及人民意識形態的總體論述，馮納教授這本力作具體彰顯了美國憲法對理解美國歷史的重要性。

若將一七八七年費城制憲會議所通過的聯邦憲法視為美國的「第一次建國」，那麼「重建修正案」的提出與通過，依當時的聯邦參議員卡爾・舒爾茲（Carl Schurz）所言，則是「第二次建國」。「第二次建國」的重要性並非疆域的拓展，而是一場憲法革命，重建時期所通過的憲法第十三（廢奴）、十四（平等與公民權）以及十五（投票權）修正案，不僅重新定義自由、平等與公民權，也奠定了現代美國的法治與政治基礎。

馮納教授以其深厚的史學基底，深入剖析憲法第十三、十四與十五修正案的歷史意義、立法過程、政治角力與實踐過程中所面臨的挑戰。他認為，「重建修正案」在美國歷史所代表的意義與重要性，與世人所熟知的美國憲法第一至第十修正案，即所謂的《權利法案》（Bill of Rights），並無軒輊，馮納教授的論點可從兩方面來理解。

第一，從條文內容的獨特性來看。與《權利法案》不同，三項「重建修正案」條文內，皆有「國會有權為執行本條內容而制定合宜之法律」的規定，賦予國會有權立法，去執行憲法修正案所賦予的任務。此外，過往英國殖民時期，殖民地人民均屬皇室子民，受王權保護；

美國獨立建國後，前英國公民轉換身分成為美國公民，然而「公民」一詞雖多次出現在美國憲法中，但其所指為何、標準為何、如何認定卻始終未有定論，「重建修正案」首次釐清了美國公民的定義。最後，內戰前，如托克維爾（Alexis de Tocqueville）觀察，法律之前人人平等的觀念幾乎不存在於美國社會中，但直至「重建修正案」通過，始將此觀念具體化，落實於法律條文中。

第二，從修正案通過後，法律施行的實際情況來看。儘管「重建修正案」確立了平等和公民權等重要原則，但在執行過程中卻遭遇了來自南方各州的強烈抵制和種種障礙，這是執行《權利法案》及其他憲法修正案時所罕見的。一八七七年，南北雙方達成協議，北方同意自南方撤軍，以換取南方在總統大選的支持，重建時期宣告終結。隨著南方各州重獲自治，聯邦政府對南方事務的干預力道日漸減弱之際，南方各州紛紛通過各式各樣的「黑人法典」（Black Codes），這些法典雖未恢復奴隸制，卻以新的法律形式，無視憲法第十四修正案的規範，透過人頭稅、識字測驗、理解力測驗等方式，限制非裔人民的投票權、工作權和財產權，更甚者，他們藉由通過所謂「吉姆·克勞法」（Jim Crow Laws），在公共設施、交通、教育等方面實行全面的種族隔離，剝奪非裔美國人的公民權利，使他們在社會上處於二等公民的地位。

美國聯邦最高法院也未能捍衛「重建修正案」的立法初衷，甚至為種族歧視提供了法律依據。一八七三年，聯邦最高法院在「屠宰場案」（*Slaughter-House Cases*）中，將公民權區分為「聯邦公民權」和「州公民權」，裁定第十四修正案所保護的是聯邦層級的權利，而非個人在州的權利，為日後南方各州的種族歧視敞開了大門。而在一八八三年「民權案件」（*Civil Rights Cases*）中，進一步裁定第十四修正案只禁止州政府的歧視行為，私人行為則不在此限，造成南方種族隔離現象進一步擴大。一八九六年，聯邦最高法院在著名的「普萊西訴弗格森案」的判例中，更樹立了「隔離但平等」（Separate but Equal）原則，認可南方長年存在的種族隔離措施，為種族隔離制度披上合法的外衣。

就馮納教授而言，「重建修正案」固然是美國歷史發展的重要里程碑，但其中充滿過多的妥協與過大的解釋空間，導致法律文字與實際社會實踐產生重大落差。為調和不同立場與意見，國會議員刻意在憲法條文上採取模稜兩可的表述方式，一方面維持好不容易建構的共識基礎，另一方面又能創造各自表述空間。

舉例來說，第十三修正案正式廢止了奴隸制度，讓四百萬非洲裔人民不再被視為財產，而是法律上的「自由人」。然而，非裔同胞成為自由人後，是否也取得和白人相同的公民權利？修正案中並未言明。第十四修正案雖同時做出「平等」和「公民身分」的宣告，稱所有在美國出生者皆為美國公民並享有公民權利，但「承認公民身分」是否等同「享有平等公民權」？修正案的條文雖未給出明確的答案，但事實上是否定的。美國出生的白人男性與女性都是美國公民，但在一九二〇年第十九修正案通過前，所有女性皆無投票權，更遑論出生即公民的非裔男女，從無享有過公民權。第十五修正案雖禁止以「種族、膚色或曾遭奴役」為由剝奪公民投票權，卻未禁止以特定手段阻擋選民投票，導致南方非裔選民無從參與選舉。除了「重建修正案」在設計上刻意創造模糊空間外，若我們再將國會自內戰結束後對黑白平權問題的消極不作為，以及聯邦最高法院偏狹的司法解釋等因素匯集起來，適可解釋為何美國廢除奴隸制度且修改憲法後，日後卻仍有種族爭議與民權運動的發生。

雖說「重建修正案」的開放模式削弱了當初立法的初衷，並產生連串的爭議，但這種模式也提供了一個平臺，讓美國人在社會發展過程中，能不斷的回顧、批判、省思這三條憲法修正案是否真能回應當代社會與人民的需求。各種批判、建議、訴求在這個平臺上不斷堆疊，進而形成另一種共識與社會力量，促使聯邦政府與國會必須揚棄以往的不作為，在二十世紀中期認真開始面對種族不平權的問題，一九六四年通過的《民權法案》以及一九六五年通過的《投票權法案》，就是明證。

「重建修正案」不僅是法律條文，更是新的憲政秩序，但其所揭示的民主、平等，並未因《民權法案》及《投票權法案》的通過而完全兌現。雖然至今仍是未竟的承諾，但也無需過於悲觀，如同馮納教授在書中所闡述，憲法並非靜止不變的文本，而是一個活的、不斷演進的有機體，憲法條文所揭示的意義與強制力，會隨著時代的變遷和社會的衝突而改變。回顧「重建修正案」的實際執行過程，可窺見司法並未完全超脫於政治之外，也未成為中立客觀的法律機器，它受到時代思潮、政治壓力、甚至法官個人信念的影響，因此，進步不是必然的，權利也不會自動擴張，而正義則始終需要主動爭取。

「重建修正案」雖是百年以前的產物，但仍與今日的美國社會緊密相連，從平等保護的辯論、投票權的保障以及聯邦政府在公民權利的維護上應扮演的角色，這些在重建時期提出的問題，至今仍是美國社會爭論不休的焦點。從反對警察暴力的「黑人的命也是命」運動，到挑戰種族歧視選舉法規，再到婚姻平權與移民法案的辯論，當代美國重要的社會運動，幾乎都會提及或引用憲法第十三、十四或十五修正案。馮納教授在《二次建國》中，除了突顯美國民主的矛盾與挑戰，更提醒我們，一個國家的進步，既需要帶有理想性的憲法文本，更需要一群勇敢堅韌的人民，為捍衛憲法所承諾的普世價值而奮鬥不懈。

美國憲法第十三修正案（禁止奴隸制，共兩項）

參議院三分之二投票通過：一八六四年四月八日
眾議院三分之二投票通過並提案：一八六五年一月三十一日
獲得四分之三州批准：一八六五年十二月六日

第一項（廢奴條款）

在美國境內或任何接受美國司法管轄的地區內，非經合法程序判刑以作為犯罪懲戒者，不得有奴隸制或非自願勞役之存在。

第二項（國會執行權）

國會有權為執行本條內容而制定合宜之法律。

美國憲法第十四修正案（公民之政治權利與民權，共五項）

眾議院通過聯合委員會版：一八六六年五月十日
參議院通過其增修版本：一八六六年六月八日
眾議院通過由參議院提出之版本：一八六六年六月十三日
獲得四分之三州批准：一八六八年七月九日

第一項（出生即公民；公民之特權或豁免權；正當法律程序；法律平等保護）

凡出生於或歸化至美國並受其管轄之人，皆屬美國暨其所居各州之公民。各州均不得制定或執行法律以致損害美國公民之特權或豁免權；不得未經正當法律程序致使任何個人喪失其生命、自由或財產；亦不得剝奪轄區內任何個人受法律平等保護之權利。

第二項（眾議員之比例分配）

各州之眾議員人數，應按其人口分配之，除不納稅之印第安人外，此項人口應計入各州人口之總數。各州年滿二十一歲且為美國公民者之男性居民除因參與叛亂或犯他罪不計者，其投票選舉美國總統與副總統之選舉人、國會議員、州行政與司法官員或該州議會議員之權利若遭剝奪或以任何方式刪減，則該州眾議員人數應按權利受損人數占該州滿二十一歲男性公民總數之比例核減之。

第三項（任公職資格之褫奪）

所有欲擔任國會參議員或眾議員、總統副總統選舉人、聯邦或各州文官或美軍官職，並曾以國會議員、美國政府官員、州議會議員、州行政或司法官之身分宣誓擁護美國憲法者，均不得有參與暴動或叛亂反對憲法，或針對憲法之敵人提供支援或慰助之情事，惟遭褫奪之任公職權利，得由國會兩院各三分之二之表決票數恢復之。

第四項（公共債務之有效性）

凡經法律認可之美國公債，包括為支付平息暴動或叛亂有功者之養老金與獎勵金所負之國債，均不得遭到質疑。惟美國或各州均不得承擔或償付為資助在美國從事暴動或叛亂而衍生之債務，亦不得以奴隸的失去或解放為由主張損失賠償；凡涉及暴動、叛亂與蓄奴之各種債務、義務與賠償主張，均應被視為非法而不具效力。

第五項（國會執行權）

國會有權制定合宜之法律以執行本條各項內容。

美國憲法第十五修正案（投票權，共兩項）

眾議院三分之二投票通過：一八六九年二月二十五日
參議院三分之二投票通過並提案：一八六九年二月二十六日
獲得四分之三州批准：一八七〇年二月三日，正式認證生效為三月三十日

第一項（黑人投票權條款）

美國或各州對於美國公民之投票權，均不得基於種族、膚色或曾遭奴役等事由而否定或刪減之。

第二項（國會執行權）

國會有權為執行本條內容而制定合宜之法律。

前言

南北戰爭與戰後的重建時期，堪稱美國歷史的轉捩點。戰爭摧毀了蓄奴的制度，確保了聯邦的存活，啟動了為現代美國奠定基礎的經濟與政治變革。在這段戰後的重建時期，美國首度進行了一項雖然不無瑕疵、但以當時來講著實了不起的嘗試——他們想要在奴隸制的灰燼中，建立起一個人人平等的社會。那些年月的某些問題，至今仍是美國社會揮之不去的陰霾：巨大的貧富差距與權力失衡、訴諸暴力的恐怖主義、出自種族歧視的各種攻擊。不過那個時代最具體的遺緒，或許是美國憲法的第十三、第十四與第十五修正案。美國憲法的第十三修正案徹底廢除了奴隸制。第十四修正案將公民身分與生俱來以及法律之前人人平等這兩項原則寫入憲法，並設法處理隨南北戰爭而萌生的重大問題，包括邦聯領袖未來的正式角色，以及邦聯債務的命運。第十五修正案尋求在重新統一的國家全境確保黑人男性的選舉權（suffrage）*。

* 譯註：suffrage，源自拉丁語 suffragium，本意就是投票，所以有時也直譯為投票權，惟在民主社會中，選舉權除了選舉時的投票權之外，也包括成為候選人的權利，所以有時也譯為參政權。

連同以影響深遠的國會立法讓前黑奴可以合法受審、投票與出入公共場所，並保護他們免受暴力侵襲，這三條重建修正案在很大程度上強化了聯邦政府的力量，將定義公民權的大部分權力從各州轉移給合眾國。這三條修正案於個別美國公民與聯邦國家之間，建立起嶄新的憲法關係，並在創造出世界第一個雙種族的民主制度上，發揮了至關重要的作用，人們在這樣的制度裡只要脫離奴隸身分幾年，就可以履行顯著的政治權力。這三條修正案都以結尾處的細項賦予國會權力，讓國會得以執行修正案的條文本體，以確保重建會是持續的過程，而不至淪為稍縱即逝的瞬間。這點本身就是一個不容小覷的創新，須知《權利法案》（The Bill of Rights）[*] 隻字未曾提到其列舉的這些自由會如何獲得施行與保障。透過在憲法中納入「受法律平等保護」與「投票選舉……之權利」等字眼（雖然「男性」這個修飾語觸怒了那個時代的女權人士），重建修正案在不分種族與背景的全體美國人之間反映且強化了一個屬於個人權利意識的新時代。這些改變是如此深刻，以至於我們不應該只當這些修正案是對固有結構的調整，而應該套用共和黨領袖卡爾·舒爾茲（Carl Schurz）的說法，視其為一種「二次建國」，一場「憲政革新」，因為這些修正案從根本上創造出了一份新文件，藉此重新定義了黑人的地位與全體美國人的權利。[1]

接下來的章節，我們會檢視重建修正案的起源、頒布過程與立法目標，乃至於它們在獲得各州批准後，這些修正案的意涵引發了哪些爭端。這本小書並不打算呈現重建時期的全貌，那是我在其他地方嘗試的任務。[2] 但為了理解憲法的改變，我們有必要對緊接南北戰爭後的這段期間具有一定程度的認識。

人們以往認定重建時期始於南北戰爭結束的一八六五年，終於一八七七年，在那一年，抱持白人至上主義的民主黨完成了對所有南方州議會的控制。近年有學者會在筆下提到所謂的「長重建期」(long Reconstruction)，其時間跨度延伸至一八八〇年代，甚或更久之後。然而無論該時間段的定義為何，重建時期都可以被理解為一個沒有固定終點的歷史進程，美國在這個進程中所嘗試面對的，是南北戰爭留下的重大結果，尤其是奴隸制度的廢棄。幾乎可以說直到今天，我們都還在試著處理美國廢除奴隸制所導致的後果。在這層意義上，重建時期在美國從未告一段落。

我的學術生涯有很大一部分，都投入在對重建時期的研究，但我必須實話實說的是這部分的美國歷史，並不為很多人所熟悉，甚至恐怕是大部分美國人都感到陌生。因此，憲法裡的重建修正案並不如《權利法案》與《獨立宣言》等其他歷史關鍵文件一般，在公眾意識裡占有重要的一席之地。但即便我們沒有意識到，重建也仍舊是我們生活的一部分，或者換句話說，今日挑戰著美國社會的許多關鍵問題，都在某種程度上是重建時期關注的問題。誰有資格獲得公

* 譯註：美國憲法修正案前十條的統稱。

民身分？誰應該享有投票權？法律應該像保護公民一樣去保護外國人的權利嗎？「受法律平等保護」這說法，應該如何獲得定義跟保障呢？聯邦政府與各州之間，應該維持什麼樣的權力平衡？應該如何保障美國人免受恐怖分子的荼毒？這些問題都曾在重建時期歷經激烈的辯論。再者，每一屆最高法院都會判決到需要詮釋第十四修正案的案子。某些當代最具變革色彩的判決，從讓校園內的種族隔離被宣告為非法的「布朗訴教育局案」（*Brown v. Board of Education*），到確立同性戀者婚姻權的「歐伯格菲爾訴哈吉斯案」（*Obergefell v. Hodges*），都是基於第十四修正案。我們想要理解今日的美國社會，就必須瞭解一個半世紀前的重建時期的某些面向。

重建時期也是我們有時稱為「歷史的政治」的典型例子，亦即歷史詮釋既反映也形塑了歷史學家寫作的時代。在二十世紀大部分的時間裡，以哥倫比亞大學教授威廉・A・鄧寧（William A. Dunning）師生命名的「鄧寧學派」（Dunning School）代表著最權威的重建時期敘事，主導了歷史書寫、法學研究與大眾的看法。主要作品出版在一八九〇年代與一九〇〇年代初期的鄧寧學派學者，屬於美國第一代由大學訓練出來的歷史學家，並發展出一些至今價值不減的見解，像是奴隸制之爭是南北戰爭的根本成因，以及社會中的區域跟階級差異協助形塑了重建時期的政治風貌。彷彿預見到近年的學術研究，他們堅持認為對重建時期的理解必須在國家的脈絡下為之，且應被視為十九世紀國家建立的一個實例。鄧寧學派也率先使用一手資料（至少是來自白人的那些）來敘述重建時期的歷史。[3]

儘管如此，根深蒂固的種族歧視仍有損鄧寧學派在學術研究上的價值。因為堅信黑人欠缺智識能力參與民主政治，他們斥責重建時期，鄧寧在哥倫比亞大學的同事約翰・W・伯吉斯（John W. Burgess）就譴責重建時期將「不文明的黑人」統治強加在美國南方的白人身上，無可避免地導致貪腐猖獗、政治弊端叢生。他們描述的這幅重建時期景象，成為「敗局命定說」（Lost Cause）意識形態的一部分，瀰漫在二十世紀上半葉的南方文化中，並具體反映在當時大量建造的邦聯紀念碑上。這些紀念碑至今仍遍布南方各地，近年來引發激烈的爭論。除了對邦聯充滿懷舊的想像之外，敗局命定說的想法還基於一種觀點，認為奴隸制是一套良性的家父長式體系，重建期則是一段「黑人統治」的時期，所幸南方有自稱「救贖者」（Redeemers）的人們跳出來以英勇的行動，恢復了白人的優越地位。這種史觀透過一九一五年在伍德羅・威爾遜（Woodrow Wilson）總統任內首映於白宮的電影《一個國家的誕生》（*The Birth of a Nation*），以及克勞德・鮑爾斯（Claude Bowers）一九二〇年代的暢銷著作《悲劇年代》（*The Tragic Era*）推廣給全美大眾。[4]

這種描繪重建時期的方式，旨在為撰寫者所處的時代開脫。這類敘事為「吉姆・克勞法」（Jim Crow laws）[*]提供智識上的基礎，使其成為屬於美國南方、也在許多方面屬於美國整

* 譯註：吉姆・克勞是黑人的代稱，吉姆・克勞法泛指從一八七六到一九六五年間，美國南方州及邊境州對有色人種實行種族隔離制度的法律。

體的種族體系，從一八九〇年代延續到一九六〇年代的民權運動時期。事實上，吉姆・克勞法的強大影響超越了美國國境，在遙遠的南非與澳洲成為對非白人民眾進行殖民統治的正當依據。[5]它想傳遞的政治教訓非常明確。首先，雙種族民主是痴人說夢。由於讓黑人擁有投票權是滔天大錯，因此白人至上的南方有權在世紀之交的那些年奪走黑人的選舉權（成為候選人與投票的權利）。任何想要恢復非裔美國人政治權利的行動，都會導致重建時期各種「駭人聽聞」的事件重演。其二，重建時期是北方佬強加在南方身上的事物。這些北方人有的可能是出於人道主義的理想行事，但結果證明了外來者實在不瞭解南方州內的種族關係。白人主導的南方因此應該抗拒外界要求改變其種族體制的呼籲。這種觀點提出的第三個、而且現代人看來會覺得有些時空錯亂的教訓是，由於重建時期是誕生在共和黨的手裡，因此南方應該堅守民主黨的立場。

在一九三〇與四〇年代，隨著南方的吉姆・克勞法受到種族自由派人士來自區域內外與日俱增的批評，由鄧寧學派提供的重建時期「回憶」也開始在南方「賦予輪廓與意義給白人至上主義的政治立場」。一九四四年，岡納・繆達爾（Gunnar Myrdal）*在其影響深遠的著作《美國的困境》（*An American Dilemma*）中提到，當被逼問起黑人的狀況時，南方白人就「會照例搬出重建時期政府與『黑人霸權』的種種恐怖事端」。[6]

長年以來，鄧寧學派的看法也融入了對重建修正案進行詮釋的最高法院判決中，由此產生的法律見解讓白人南方得以在實質上撤銷二次建國的許多規定。在一九四五年一名黑人死於喬治亞州執法人員之手的案子中，大法官歐文・羅伯茲（Owen Roberts）、菲利克斯・法蘭克佛特（Felix Frankfurter）與羅伯特・H・傑克森（Robert H. Jackson）便於不同意見書†裡寫道，重建時期的立法是出於北方人的「報復心理」，這是「眾所皆知的歷史」。事實上，三位大法官認為這段歷史是如此為人所知，所以不需要引用任何歷史學術著作來證成他們的主張。八年後，傑克森將南方的「種族問題」歸咎於兩點，其一是白人對重建時期的「歷史記憶」，再者是南方將那個「可恨」年代裡的各種「討人厭的措施」與黑人劃上等號。這種觀點不太可能催生出對重建修正案的健全詮釋，將其視為促進種族正義的手段。[7]

民權革命摧毀了鄧寧學派的各種支柱，特別是其明目張膽的種族歧視，由此歷史學家們徹底檢討了人們對重建時期的詮釋。我們現在會認為，若說那是一個悲劇的年代，並不是因為有人嘗試重建美國，而是因為重建美國的嘗試遭遇了重大的挫敗，才導致後世數代的美國

---

* 譯註：一九七四年諾貝爾經濟學獎得主。

† 在美國的法律體系中，法庭裡過半數的成員同意某種法律意見時所書寫的文書，稱為主要意見書（majority opinion），法庭將會根據此主要意見書來形成判決，這個主要意見書也會成為未來的判例。當法官同意主要意見書的決定，但同意的理由跟其他法官不同時，法官可以獨立撰寫協同意見書（concurring opinion），以陳述自己的意見。當法官不同意主要意見書時，則可以撰寫不同意見書（dissent）表達自己的見解。前述解釋引用並部分改寫自主要意見書、協同意見書之中文維基條目。

人必須面對種族正義的難題。時至今日，歷史學家大多如W．E．B．杜波依斯（W. E. B. Du Bois）在七十五年前所主張，視重建時期為美國民主史上的關鍵時刻，並認為其傾覆是美國乃至於全世界民主原則的挫敗。這樣的觀點讓我們得以對二次建國產生不同的見解。[8]

對歷史學家而言，設法瞭解重建修正案想達成的目的是一回事，試圖以法律解釋角度確認起草與投給重建修正案的人當時懷著什麼「原始意圖」，或是辨明重建修正案遣辭用句的本意，又是另一回事。法院應不應該基於「原典主義」*進行判決並非歷史問題，而是政治問題。但沒有歷史學家會認為某個重要的文件只具有單一的意圖或意義。眾多的動機促成了憲法的修正，包括真正的理想主義、想永遠維持北方南北戰爭勝利成果的渴望，以及黨派之間的角力。即便不考慮其他的因素，對憲法原旨的追求也往往會是一趟失望之旅。南北戰爭與重建時期的國會成員有一個令人困擾的習慣，那就是不怎麼仔細去辯論、甚至完全不辯論近年來引發法學討論的各種涉及憲法修正案的議題，例如校園種族隔離、積極平權措施（affirmative action）†、婚姻平權與法人人格。再者，如同所有的（憲政）危機，嵌入重建修正案裡的各種關鍵概念，像是公民身分、自由、平等、權利，以及政治權威的合宜歸屬——這些本就具有爭議的概念——其意義本身也不斷流動。換句話說，意義的創造是一個持續不斷的過程。將重建修正案凍結在它們獲得批准的瞬間，忽略了這種動態的特質。

唯有瞭解重建修正案頒布施行的歷史時空與意識形態脈絡，我們才能理解它們。這包括它們經歷了怎樣的過程，才獲得國會與各州的認可；為其提供框架、進行辯論並批准法案的那群人，是希望達成什麼目的；以及其他美國人如何理解與運用這些修正案。在後續的章節中，我的目標並不是想找出重建修正案唯一的「真實」意圖，而是要釐清造就二次建國的眾多概念；我想探討思想迅速演變的過程，在這場革新中，原本有著鮮明區隔的自然、公民、政治與社會權利，融合為一種更模糊也更現代的公民權利觀念，將多數甚至全部權利納入其中；同時指出，從歷史脈絡上來看，更健全的重建修正案解釋不僅是可能的，甚至可能比最高法院實際採用的解釋更為合理。

第十四修正案中至為關鍵的第一項，勾勒的是亟需進一步闡述的大原則，如正當法律程序、法律平等保護、公民身分附帶的特權與豁免權等，因此它在個案上的應用也必然會引發無止盡的爭論。事實上，這種國會要員喬治・S・鮑特韋爾（George S. Boutwell）口中的「意義的不明確性」（indefiniteness of meaning），對俄亥俄州眾議員約翰・A・賓恩（John A.

---

* 譯註：原典主義（Originalism）又稱原旨主義，是有關憲法解釋的概念，類似宗教中所謂「基本教義派」的思維，只是不帶有極端主義或恐怖主義的指涉。原典主義主張對憲法裡的一切陳辭，都應只以憲法「通過當下」的立法精神為基礎，認為憲法應自通過後即保持穩定，與此相對的概念是憲法是「活的」，應該要與時俱進。

† 譯註：例如原住民族考試加分等優惠性差別待遇。

Bingham）而言，就像是一道充滿法力的「魔咒」，而賓恩正是主導第十四修正案第一項措辭的人。[9]第十三修正案沒有清楚定義「非自願勞役」，而第十五修正案也沒有解釋我們該如何判定某州頒布實施投票限制，是否是「基於種族……事由」而為之。

國會在這些修正案中為日後的詮釋與實施預留了空間。但這也導致他們立法的初衷可能會不敵狹隘的司法建構或國會的不作為。在重建時期與民權運動之間，確實就發生了這樣的事情。當時讓人意想不到的結果顛覆了重建修正案的若干用意。[10]第十三修正案讓非自願勞役得以倖存下來，成為對犯罪行為的懲戒，形同以憲法的高度為日後龐大的受刑人勞動系統提供了合法的空間。第十四修正案可以被理解為是在保護公民權利不受州政府的違法侵犯，但來自個人的違法侵犯則不在其保護之列（然而這並不是該條文文字唯一可能的解釋）。第十五修正案則打開一道方便之門，讓某些形式的投票權剝奪（disenfranchisement）可以在沒有明目張膽基於種族理由的情況下，變相讓大部分黑人投不了票。

重建修正案是諸多妥協的事實，意味著它們對一位國會議員所稱的「衝突建構」（conflicting constructions）持開放態度。但與其哀嘆這種模稜兩可，我們應該秉持賓恩的精神擁抱這種狀況。模稜兩可能夠創造出可能性。模稜兩可會為未來的抗爭鋪路，並為各式各樣的群體提供抗爭的基礎。在眾多可能的意義之中，誰來決定體現哪一個意義，在很大程度上是政治權力的問題。

廢奴主義者與眾多共和黨人將二次建國視為一種更為深刻蛻變的起點——今日的我們會稱之為「政體變遷」（regime change），也就是用一個秉持平等概念的新政體替換掉先前朝奴隸制傾斜的舊政體。然而自重建修正案獲得批准起的一個半世紀裡，在一定範圍內有許多解釋可用的情況下，最高法院動輒選擇以狹隘的方式解讀重建修正案，不太去思考他們的決定會衍生何種實務上的後果。這種現象自重建時期就開始了，當時的法院（與國家）沒有堅守平等公民身分的理想，也放棄了賦予聯邦政府更大權力的立場。這些我們會在第四章加以討論的早期決定，創造出了一系列判決先例，這些判例日後又因司法界持續採納鄧寧學派對重建時期的觀點而更加鞏固。歷史詮釋雖已經歷劇變，但早期的司法判決，部分基於現已遭否定的重建時期觀點，仍深植於既有的法律體制之中。重建修正案近年的發展顯示它們持續擴張，保護著新興族群的權利，最近的例子包括同性戀男女與擁槍者的權益，但在牽涉種族的各種問題上，重建修正案的應用卻顯得十分受限。這某種程度反映了限縮重建修正案適用範圍與實際施行的早期判決的深遠影響。[11]

在接下來的篇幅中，我將聚焦討論直接針對重建修正案措辭與含義的國會辯論內容，以及隨後對新修正之憲法進行解釋的法庭判決。但憲法意義的形成不只來自國會與法庭，還包含大眾集會、報章雜誌與街頭行動等場域，參與者則是背景形形色色的普通美國人。比方說，第十四修正案之所以能獲得足夠數目的州批准，是因為國會下令在整個南方實施黑人男性的選舉權，因而促成了美國歷史上第一次選出有黑人成員的州議會。若沒有南方黑人男性的選舉權，第十四修正案就不可能誕生。但由於該修正案在通過時，國會裡並沒有黑人議員，因此黑人對修正案條文的認知，幾乎從未在討論立法「意圖」時被考慮進去，在重建時期及其後也持續遭到最高法院忽視。再舉一個例子，推動第十三修正案的運動是由「全國婦女忠誠聯盟」（Women's Loyal National League）所發起，其創始人伊莉莎白・凱迪・史丹頓（Elizabeth Cady Stanton）與蘇珊・B・安東尼（Susan B. Anthony）深信廢奴是黑人與全體女性通往公民與政治平權的必經之路。「一個真正的共和國，」她們堅信，「一定會從這個支離破碎的聯邦中興起。」[12]雖然她們將飽受失望之苦，但她們的目標，以及採納她們提案的廣大廢奴運動的訴求，依然構成修正案初衷的其中一個面向。

在她寫於一八九〇年代的回憶錄中，史丹頓回憶起重建時期「涉及對我們的政府原則與天賦人權的重新思考。這個國家的心會如此激動，是因為在國會與州議會裡、在講臺與公共期刊中、在家家戶戶的壁爐邊，進行著針對至關重要問題的持久辯論」。這些辯論籲請眾人共襄盛舉，質疑有關公民身分、財產權、民主、各州與國家主權、公權力與個人自由之連繫的傳統觀念。它們讓各式各樣的美國人紛紛跳出來主張新的權利。那個年代的「庶民憲政主義」（popular constitutionalism）顯然形塑了我們對於重建修正案的一部分認知。而此認知也會隨時間改變，因為美國人會根據他們的目的使用修正案，擴大自身的影響力，且往往是以當初寫下它們的人意想不到的方式。二次建國讓各種推動平等的運動得以用憲法的語彙發聲。而那些未能成功的訴求，不僅讓我們一窺基層民眾的政治觀點，有時更為最終取得勝利的努力奠定基礎並設定進程。[13]

就在第十五修正案獲得批准後不久，舒爾茲總結了二次建國的意義。「憲法革命，」舒爾茲宣告，「察覺到個人的權利任由各州擺布……於是將這些權利置於國家的保護之下。這讓每一州中的每一位公民的自由與權利成為國家的要務。憲法革命從一個地方組織獨斷專制的共和國裡，創造出了一個所有公民一律平等的共和國。」不幸的是，退步的逆流隨之而來，且舒爾茲本人也參與其中。到了世紀之交，不平等的新政體替換掉了舊政體，公民理應享有的各種權利遭到無限期延宕。但並非所有南北戰爭後達致的成就都被抹消。在重建時期建立並獲得鞏固的家庭、學校與教會延續了下來，成為日後抗爭的跳板。南方以外的非裔得以保住投票權，這在「大遷徙」（Great Migration）*於二十世紀重組美國種族結構之時，發揮了極為重大的政治影響力。重建修正案屹立不搖，成為麻薩諸塞州參議員查爾斯．桑姆納（Charles Summer）所說的「沉睡的巨人」，持續啟發著那些試圖在憲法支持下創造出更為

* 譯註：即非裔美國人大遷徙，也叫北上大遷徙或黑人大遷徙，指的是從一九一六到一九七〇年間，有大約六百萬非裔美國人從南部各州的鄉村地區遷居到美國的東北部、中西部與西部各州，為的是脫離落後的經濟條件與普遍的種族歧視。

公義之社會秩序的人們。[14]數十年後，這些巨人會被喚醒，為有時也被稱為「二次重建期」（Second Reconstruction）的民權革命提供憲政基礎。值得注意的是在民權運動時期，美國並沒有進行重大的修憲。民權運動需要的不是新憲法，而是既有憲法的落實。

近年來，我們體驗到種族平等理想的逐漸倒退。某種程度上，我們活在一個類似一八九〇年代或二十世紀初期的時代，當時州政府跟最高法院裡應外合，剝奪了黑人的投票權，實質架空了憲法承諾的平等。「我們都以為已經根深蒂固的大原則，」費德列克．道格拉斯（Frederick Douglass）表示，「遭到肆無忌憚的攻擊與推翻。」[15]歷史告訴我們，進步不見得是線性或永遠不變的事情，但退步也一樣。

單靠南北戰爭後誕生的憲法修正案並不能完全清理蓄奴的遺緒。桑姆納在論及第十三修正案時表示其本身的目的並不是要改寫憲法，改寫憲法只是「爭取自由與平等之過程中的一個事件」。然而重建修正案，套用一份共和黨報紙的話，仍然是「人民權利的宣言」。這些條文中保存了未獲使用的潛在力量，在不同的政治環境裡，人們或許可以運用它們，以嶄新的方式實現人人享有平等公民身分的重建時期願景。[16]

引言　二次建國的起源

想理解美國社會在南北戰爭與重建時期所經歷的深刻變遷，以及這些變遷如何重新塑造美國憲法與廣泛的司法與政治文化，我們必須提醒自己非裔美國人在南北戰爭伊始時的地位。一八六〇年，美國有將近四百萬名奴隸與五十萬名自由黑人。蓄奴制獲得強大政治勢力的支持，在經濟上也欣欣向榮。黑奴種出的棉花，是這個國家最重要的出口產品，而蓄奴所帶來的利益，不僅為南方莊園主創造出財富，也讓自由州的商人、製造業與銀行家獲利良多。

奴隸制的成長與力量，多少倚賴了憲法提供的庇蔭。一七八七年，在制憲會議於費城召開的同一時間，大約有七十萬名黑奴生活在美國。他們構成了從馬里蘭到喬治亞等州總人口數的四成。在制憲會議的五十五名代表中，蓄奴者將近一半，且當中不乏北方人。主持會議的喬治．華盛頓就擁有超過兩百名奴隸，其中三人還陪著他來到費城。如此制定出的美國憲法並沒有明文提及「蓄奴」，但明眼人都知道「其他人等」（other persons）與「被迫提供服務或勞動者」（person held to service or labor）這些迂迴的講法，指的就是黑奴。儘管如此，許多制憲者，包括來自上南方（Upper South）*的蓄奴者，都希望這種制度可以慢慢消亡，他們也成功阻止了將「人可作為財產」明文寫入憲法的企圖。但他們確實在憲法中納入了這樣的條款：逃脫的奴隸必須返還給主人；各州可以繼續從海外進口奴隸至少二十年；以及在分配眾議院席次時，允許南方各州將其奴隸人口的五分之三納入計算，藉此賦予它們額外的權力。最後一項條款也增加了南方在決定總統人選的選舉人團中的比重。[1]

然而或許這部憲法最重大的影響是，幾乎所有人都同意，它讓聯邦政府對奴隸制鞭長莫及。州法建立並維繫著奴隸制，也只有州法可以廢止或禁止建立奴隸制，如同北方州在獨立戰爭期間與之後所做的那樣。但關於奴隸制的爭論，幾乎都會承認後世所稱的「聯邦共識」（federal consensus），也就是中央政府無權對各州的奴隸制採取直接的行動干預。隨著美國國土持續擴張，自由州與蓄奴州之間維持著大致的平衡。由於修憲需要三分之二國會議員與四分之三州的同意，因此想通過廢奴修正案顯然不切實際。歷史學者琳達·柯利（Linda Colley）曾指出，在使用上，成文憲法往往不是「解放與權利的文件」，而是「用來控制的武器」。而至少就奴隸制而言，原版的美國憲法便是如此。想當然耳，沒有黑人參與制憲會議，就像會議中也沒有女性、原住民，或是貧困的白人。因此我們或許可以將二次建國視為憲政往前邁出的一步，目標是讓憲法更接近「我們美國人民」（We the People，美國憲法開篇的主語）若能在當年的費城獲得更徹底的體現，其本該寫成的模樣。[2]

奴隸制形塑了美國公民身分在南北戰爭之前的定義，賦予該定義強而有力的種族面向。一個民族——套用美國政治學者班納迪克・安德森（Benedict Anderson）的知名說法——不只是一個政治實體，它還是「一個想像的政治共同體」，既有地理的界限，也有心理的邊際。奴隸制讓黑人在想像著美國共同體的人眼裡，幾乎成了隱形人。因為推廣關於這個嶄新共和國的事實與迷思，而在獨立革命期間聲名大噪的J・赫克特・聖約翰・德・克雷夫科（J. Hector St. John de Crèvecoeur）是一位來自法國的移民，當他提出那知名的大哉問：「此一新人，這所謂的美國人，究竟是什麼人？」克雷夫科自己的回答是這樣的：「英格蘭、蘇格蘭、愛爾蘭、法國、荷蘭、德國與瑞典人的綜合體……他不是歐洲人，就是歐洲人的後裔。」於此同時，總共有五分之一的人口是非洲人或非洲後裔，這是非裔人口比例在美國歷史上的最高峰。[3]

英國法律規定，美洲殖民地的居民一如大不列顛的人民，都是王室的「子民」，有權享受保護，但也有義務效忠。獨立革命將英國子民轉變為美國公民。然而，儘管公民身分的觀念受到十九世紀上半葉美國文化的高度重視，但直到重建時期的憲法革命，人們才逐漸達成共識並理解它所包含的權利，以及聯邦政府在定義和保障這些權利方面的作用。在南北

* 譯註：較北的南方州，相對於下南方或所謂深南地方。

戰爭之前，如一名國會成員在重建時期所言，一個尋求美國公民身分方面的啟蒙的人「必須先痛苦不堪地在法典與我們的法庭紀錄中進行徒勞無果的搜尋，怎麼也無法為『美利堅合眾國公民』一詞覓得令人滿意的清晰定義」。在重建時期之初，國會成員們曾請何瑞斯・賓尼（Horace Binney）這名也當過國會議員的知名律師探究公民身分的意義。「公民一詞，」賓尼回應，「在美國憲法中出現了至少十次，卻沒有任何一處解釋它的定義。」[4]

憲法中的「禮讓條款」[*]稱每一州的公民均「有權享有各州公民之一切特權與豁免」，這種措辭似乎意味著公民權利是由各州決定，聯邦政府無權置喙。美國憲法確實要求總統必須「生為合眾國公民」，也就是必須於美國境內出生。這暗示（但沒有明文規定）獲得公民身分的兩個途徑，即出生在美國，或如果你是海外移民，就必須經過歸化程序。在某些情況下，聯邦政府是透過購地或征服創造出美國公民，比如從法國手中買來的路易斯安那領地，[†]或是美墨戰爭後取得的領土。在這兩個案例中，居民（除了在後者當中的「野蠻部落」成員）如果有意願的話，都可以選擇成為美國公民。

公民身分肯定不是平等的保證。生在美國的白人，不論男女，都普遍被認定是公民，但白人女性欠缺男性所享有的基本權利。奴隸不是公民，但身在美國的自由黑人始終具有高度的爭議性。一七九〇年於國會通過的第一部《歸化法案》（Naturalization Act），將海外人士成為公民的程序限縮成專屬於白人。那出生在美國的自由黑人又是什麼情況？在該法案獲得批准的同時，大部分的原始十三州，包括一些南部州，都准許自由黑人在滿足財產或其他資格的條件下獲得投票權。然而隨著時間演進，蓄奴州開始對自由黑人的生活施以更嚴格的限制，並逐漸拒絕承認他們的公民身分。某些北方州承認自由黑人的公民身分，而不論是南方還是北方州，都授予自由黑人基本的權利，讓他們可以擁有財產、陪審團審判，得以公開集會、發行報刊、建立自身的教會。但無論在什麼地方，非裔美國人皆無法享有法律之前的完整平權。他們的處境一言以蔽之，就是不正常——有名法學家就稱自由黑人為「準公民」。[5]

在南北戰爭前的數十年間，憲法的禮讓條款似乎不適用於非裔美國人。有好幾個南方和北方州禁止黑人進入它們的領土。在一七九〇年代與十九世紀初，聯邦政府會發行公民證給黑人水手，好避免他們被英國海軍強制徵召。但好幾個南方州都拘捕過在該州停靠船隻的自由黑人水手，即便他們沒有面臨任何犯罪指控。南卡羅萊納州的嚴刑峻法引發麻薩諸塞州

---

* 譯註：司法上的「禮讓」是指由某個司法轄區的法院自願承認另一司法轄區的法律和司法判決，而美國憲法中的禮讓條款是指為了維護聯邦的團結與和諧，由各州州法之間進行的相互禮讓與承認。具體而言，美國憲法第四條規定了州與州的關係，其中第一項為所謂「完全之信賴與尊重」條款，當中提及「各州對於他州之法律、紀錄與司法程序，應有完全之尊重與信任」；第二項則為美國憲法的州際公民權條款，或云「平等待遇條款」：每一州的公民均有權享有各州公民之一切特權與豁免。

† 譯註：這塊後來被改名為密蘇里領地的土地極其廣大，美國後來用這塊地劃分出十五個州，路易斯安那只是其中一州。

與英國的強烈抗議，前者承認黑人是公民，後者的黑人海員也被納為南卡羅萊納州的執法對象，但這些抗議徒勞無功。在一八二〇到一八二一年環繞著是否要接納密蘇里州展開的論戰中，禮讓條款成為爭論的焦點，因為該州的憲法不僅建立了奴隸制，還禁止自由黑人進入其領土。許多北方人都對後面這一點持反對立場。作為密蘇里妥協（Missouri Compromise）*的一部分，該州被接納的條件是，其憲法不應被解釋為否認任何公民應享有的特權和豁免，而沒有詳細說明這些特權和豁免是什麼，或者是否適用於自由黑人。[6]

美國作為一個欠缺行之有年的自然邊界、源遠流長的族裔、宗教與文化一體性、造成威脅的強大鄰國等傳統國格基礎的國家，政治制度就成了團結與自我定義的核心。一名民主改革的倡議者便寫道，那些被剝奪選舉權的人們，被「置於維吉尼亞州奴隸的處境中」。投票權日益成為美國公民身分的象徵，這點即便在法律上不完全成立（畢竟選舉權的資格是由各州自行決定），在社會普遍的用法與認知上也已是如此。諾亞・韋伯斯特（Noah Webster）在其編纂的《美國英語字典》（*American Dictionary*）中提及到了一八二〇年代，「公民」（citizen）一詞在美國已經變成投票權的同義詞，但在歐洲就沒有這個現象。當然，韋伯斯特這話說的是白人男性，白人女性自然是公民，但她們無從取得選舉權。除了緬因州這個例外，一八〇〇年到南北戰爭前加入聯邦的每一個州，都規定選舉權僅限白人男性，且隨著時間過去，原始十三州的某些州分也撤銷了黑人的投票權。在南北衝突的前夕，黑人男性之投票權無異於白人男性的地方，只有總共三十四個州裡的區區五州，而且五州都在新英格蘭地區。一位歷史學家寫道，將美國的政體——以及公民身分本身——視為白人男性的領域，變得「如此自然且必要，到了不證自明的程度」。7

如亞歷希斯·德·托克維爾（Alexis de Tocqueville）就曾觀察到，對平等的熱情激發了美國民主的生氣。但法律之前人人平等的觀念，也就是所有人不論社會地位皆享有同等的法律權利，在南北戰爭前幾乎不存在。平等的信念與眾多形式的次等公民身分並存著。個人的權利取決於種族、族裔、性別與職業等多重因素。由地方法律、司法判決與風俗民情三者結合而成的普通法（common law）體系裡，內建了不平等的地位關係。在「普通法的法庭裡」，密西根州參議員雅各·M·霍華（Jacob M. Howard）在南北戰爭期間宣稱，法律之前人人平等的觀念「根本無人知曉」。依照普通法對已婚婦女無民事行為能力的認定，大部分有夫之婦的權利都是由丈夫代表行使。涉及主僕關係的普通法則對雇主與受僱者的權利與權力有著明確的區分。權利往往包含對他人行使權威的能力，例如奴隸主、雇主、父親和丈夫都可以這麼做。這就是為什麼重建時期的許多白人會覺得把權利延伸到非裔美國人身上，等同於奪

＊譯註：密蘇里妥協是美國國會中的蓄奴州與自由州在一八二〇年達成的一項協議，旨在規範西部新領土上所建各州的蓄奴行為：在從路易斯安那領地劃出的各州中，以北緯三十六點五度線為界，以北者不准蓄奴，僅密蘇里州除外。

走自身的權益。[8]

戰前的政治與法治論述將權利分為不同的類別，有些類別的權利不是由全體公民共享。最基本的一類是自然權利，就像是湯瑪斯．傑佛遜（Thomas Jefferson）在《獨立宣言》中列舉的那些「不可剝奪」的人權。每個個體，只要她或他生而為人，就有資格享有生命權、自由權（儘管奴隸制的存在公然違反了這項原則），以及追求幸福的權利（往往被理解為個人有權享受勞動與社會階級晉升所帶來的成果）。第二類權利是民權，包括對謀求生計與保護人身安全至關重要的各種法定權利，如擁有私人財產、上法院、告人與被告、簽署合約以及自由遷徙的權利。這些是所有自由人都享有的基本權利，但各州可以對其進行限制。譬如已婚婦女除非先獲得丈夫的允許，否則不能從事大部分的經濟活動，也有許多州會在涉及白人的案件中限制黑人出庭作證的權利。再來就是政治權利。雖然韋伯的字典有不同定義，但從法律上來看，投票並非權利，而是特權或所謂「選舉權」。這種特權在美國任何一地，都是男性的專利，而且幾乎都是白人男性的專利。最後還有「社會權利」，這類無固定定義的權利包含各式各樣的私人與企業關係，且在政府的監管範圍之外。各種想擴張黑人權利的努力，都會遭到攻擊，反對者表示這將導致「社會平等」，意思是黑白男女將可以發生親密關係，跨種族婚姻也將成為現實。[9]

在一八五〇年代，隨著共和黨在北方崛起，成為要求遏止奴隸制往西擴張的地方性組織，民主黨便鍥而不捨地指控共和黨人偏好的是「黑人的平等」。雖說這本質上是政治惡鬥的語言，但到了一八六〇年，大部分北方的共和黨員似乎已經認為自由黑人應享有自然權利與民權，不過支持黑人享有政治平權的共和黨員少之又少，支持他們享有平等的社會權利的人更是鳳毛麟角。在寫到亞伯拉罕・林肯（Abraham Lincoln）時，一八六〇年的《紐約時報》明言共和黨內部有著大致的共識：「他宣告自己反對黑人的選舉權，也反對一切試圖讓黑人具有與白人同等的政治和社會地位的舉措——但他堅定主張黑人應在憲法保障下，享有徹底的民權與個人權利平等。」[10]

在二次建國的過程中，美國公民身分的新定義，連同不論種族的平等權利，被寫進了憲法裡。事實上，一名學者在近期提議，重建時期應該被重新理解為「公民身分的時代」。儘管如此，仍有許多重大障礙阻擋著想實現黑人平權理想的人們。或許是奴隸制最強烈遺緒的種族歧視，就是其一。另外一項阻礙則是行之有年的地方自治傳統，具體表現在各州於聯邦體系中的權威，以及地方政府握有的「警察」權上。在戰前美國法治文化中，如經濟、政治、私人等各式各樣的活動都受到地方政府與州政府的管制，它們想確保的不是平等，而是公共秩序、民眾的健康、安全，以及道德良俗。反黑人的法律只是限制乞丐、娼妓、遊民、移民等各族群權利的眾多法規的一部分。如前所述，普通法裡已經內建了不平等。只要公民身分繼續受制於地方的定義與管理，公民間各種可見的待遇差距就難以消弭。[11]

在重建時期以前，聯邦政府在定義或保障美國民眾權利方面幾乎沒有任何作用。二次建國針對的大部分議題，過去都是由各州與市級政府處理。沒有哪個「政治理念」，費德列克・道格拉斯這位脫逃奴隸出身、後來成為著名的廢奴運動演說家寫道，「比各州控制自身事務的權利，更根深蒂固地存在於美國各地民眾的心中。」但許多共和黨人，包括道格拉斯在內，認為州權是僅次於奴隸制的開戰理由，也是「伸張普遍人權」之路上的阻礙，並希望能大幅度地削減州權。重建時期就是這個過程的關鍵時刻，原本等級分明、由地方主導的法治文化，轉變成一個（至少表面上）致力於實現所有美國人的平等，並由中央政府來保障這點的法治文化。「在我們已然經歷過的革命裡，」持堅定民主黨立場的《紐約世界報》（*New York World*）在一八七二年發表評論說，「人與人的政治平等被替換成了州與州之間的主權平等。」但把奠基於自治地方社群的法治體系替換成以個別公民與民族國家之間的關係為核心的法治體系，是需要長久時間才能實現的大業。即使二次建國改變了聯邦體系，存在已久的、對各州權威的尊重仍牽制著國家執法的努力，也為最高法院限制這些修正案效力的判決提供正當依據。[12]

※　※　※

憲法的改寫之所以能完成，要歸因於南北戰爭這場空前的危機，以及戰後的重建時期。但許多在那些年間占據舞臺中央的觀念，都誕生於數十年的辯論中，而這些論戰都發生在遠離正式立法場所的地方，比如反蓄奴運動，或是「有色人種大會」（Colored Convention），自由黑人在會中主張自己應被視為享有同等地位的共和國公民。但蓄奴的反對者在憲法問題上，看法也不是完全一致。反蓄奴運動內部存在著跨度甚廣的意見光譜。威廉・洛伊德・蓋瑞森（William Lloyd Garrison）身為波士頓《解放者》（*The Liberator*）週刊的總編輯，痛斥美國憲法是一份支持蓄奴的文件，「在上帝的面前毫無價值與用處」。蓋瑞森堅持任何有原則的奴隸制反對者，都無法摸著良心在這種體系下投票。在一八五〇年的《逃奴追緝法》（Fugitive Slave Act）通過四年後，蓋瑞森公開燒毀一本憲法，稱其為「與死神的契約、與地獄的協議」。然而許多廢奴主義者並不認同蓋瑞森與其追隨者。包括艾爾萬・史都華（Alvan Stewart）與萊桑德・斯普納（Lysander Spooner）在內的某些人撰文主張，根據規定非經正當法律程序，無人的自由可以遭到剝奪的憲法第五修正案，蓄奴其實沒有合法存在的立足點。史都華說，奴隸應該上法庭取得人身保護令（habeas corpus），透過這些有強制力的令狀讓他們脫離奴役狀態。道格拉斯在擁護蓋瑞森的立場數年後，改變了想法，開始宣稱憲法是「一份光榮的自由文件」。「我支持嚴謹的法律建構，」他公開表示，而憲法本文並沒有出現奴隸制（slavery）一詞，更看不到其中含有允許「偏好或歧視任何階級人民」的文字。在一八五〇年代中期，道格拉斯支持的觀點是聯邦政府具有在完全不修憲的情況下，在全美各地廢止奴隸制的權力。[13]

在反奴隸運動的內部或外部，都鮮少有人覺得這最後一個觀點令人信服。遠遠更為普及的一種看法，是後來所謂的「國家自由論」(freedom national)。* 這種看法奠基於一種觀念，認為憲法既未明文支持蓄奴，也不是推動激進廢奴的載體，但憲法確實可能可以實現某種反蓄奴政治——這種政治並不等同於廢奴主義，卻已經足以讓南方深感威脅。這樣的信條曾在接納密蘇里進入聯邦的辯論中陳述過，並在一八四〇年代由俄亥俄州反蓄奴律師薩蒙·P·蔡司（Salmon P. Chase）完整發展為一套法律原則，接著於之後十年間獲得共和黨接納。國家自由論堅稱，美國憲法認定蓄奴是一種地方性制度，其運作僅限於蓄奴合法的州中。聯邦政府並無憲法賦予的權力去攻擊這些州境內的蓄奴行為，但所有在聯邦轄下的個人（脫逃的奴隸除外）都必須被視為自由之身。按照這種觀點，奴隸制無權存在於哥倫比亞特區、西部領土，或是在聯邦的要塞或軍火庫裡。若是「國家自由論」入法，那麼蓄奴州就會被「自由的封鎖線」所圍繞，最終讓當地實現廢奴（只不過從未有人清楚說明這要如何執行）。[14]

國家自由論體現在自由領土黨（Free Soil Party）於一八四八與一八五二年兩次總統大選中的黨綱，也是共和黨在一八五六及一八六〇年大選中的黨綱，其訴求是聯邦政府與蓄奴的體制徹底分離。反蓄奴健將們仔細閱讀憲法、想找出能為他們所用的條款，而他們首先看的就是憲法的序言，當中說到該文件旨在「確保自由之福」。他們找出來的其他條款還包括保證共和制政府、授予國會權力管理各地領土、禁止以未經正當法律程序的方式否決個人自由的規定。一八六〇年，林肯在著名的庫珀學會（Cooper Union）演講中，檢視了制憲會議與早期國會會期的論辯，進而主張憲法含有反蓄奴的意圖，但由於中央政府與聯邦法庭長年由南方把持，這樣的立法精神已經遭到扭曲。因此共和黨可以投身反奴隸的政治志業——特別是遏止奴隸制擴張進入新領土，亦即日後引發南北戰爭的議題——不僅不用擔心違逆憲法，而且還能秉持著自信，知道自己正循著先賢先烈的政策初衷前進。這種以反蓄奴角度出發的憲法解讀，完全沒有被最高法院採納，它在許多場合都斷然駁斥了這樣的觀點。但此種解讀將深深影響二次建國。[15]

反奴的奮鬥催生出一種對公民身分及其衍生之權利的嶄新理解。安吉莉娜・葛瑞克（Angelina Grimké）是南卡羅萊納州一位奴隸主的女兒，她在居住於費城時成為貴格派信徒並開始支持廢奴主義，†在她筆下，反奴運動是「研究人權的……學校」。早在南北戰爭爆發

* 譯註：這個觀點的全稱是 freedom national, slavery local，意思是，自由是全國性的，蓄奴是地方性的：各州可以依法蓄奴，但聯邦轄區內的個體得預設其為自由之身。

† 譯註：作為基督新教的一支，貴格會在一七八三年就成立了英國第一個推動廢奴的組織，此後也一直在英國廢奴運動裡扮演中堅角色。

之前，黑人及白人的廢奴主義者就提出了與種族概念切割的國家公民論，希望由聯邦政府落實各項公民權利。廢奴主義者（但在戰前不包含大部分的共和黨人）要的不只是終結蓄奴制，更要讓解放的族群融入美國的政體與社會，使他們徹底成為美國的一分子。廢奴主義者「將他們的政治訴求鎖定在黑人的公民身分上」，歷史學者瑪尼哈・辛哈（Manisha Sinha）如此形容。闡述美國自由黑人之權利的第一篇法學論述，出自一八三八年一名白人廢奴主義者威廉・葉慈（William Yates）的筆下。當廢奴主義者為北方黑人爭取投票與接受公共教育的權利，並讓黑人在交通工具與公共場所中獲得平等待遇時，他們提出了一個後來會在重建時期納入法律與憲法的理念：所有出生於美國的人都是美國公民，而美國公民不分人種，都應享有完整的平權。廢奴主義者對一八五〇年《逃奴追緝法》的批判（該法規定逃亡奴隸的身分由聯邦官員而非陪審團決定，且被指控的逃奴不得出庭為自己作證），則促使「正當法律程序」成為公正司法流程的重要原則。[16]

重建修正案的某些用語——正當法律程序、公民享有的特權或豁免、投票權——原本就存在於憲法中，或原本就是經常使用的法律用語，但有一個用語不在此列，那就是第十四修正案第一項的核心概念「受法律平等保護」。它是廢奴主義者論述的重要一環。最早可溯及一八三二年，蓋瑞森的《解放者》週刊在講到自由黑人時，堅定表示「他們跟我們一樣，享有正當且無可置疑的、受法律平等保護的權利」。四年後，一場廢奴主義大會發出了這樣的宣言：「我們必須恢復憲法所賦予公民、如今卻已然失去的權利，使其在各州享有平等保護與特權。」起草重建修正案的靈魂人物——包括麻薩諸塞州的亨利・威爾森（Henry Wilson）、賓州的賽迪斯・史蒂文斯（Thaddeus Stevens），以及俄亥俄州的詹姆斯・M・艾胥利（James M. Ashley）與賓恩——都是政壇上反蓄奴的老將，在戰前長年為自由黑人的公民權奮戰。他們與其他人將在反蓄奴運動中打磨出來的各種理念，帶入了南北戰爭後的修憲程序。[17]

自由黑人是最堅定推動將平等精神納入憲法的一群人，他們利用報刊、演說、州級與全國的有色人種大會，努力想在他們出生的土地上實現完全的平權。美國殖民協會（American Colonization Society）的興起讓黑人更加強烈地主張平等公民權利。該協會成立於一八一六年，倡議將已經自由的黑人移出美國，但也有許多會員支持終結蓄奴、然後把所有黑人人口驅逐到非洲或加勒比海的長期目標。他們的理念贏得了眾多政壇領袖的支持，譬如像亨利・克雷（Henry Clay）、安德魯・傑克森（Andrew Jackson）、首席大法官羅傑・B・譚尼（Roger B. Taney），甚至一度說服了林肯，更不用說包含傑佛遜與詹姆斯・麥迪遜（James Madison）在內，當時還健在的開國先賢。雖然有少數黑人領袖，像是《自由雜誌》（*Freedom's Journal*，美國第一份由黑人經營的報紙）的編輯約翰・拉斯沃姆（John Russwurm）擁護殖民，但大部分的黑人領導者都不遺餘力爭取肯認，希望成為有權和美國白人一樣留在自己出生地的公民。對殖民直言不諱的抨擊，是蓋瑞森獲得自由黑人社群景仰的原因之一。「這個國家，是我們僅有的家，」《有色美國人》（*Colored American*）雜誌一八四〇年的一篇社論寫道，「我們有責任和權利，在美國人民之中爭取一個平等的位置。」在南北戰爭前的幾十年間，與會者普遍自稱為「有色公民」聚會的黑人集會譴責殖民的方案，並推廣「出生即公民」（birthright citizenship）的原則（這是黑人廢奴主義者馬丁．R．迪拉尼〔Martin R. Delany〕在一八五二年的用語）。「簡單到不能再簡單的事實，」全國有色公民大會（National Convention of Colored Citizens）在一八四三年堅稱，「便是土生土長的自由人是當然的公民。」自由黑人援引憲法規定總統必須要「生為合眾國公民」這點，主張美國的公民身分源自出生地，與血統和種族無關。[18]

平等——透過平等的自由、平等的公義、平等的權利與平等的公民身分等詞彙表達——是戰前黑人政治主張的特徵。黑人領導者的主張遠遠超越對自然、公民、政治與社會權利的細緻區分，堅定地把它們視為美國公民身分自帶的「豁免權」。他們把充滿爭議的「社會權利」類別拆解成兩部分：一部分是私人與親密的人際關係，這部分是個人選擇的問題，無關乎法律；另一部分則屬於新創的「公共權利」（public rights）類別，涵蓋對服務公眾的各種行業，像是旅店、戲院、街車、汽船與鐵道的平等使用權。這些服務業於全美各地長年將黑人屏除在外。自由黑人堅持主張移動能力是公民身分中的關鍵要素，即使印第安納、伊利諾與奧勒岡等州公然違逆了這種權利，因為這些州禁止黑人進入其領地。自由黑人與他們的白人盟友為了爭取公民權利，運用各式各樣的策略施加壓力。他們發起倡導投票權的運動，跟拒絕黑人乘客的街車公司打官司，在地方、州級與聯邦法院挑戰歧視性的法律。他們的努力大多以失敗告終，但也零星斬獲了幾場勝利，如俄亥俄州歧視黑人的法律在一八四九年撤銷，以及波士頓公立學校在一八五五年的種族融合政策。南北戰爭前的這些運動有助於建立一系列將在重建時期蓬勃發展的權利論述，它們構成二次建國不可或缺的背景。[19]

在南北戰爭之前，如廢奴主義者等為黑人發聲的人，往往會以《獨立宣言》的序言為他們主張的依據，而不是憲法。最早在獨立建國的革命時期，訴求自由的黑奴就曾引用過《獨立宣言》裡提及自由與平等的字句，他們眼中的《獨立宣言》是一份個人權利的憲章，而非國家主權的主張。北卡羅萊納州的政治領袖、黑人神父詹姆斯・胡德（James Hood）曾在重建時期宣稱：「有色人種會熟讀《獨立宣言》，直到那已然成為他們本能的一部分。」但也有些黑人不顧憲法對蓄奴制的保障，認同這份文件是他們的憲法。一八五一年，印第安納州黑人大會的主席便堅稱：「身為美國人，我們有權享有公民的所有權利、特權與豁免……根據憲法的文字與精神。」[20]

然而整體而言，戰前的法官群體並不認同這種看法。從獨立到南北戰爭這段期間，相對較少有涉及蓄奴與個別公民權利的案子受到聯邦法院審理。大部分這類問題都會在地方或州級法院就達成和解。然而當最高法院真的處理到蓄奴問題時，其判決幾乎都有利於體制。在南北戰爭前夕那場聲名狼藉的德雷德．史考特（Dred Scott）案*中，首席大法官譚尼聲明憲法「明文」保障了對黑奴的財產權，且只要是黑人，就不能成為美國的公民，或成為美國「政治社群」的一員。黑人，譚尼堅稱，是永遠的外國人。各州可依其意願讓自由黑人成為公民，但聯邦政府或其他州無義務承認此一公民地位（換言之，這些自由黑人公民不適用州際的禮讓條款）。諷刺的是譚尼之所以有此判決，其中一個原因就是他對於公民身分的衍生意義知之甚詳。身為一名公民，他宣稱，意味著具有免受司法歧視的自由，可以完整享有明定於憲法中的權利，包括自由旅行遷徙的能力，以及「自由持有與攜帶槍械」的權利。這些都不是譚尼認為黑人應該享受的權利，無論他們是自由人還是奴隸。[21]

德雷德．史考特案的判例引發北方一片譁然，也讓黑人公民身分的爭論進入全國的政治議程。身為黑人醫師、作家與反蓄奴人士，詹姆斯．馬科恩．史密斯（James McCune Smith）仔細剖析了譚尼的判決論述，引用可追溯到「崇高羅馬的歷史」中的司法判例，說明何以所有生於美國的自由人，無論黑白，「都必然是其公民」。許多共和黨人也站出來駁斥譚尼的理論。在一篇尖銳的不同意見書中，俄亥俄州大法官約翰．麥克里恩（John McLean）堅持不論種族為何，「任何人只要出生在這片土地上，都會自動承擔起公民應盡的義務，也自動被授予公民應享的權利」。在其所屬的俄亥俄州，州議會採納了一項決議，內容宣稱「每個自由人，生在聯邦中任何一州的州境範圍內，就是該州的公民」。在南北戰爭期間與重建時期裡，共和黨人將逐步採取行動，朝向認可自由黑人公民身分的方向努力。他們的行動將對全體美國人的權利產生重大的影響。22

南北戰爭使得中央政府的權力大幅強化，前所未見的責任（特別是徵兵）被加諸於美國民眾身上，國會開始頒布施行原本不在聯邦職權內的措施，包括與金融、貨幣與稅務相關的法律。在共和黨人之間，戰爭嚴重削弱了他們對於各州主權的信念。「至高無上的主權當局……只有一個，也只能有一個。」密西根州州長在一八六四年如此宣稱。黑奴的解放比其他任何個別舉措都更能宣告嶄新中央政府的存在，這個政府得以廢除國內最大宗的財產集合（黑奴作為一種財產，價值一八六〇年的將近四十億美元），並將自身與自由及人權的擴張連結在一起。即便是林肯在南北戰爭期間發表《解放宣言》（Emancipation Proclamation）之前，

* 譯註：德雷德·史考特案大致的內容是史考特生為奴隸，但被擔任軍醫的主人帶到路易斯安那領地的自由區。主人去世之後，史考特便於一八四六年為了爭取自由而提出訴訟，理由是自由區既然禁奴，那他與妻女在該地即為自由人，但密蘇里的法院不接受這個論點。史考特偕其白人支持者將案子上訴到聯邦，但聯邦最高法院裁定身為奴隸的史考特不能行使自由公民在聯邦法院提告的特權，甚至首席大法官譚尼還變本加厲地判決一八二〇年的密蘇里妥協違憲，理由是國會不能禁止公民將財產帶至美國的任何一塊領土上，而奴隸就是一種財產，僅此而已。此判一出，南北反應南轅北轍。共和黨在一八五四年的創立，乃至於林肯在一八六〇年當選總統，都被認為多少與此案引發的民情有關。

廢奴主義者就已經堅持主張戰爭應該創造一個新國度，「一個公正法律對所有人一體適用」的國度。隨著聯邦政府致力於消滅奴隸制，並開始徵召黑人加入聯邦兵力，戰後非裔美國人的地位問題也自然而然成為政壇辯論的核心。「我們身邊的每件事情，」一名加州黑人寫道，「都顯示我們的處境有所改變。……我們與這個政府的關係一天不同於一天。……革命已經啟動，其最終將走向何方，唯有時間能夠決定。」[23]

一八六二年末，此時擔任林肯的財政部長的蔡司針對一件事情徵詢司法部長愛德華・貝茨（Edward Bates）的意見，那就是自由黑人有沒有獲得在沿岸水道上駕駛船隻的授權。這個問題的關鍵在於自由黑人算不算美國公民。前幾任司法部長，包含譚尼本人在內，都做出了否定的裁定。但貝茨勇敢宣告德雷德・史考特一案是場誤判，確認了所有生於美國之自由人的公民身分與種族無關。然而貝茨也補充說明，「在憲法保障下，實際具有公民身分八十年」這句話不足以釐清「公民一詞的確切意義，乃至於〔其〕有什麼構成元素」。除了駕駛船隻以外，他並不願意闡明公民權還附帶有什麼其他的權利。但他明確表示公民地位可以與法律上的「降格」相容，並舉出女性公民被排除在投票權範圍之外的例子。[24]

對貝茨而言，公民一詞究其本質是一種象徵性的分類，而不是特定權利的保證。但非裔美國人與其盟友援引戰前的平等運動訴求，並訴諸黑人在戰時對國家的忠誠與在聯邦軍中的貢獻，趁此機會要求政府承認黑人為美國公民，也要求擴大解釋公民權利的定義。著名的麻薩諸塞州第五十四志願步兵團是最早的黑人部隊之一，他們的一名成員在一八六四年寫道，「既然要我們奮戰保住一個共和政府，那麼我們希望獲得共和國的特權……我們所要求的，不過是正當地享有公民身分對應的權利。」另外一名黑人士兵宣稱他與夥伴們是為了「實踐我們的政治、自由、公民與公共權利」而戰（但他緊接著補充說這並不意味著「黑人的兒子應該迎娶白人的女兒」）。紐奧良的自由黑人社群對政治與公民平權的要求，使國會中的「共和黨激進派」（Radical Republicans）深感同情並舉辦了一場聽證會，影響了林肯在一八六五年四月、他人生的最後一場演說中呼籲給予黑人部分投票權的決定。在南北戰爭期間，國會首次要求在美國首都解除大眾運輸中的種族隔離，撤銷了聯邦法院不准黑人作證的禁令，並且下令讓黑白士兵領取同等的軍餉。[25]

「我們正逐步獲得對於……個人權利更清晰的理解。」一名國會議員在一八六九年針對第十五憲法修正案進行辯論時宣稱。在重建時期，關於權利的語彙充斥在政治辯論中——眾人談論公民的權利、基本的權利、自由人的權利、女性的權利、自由勞動的權利。尤有甚者，相較於第十五修正案將投票權直接綁定到公民身分上，第十三與第十四修正案反映了一股日益堅定的理念：某些權利超越國籍。有了第十三修正案，任何人在美國不分男女也不分其公民身分的狀態，都不能成為被控制的奴隸。第十四修正案藉由極為關鍵的第一項，將個體該享有的生命權、自由權、財產權與受法律平等保護的權利，延及所有「人」，無論本國公民或外國人皆適用。於此同時，各種權利類別之間根深蒂固的區別開始崩解。在一八六七年一封致英國改革者約翰．布萊特（John Bright）的信函中，桑姆納身為國會中可能是最有原則的平等主義者，說明了他思想演進的心路歷程：「在很長一段時間裡，我困惑於我經常遇到的微妙區別，即選舉權是一種『特權』，而不是『人權』，既然是『特權』，它就會受制於立法機構選擇施加的政策或善意。我愈是細想，就愈覺得投票是一種基本權利。」但在重建時期權利觀念有所擴張的不只是激進派的桑姆納。南北戰爭使北方人心中逐漸凝聚出一種觀念：強大的中央政府是公民權利的捍衛者。二次建國不僅將廢奴、平權與黑人男性的選舉權寫入憲法，還在其規定中央如何執法的法條中，首次將聯邦政府塑造成桑姆納口中「自由的守護者」。[26]

※　※　※

二次建國始於南北戰爭期間，第十三修正案於國會通過之時。但戰時的廢奴進程恰好突顯出橫在二次建國前方的大小挑戰。一八六三年，紐約市的徵兵暴動（Draft Riots）讓人看到黑人如何在美國第一大城的路街上被冷血殺害，顯示種族歧視在北方的根深蒂固絲毫不亞於南方。當道格拉斯於一八六四年二月在庫珀學會發表他那慷慨激昂的「戰爭之任務」

（Mission of the War）演說，呼籲奴隸制的廢除要伴隨法律上的徹底平權與黑人男性選舉權後，當時總編輯是共和黨全國委員會主席亨利・J・雷蒙（Henry J. Raymond）的《紐約時報》發表了公開信，信中堅稱道格拉斯所提「要即刻讓南方的黑奴與全國的白人公民在公民權利上平起平坐的要求，既不該也不會得逞」。紐約商界對種植園經濟迅速復甦的興趣要遠大於在廢奴之外改善黑人處境，而為其發聲的該市雜誌《商業期刊》（*Journal of Commerce*）便稱道格拉斯的主張是「通往毀滅之路」。[27]

當南北戰爭告一段落，黑人依舊是北方社會的邊緣人，投票權幾乎在所有地方都遭到剝奪，且多數人都只能淪為低薪的非技術性工人。此外，幾個蓄奴州的新政府在戰爭期間廢除了奴隸制，但他們並沒有怎麼去思考被解放者的權利與前途。路易斯安那與馬里蘭州的新憲制憲會議在廢奴之外幾乎沒有給予黑人任何權益，出席代表們不遺餘力地拒絕「對黑白平等寄予任何同情」。他們的行為強化了共和黨掌控的北方日益增長的信念，即公民權利的保障不能交由各州自行決定。[28]

考量到揮之不去的種族歧視，外加州級與地方政府等傳統權威的德高望重，遑論法律通過的人數要求障礙，在在都讓修憲路上遍布著挑戰。雪上加霜的，還有大部分美國人看待憲法的崇敬之情。早在南北戰爭之前很久，「對開國先賢的崇拜」就牢牢嵌入了美國文化之中。湯姆・佩恩（Tom Paine）把憲法稱作是美國的「政治聖經」。然而事實是，制憲者未能預見到十一個州對中央宣戰的局面，同時憲法也沒有明訂那些宣布脫離聯邦的州，日後要如何重新納入聯邦裡，或是那些在戰時作為戰爭手段採用的行動（像是解放黑奴），一旦到了平時該如何處理。在南北衝突期間，林肯認為他責無旁貸，必須拓展憲法的權威到其極限，乃至於突破極限。他籌款與募兵都沒有獲得國會的授權，他曾宣布暫停執行人身保護令，* 同時在《解放宣言》中，他以定義含糊其辭的「軍事需求」為由，逕自解放了逾三百萬名黑奴，一毛錢補償也沒有發給奴隸主。「南方的整場叛亂，都超越了憲法的規範。」政治學者法蘭西斯・李伯（Francis Lieber）在一八六四年寫道。但多數美國人並未因此覺得這份明顯失效的文件應被取代，而是試圖透過重新詮釋或修訂憲法，來使政策措施與其相符。[29]

共和黨的一些激進派堅持國會可以跳過費時費力的修正程序，直接採取各種必要措施。史蒂文斯主張南方州已經實質退出聯邦，戰後的它們只是被征服的省分，早已不留有任何憲法的權利。桑姆納堅稱《獨立宣言》應享有不下於憲法的法律地位，由此「任何基於人權的主張都當然合憲」。在林肯與其繼任者安德魯・詹森（Andrew Johnson）手下擔任過海軍部長的吉迪恩・韋爾斯（Gideon Welles）評論說共和黨激進派是「人道主義者而非憲政主義者」。拘泥法律條文的韋爾斯這話並不是在誇獎他們。[30]

然而真正令人刮目相看的，是憲法本身的生命力——美國社會還是普遍想為公共政策找到一個穩固的憲法基礎。重建時期的記者艾德華・勞倫斯・戈德金（E. L. Godkin，他跟佩恩一樣出身有著不成文憲法的英國）譏笑他所說的美國人的「憲法崇拜」。[31]戈德金認為過度重視一份將近一百年前的文件，只會在前所未見的危機中嚴重阻礙思考的創意。但正是美國人對憲法的過度景仰，突顯出二次建國的重要性。將修改寫入憲法，不僅自動賦予它們在法律體系中的強大正當性，也能對社會大眾的想像產生深遠影響，這就是為什麼重建修正案會激發廣泛的辯論與激烈的反彈。

二次建國是在公民身分、權利與主權的定義正快速流轉的歷史時刻，為了回應瞬息萬變的政治及社會重大議題而發生的事件。這些修正案伴隨著史無前例的立法，旨在確保美國人的公民、政治與公共權利。「這種時期需要的，不是行禮如儀的平凡政治，」廢奴主義者溫岱爾・菲利普斯（Wendell Phillips）在一八六六年給桑姆納的信中寫道，敦促他繼續堅定支持黑人的選舉權，不要因接連失敗而氣餒，「現在是秩序建立的時期，國家存在的意義在三十天裡的茁壯與完成，堪比尋常歲月裡年復一年的推進。……你還有餘裕可以等待最終的判定結果。」[32]

一如菲利普斯的預期，重建修正案及其施行細則的立法，都在一八六五年遠遠超出多數

* 譯註：在美國，人身保護令被視為憲法的重要一環。美國憲法第一條第九項明訂非因叛亂或遭敵人入侵下，或有保護公眾安全所需，人身保護令不得宣告暫停。

美國白人想像或想要的程度。南北戰爭開打時還是溫和派的美國人，後來皆致力於重塑南方的政治、經濟與社會體系。一八六五年時反對黑人參政的那群人，在短短幾年後變成了支持的力量。重建時期初始排斥聯邦對民間企業下達歧視禁令的那些人，將同意票投給了一八七五年的《民權法案》，該法正是禁止歧視的法源依據。部分共和黨人開始強力主張受教權跟其他權利一樣，都是公民身分涵蓋的最基本待遇。我們唯有將二次建國視為一場關於權利、民主與平等、至今仍未止息的長遠辯論的一部分，才能理解它。

第一章　自由的定義？美國憲法第十三修正案

林肯在他發表於一八六五年三月四日的第二任就職演說中，面對著即將告一段落的南北戰爭，他用「驚天動地」（astounding）一詞形容美國奴隸制度的毀滅。林肯的用詞向來謹慎，他此時使用了這麼一個戲劇化而罕有的詞彙（這個字在他的作品全集裡，僅僅出現在另外三個場合），也有其道理。確實從事後的角度來看，奴隸制的廢除勢在必行，這是在美國社會的演進下早已注定的結果，或按某些人所說，這是遵循美國革命理想的合理發展。但我們必須記得，即便歷經了數十年的反奴運動，奴隸人數仍在南北戰爭爆發前夕來到美國史上的最高點。蓄奴主與他們的盟友自共和國創建以來，幾乎沒有一刻不控制著聯邦政府。一八五八年，《芝加哥論壇報》（*Chicago Tribune*）作為反蓄奴民意在報界的重要喉舌，平淡地宣稱「沒有誰能活著」見到美國奴隸制度的終結。[1]

不過廢奴終究還是到來了。就像歷史上所有偉大的變革，它是一個過程，而不是單一的事件。廢奴隨著時間的推移而發生，由多種原因促成，在許多人的努力下終於達致。廢奴始於南北戰爭的開端，當時的黑奴急於把握住由北方軍隊帶來的機會，於是他們無視林肯再三強調這場鬥爭純然是為了國家的團結，開始在聯邦的陣線後方尋求庇護。發表於一八六三年一月一日的《解放宣言》將奴隸制的毀滅定為聯邦將透過戰事達成的目標，同時也是這個過程的重大一步，但宣言本身無法廢除奴隸制。如《紐約時報》所言，該宣言固然在精神上「解放」了其適用區域內的所有黑奴，但實際上「自由」的黑奴寥寥可數。唯有聯邦軍隊的奧援才能讓黑奴普遍獲得自由。一八六五年四月九日，南軍總司令羅伯特．愛德華．李（Robert E. Lee）在阿波馬托克斯法庭（Appomattox Court House）投降之時，絕大多數黑奴仍未卸下奴役的枷鎖。直到一八六五年十二月第十三憲法修正案獲得國會批准，最終且不可逆的廢奴措施才在重新統一的全美施行。沒有第十三修正案，奴隸制或許還會在美國部分區域持續存在數年。[2]

最早可回溯到一八二七年，《自由雜誌》就曾呼籲以修憲廢奴。但通往廢奴的修憲之路既不平坦，也無從預測。修憲是一個複雜而棘手的過程。上一次修憲成功，是在一八〇四年。從一八六〇跨到一八六一年的那個冬天，南方州脫離聯邦的危機引發了大約一百五十項修憲提議。其中一項以俄亥俄州政治領袖湯瑪斯．科爾文（Thomas Corwin）為名的「科爾文修憲案」（Corwin Amendment），差點就要以禁令的形式，讓聯邦日後都無法介入各州的蓄奴行為。這個旨在避免上南方各州脫離聯邦的第十三修正案提案，在林肯就職當天早上獲得國會認可，總統並在同天稍晚於演說中予以肯定。只不過隨著南北戰爭爆發，這個修憲提案也就失去意義。林肯上任時的美國有三十四州，奴隸制存在於其中的十五州，所以若以修憲的批准門檻是四分之三的州數而言，加上這當中有十一個後來成為邦聯州，修憲廢奴顯然是痴人說夢。[3]

「我對奴隸制的憎恨，始終不輸給任何廢奴主義者。」林肯於一八五八年如此宣稱。但林肯並不是廢奴主義者，也從來不曾表態自己是。他並未如廢奴主義者那般力主要斷然終止蓄奴，也不具備廢奴主義者心懷的自由黑人與解放之黑奴應該成為美國社會平等一員的信念。但即便如此，林肯還是在一八五〇年代崛起成為共和黨初出茅廬時的重要發言人，矢志阻卻奴隸制的西擴。透過一場場辯才無礙且充滿力道的演講，林肯痛陳奴隸制從根本上違反了美國揭櫫於《獨立宣言》的立國原則。然而林肯在總統之外也是律師，是政治人物，是憲政主義者。他認為北方州行事必須遵守保護奴隸制的憲法條文，包括令人作嘔的逃奴條款，免得整個憲法體系轟然崩毀。[4]

不過林肯確實在言談中擘畫了一個沒有奴隸制的未來。林肯堅持主張，共和黨的目標就是要把奴隸制置於通往「終極滅絕」（ultimate extinction）的道路上，他在此借用了自己的政壇偶像亨利．克雷的措辭。奴隸制的終極滅絕可能會曠日費時：林肯曾說奴隸制或許將繼續存在一百年。但對南方而言，林肯既然承諾了奴隸制長遠的終結，那麼他就是危險性不亞於廢奴主義者的威脅。他的當選引發了國家的分裂、南北戰爭，以及最終的廢奴。[5]

奴隸制的廢止可以有幾種辦法。其中一種是「個別的放手」(individual manumission)，這在美國有一些案例，但數量遠不足以威脅體系的存續。這種解放方式可以讓黑奴自由，但除非運用在所有黑奴身上，否則無法根除蓄奴體制。第二種辦法是法理上的解放。即便沒有科爾文修憲案，幾乎所有人也都認為美國憲法禁止中央政府干預各州的蓄奴行為。但奴隸制是由州法所建立，而法律可以改，如北方州就在美國獨立革命後修改法律。法理上的解放可行於歷史學者伊拉・柏林(Ira Berlin)，以及伊拉之前的摩西斯・I・芬利(Moses I. Finley)所稱「存在奴隸的社會」(societies with slaves)，奴隸制在這種社會裡是社會與經濟秩序的一環，而不是其根基，奴隸主又欠缺政治力量去抵擋廢奴法律的通過。然而在奴隸制就是經濟的核心，奴隸主因此更為強大的「奴隸社會」(slave society)中，「立法的那些人……，」如亞當斯密(Adam Smith)所說，「就是蓄奴的那群人。」美國的老南方(Old South)* 正是人類現代史上最具規模也最為強大的奴隸社會。林肯長久以來都認為那裡要廢奴成功，只能靠奴隸主的合作。為了確保這點，林肯提倡了一個讓奴隸制漸次落幕的解放方案，搭配以金錢賠償奴隸／財產損失，以及用「殖民」計畫鼓勵黑人移居非洲、海地或中美洲——畢竟奴隸主怎麼樣也不會同意美國多出一大群非裔自由人口。[6]

打擊奴隸制的第三種模式，是軍事解放。戰爭招致動盪，削除憲法的各種保障。對抗的雙方會讓奴隸制成為用來弱化對手的軍事目標。他們會鼓勵敵方的奴隸逃跑，然後將之招募為己方的士兵，通常是承諾自由作為誘因。這在西半球的戰爭中發生過許多次。像是在美國獨立革命與一八一二年的第二次獨立戰爭†中，就有數以千計的黑奴逃到英國以獲得自由。但這些事件在讓許多黑奴成為自由之身的同時，並沒有能摧毀奴隸制。奴隸制存續下來，而且在共和國成立初期呈現擴張之勢。再者，透過軍事行動獲釋的奴隸，有時會隨著戰事情勢的轉變而再度遭到奴役，如海地革命‡後續就有一些奴隸發生了這樣的事情；之後在美國，當邦聯軍將聯邦軍從獲解放男女老幼的居住地趕走時，他們便會重新淪為奴隸。[7] 軍事解放在美國南北戰爭中，為眾多黑奴帶來自由。但最終美國仍須透過憲法修正案這種法理上的解放，來釜底抽薪地摧毀奴隸制。戰爭的確削弱了奴隸主的力量，讓他們無力再阻擋立法機關批准修憲。

南北戰爭大部分的時候，憲法修正案都不是最受眾人青睞的廢奴之道。當然這場戰爭顯然並非從一開始，就是為了廢奴而打的聖戰。然而也幾乎從一開始，廢奴主義者與激進派的共和黨員就對中央施壓，希望他們把廢奴當成戰爭的手段，黑奴於是開始逃向聯邦軍的陣

＊ 譯註：資格最老的南方蓄奴州。
† 譯註：又稱美英戰爭。
‡ 譯註：海地於一七九一到一八〇四年推翻法國殖民而獨立的革命。

線。面對這樣的壓力，林肯也提出了他的看法。他首先回到逐步實施並予以奴隸主補償、再加上讓黑奴向外殖民的解放方案，林肯希望利用這個方案，使奴隸主成為廢奴的夥伴。他在一八六一年十一月，也就是開戰的幾個月前，對德拉瓦州的政壇領袖提出了此一方案，並於隔年春天迫使國會跟未脫離聯邦、地處南北邊境的蓄奴州（馬里蘭、肯塔基、密蘇里）接受。這個計畫想像著由各州出力進行廢奴，聯邦負責提供資金。邊境州的盤算是想要保住奴隸制，所以對此計畫興趣缺缺。事實上連非裔美國人也不支持林肯的計畫。極少有黑奴願意離開自己出生的地方，因此對外殖民之說變得窒礙難行，畢竟林肯再三強調這必須出於自願。於此同時，軍事解放與法理解放持續開展。到了一八六二年，軍方已經不再將脫逃的黑奴歸還給奴隸主。隨著南方代表的缺席，國會開始讓來到聯邦境內的黑奴都恢復自由之身。同時國會也在首都華府跟西部領地內廢除了奴隸制。這些措施解放了為數不少的黑奴，但並沒有讓蓄奴制度徹底遭到廢黜。[8]

一連串影響巨大的事物，促使林肯針對奴隸制採取新的政策。包括國會在一八六二年頒布的各種新法、傳統軍事策略未能順利贏得戰爭、防止歐洲國家干預的想望、徵召黑人士兵的需求，以及逃向聯邦陣營黑奴數量的不斷增加。一八六二年九月，林肯在《解放宣言》初稿中昭告了他的政策改變。這實質上就是在警告邦聯人士要（在一八六三年一月一日前）放下武器，否則林肯就將發布解放令。但那年十二月，在他一年一度給國會的訊息中，林肯再次搬出了他希望能逐州完成廢奴的舊計畫。他提出修憲的要求，但不是要即刻廢奴，而是要授權撥款給所有準備在一九〇〇年前廢奴的州。這筆錢會拿來補償前奴隸主，並用作推動被解放黑奴前往國外殖民的經費。這是林肯最後一次釋出善意，希望能與奴隸主合作廢奴。但不論是國會、邊境州，或是南方的邦聯，都沒有人理會這樣的提案。[9]

隨著《解放宣言》發表，中央政府的廢奴政策出現劇變。《解放宣言》本身就代表著軍事解放，其基礎是林肯由憲法所賦予、身為美軍統帥的權威。雖然民間傳奇講得煞有介事，但林肯並沒有大筆一揮就解放四百萬黑奴。《解放宣言》對於在邊境州的黑奴們並沒有影響（此時隨著西維吉尼亞州加入聯邦，邊境州變成了五個）。

由於邊境州並未向聯邦宣戰，所以「軍事需求」並不適用於它們。林肯同時豁免了已經落入聯邦軍事控制的若干邦聯地區，包括維吉尼亞跟路易斯安那的一部分，以及田納西州全境。（田納西州的豁免與軍事需求或憲法無關，而是出於政治理由，提出此要求的是軍政府的州長安德魯·強森〔Andrew Johnson〕，因為他想藉此吸引奴隸主支持他所統領的政權。你要極具鮮明的想像力，才能相信整個田納西州都控制在聯邦的手裡。）以總數來說，近四百萬黑奴中約有八十萬人沒有被包含在《解放宣言》的適用範圍內。但反過來說，受《解放宣言》影響的有三百一十萬人。即便有其限制，這項宣言仍代表著世界史上最重大的解放奴隸之舉。此前從未有這麼多奴隸在僅僅一天之內，被宣告為自由之身。

《解放宣言》沒有立刻為奴隸制劃下句點，但它敲響了該制度的喪鐘——前提是聯邦能打贏南北戰爭（要是邦聯在戰爭中勝出，奴隸制無疑會延續一段很長的時間）。既然如此，憲法第十三修正案為什麼有其必要呢？如同某道總統的命令，《解放宣言》理論上可以被下任總統推翻。再者即便不考慮其豁免的部分，《解放宣言》也只是解放了人，它並沒有廢除奴隸制的法理地位，也沒有廢除確立奴隸制地位的州法。換句話說，解放黑奴是一回事，廢除奴隸制又是另一回事。因此，想要讓美國徹底擺脫奴隸制，聯邦需要做得更多。如同道格拉斯在呼籲修憲時所說，《解放宣言》是「朝著正確方向所踏出，巨大而光榮的一步。但很遺憾的是不論那上頭寫的東西多了不起，一張紙都解決不了任何問題。一切的問題仍有待各處的法庭、教會與議會判定」。[10]

儘管如此，《解放宣言》仍代表著林肯背離先前對奴隸制之發言與政策的戲劇性轉折。此一宣言即刻生效，沒有什麼按部就班，沒有提及任何給奴隸主的補償金，也沒有指涉黑人向外殖民的計畫。由於解放黑奴不再需要奴隸主的同意，所以提供誘因已不具任何意義。同時，《解放宣言》授權將黑人士兵登錄進聯邦兵力，由此啟動的流程將讓二十萬黑人得以在聯邦陸軍與海軍中服役。這些黑人士兵在聯邦軍的勝利中扮演了關鍵的角色，並以此在戰後的美國宣告自己的公民身分。將黑人送進軍中，跟鼓勵黑人前往殖民地，代表的是兩種不一樣的種族未來。換言之，《解放宣言》將黑奴被解放後的公民與政治地位問題，置於美國的國家議程上。[11]

整體而言，透過讓奴隸制的毀滅成為聯邦軍隊的目標，《解放宣言》從根本上改變了南北戰爭的性質。但這並不意味著林肯就此放棄尋求以州為單位推動廢奴。軍事與法理上的解放如今開始齊頭並進。隨著北軍一路占得領土並解放黑奴，林肯也開始加大力道在南方各地扶植一個個聯邦派領導的州政府，這多少算是戰爭的手段，畢竟讓愈多州從邦聯中脫離，聯邦的目標就可以獲得愈大的助力。但此舉也有另外一個目的，那就是透過這些服膺聯邦的州政府去除蓄奴在各州的法源。林肯於一八六三年十二月發布的《特赦暨重建宣言》（Proclamation of Amnesty and Reconstruction）擘劃了一個由州府採取行動的廢奴提案，要求欲回歸聯邦的南方州採行廢除奴隸制的新憲法。

即便《解放宣言》以斬釘截鐵的語言表明受影響的奴隸「此時此刻及從今以後，都將是自由之身」，林肯似乎認定唯有身處聯邦陣線以內的黑奴，才是真正被解放的黑奴。這就是何以在一八六四年的八月，當他相信自己無法贏得連任後，林肯敦促道格拉斯要組織一群「斥候」潛入敵後，為的是去那裡鼓動黑奴投奔北軍。再者，林肯擔心《解放宣言》的合憲性會在戰後遭到質疑。確實，他針對想要回歸效忠聯邦的邦聯人士所提議的特赦宣誓，是靠著國會以行動支持與總統就奴隸制度發表的宣言才得以成立，但「最高法院只要一道判決就可以對其進行修改或宣告無效」。而最高法院當時仍是民主黨占多數，且一直到一八六四年底他去世之前，某共和黨報紙所稱「德雷德．史考特醜事」裡的譚尼都是首席大法官。戰後勢必會有人提起訴訟挑戰《解放宣言》，屆時聯邦的決策者不論是誰，都肯定會面臨棘手難題。[12]

※　※　※

這種種顧慮，使得修憲廢奴獲得愈來愈多支持。第三十八屆國會一在一八六三年十二月召開，修憲的各種計畫就開始散布。眾議員艾胥利身為長年活躍於俄亥俄州的反奴運動人士，就在十二月十四日率先推出了他的提案。李伯身為哥倫比亞大學教授，加上又是全美首屈一指的政治學者，寫成了一整組共計至少七條的修憲案。無愧於其強烈的國家主義，李伯的前四條憲法修正案都涉及中央政府的首要地位，以及叛國須要受到的懲罰。直到他所提出的第十七憲法修正案，李伯才終於把話題繞到「奴隸制應遭永久性廢止」。他的第十八憲法修正案樹立了出生即公民與法律之前人人平等且不受種族影響等原則。經過忠誠出版協會（Loyal Publication Society）以手冊形式廣為流通後，李伯的諸多提案似乎影響了第十三與第十四修正案的討論風向。[13]

於此同時，廢奴主義者針對修憲廢奴的目標推出了一個「清新的道德運動」。組織該運動的是成立於一八六三年的全國婦女忠誠聯盟。值此非常時期，這些女性社運人士擱置了女性參政的訴求，推動起奴隸制的終結，因為她們相信該路線將帶領黑人與白人女性獲得她們「在共有的共和國中，作為一名自由且平等之公民的權利與特權」。時間來到一八六四年初，大約兩千名男性、女性與孩童已經忙於請願書的散播工作。初始階段，他們呼籲國會立法達成全面廢奴，但大多數國會成員認為這超乎了他們源自憲法的職權。後續的版本在蓋瑞森的建議下，「將憲法修正案加入了他們的祈禱當中」。[14]

一八六四年二月，兩名黑人男性高個子扛著一份有著十萬人簽名連署的「龐大」請願書，來到了參議院的議事廳，並放在桑姆納的桌上。桑姆納於是以法國於一七九一年公布的《人權暨公民權宣言》（Declaration of the Rights of Man and of the Citizen）為原型，提出了一份修正案：「任何地方，只要是在美利堅合眾國的疆界範圍內……都適用法律之前人人平等的原則，由此不論是誰，都無權將他人收為奴隸。」這項提案後來讓國會有了視需求「放手立法」的權力，以落實前述禁令。含桑姆納在內的廢奴主義者與共和黨的激進派，都已經將眼光望向了奴隸制終結之後，盤算著要如何從成文法中清除掉種族歧視的法律。如菲利普斯就呼籲進行兩項修憲，其一是要廢除奴隸制，另一則是要禁止各州「根據人種與膚色，在其公民之間進行任何區別」。那天春天稍後，桑姆納再次敦促國會同仁們在第十三憲法修正案中納入「法律之前人人平等」的行文。「看在美國人眼裡，這種語言或許有幾分新穎，」他承認道，「但出了美國此話已廣為人知。」此話一出，他順勢把國會殿堂變成了歷史課堂，介紹起了法國大革命——典型讓其參議員同事受不了的桑姆納式演講。[15]

最終的定稿，是以於一七八七年禁止了在俄亥俄河以北蓄奴的《西北土地法令》（Northwest Ordinance）為本，在由伊利諾州參議員萊曼．川布爾（Lyman Trumbull）領軍的參議院司法委員會中拍板定案：「在美國境內或任何接受美國司法管轄的地區內，非經合法程序判刑以作為犯罪懲戒者，不得有奴隸制或非自願勞役之存在。」由此在廢奴的行動中，該修正案首次將「奴隸制」這樣的字眼寫入憲法。川布爾也在第十三修正案中引入第二項的規定，並使用由桑姆納跟愛荷華州眾議員詹姆斯．F．威爾森（James F. Wilson）所提議的措辭：「國會有權為執行本條內容而制定合宜之法律。」這樣的行文所反映的影響，來自首席大法官約翰．馬歇爾（John Marshall）在一八一九年「麥卡洛克訴馬里蘭州案」（McCulloch v. Maryland）* 中的著名判決，該判決確立了國會以「各種合宜手段」達成憲政目標的權力。[16]

在把修正案呈交給參議院時，川布爾指出國會的各種行為與《解放宣言》已經讓很多黑奴獲得自由，但他們並沒有摧毀奴隸制的法理基礎。川布爾駁斥了由桑姆納等共和黨激進派所擁護的觀念，即戰爭的力量本身，或是保證賦予各州共和形式政府的憲法條款，提供國會力量立法廢奴，且國會應該要劍及履及地這麼做，而不應該曠日費時地走過修憲的繁複流程。「我急於廢奴的心情，不亞於任何人，」川布爾宣稱，但「國會不具有在奴隸制存在的州干預該制度的權威，是源自這個政府的根基、獲得所有黨派承認的公理」。他同樣不接受的另一個觀念是在法國經驗中尋找「憲法行文的適切字句」：「我們都知道他們的憲法是失敗的作品。」密西根州參議員霍華也敦促桑姆納要「揚棄所有對法國憲法或法典的挪用，並回歸到……在一七八七年的法令裡古老又美好，我們先祖們使用的盎格魯—薩克遜語言」。《西北土地法令》裡的用字，川布爾補充說，人們相當熟悉，也為美利堅合眾國的民眾所「充分理解」。這種訴求格外能夠吸引共和黨人，因為在一八五〇年代，他們經常引用在老西北禁絕了奴隸制的該法令，以證明他們想像裡開國先賢對蓄奴的敵意。17

然而並非所有的共和黨員都從一開始就支持這樣的憲法草案。有些人，包括林肯本人，還是比較傾向於讓廢奴發生在各州的手中。但共和黨很快就統一定調朝向第十三修正案的方向進行。國會的討論大多都是熟悉的話題。共和黨黨內幾乎一致認為，奴隸制是造成南北戰爭的罪魁禍首，如參議員亨利．威爾森就說「每一分犧牲的金錢，每一滴流下的鮮血」，這

＊譯註：美國最高法院於一八一九年裁決此一案件。作為首席大法官約翰．馬歇爾生涯極為重要且雄辯滔滔的一項判決，它確立美國憲法中的「必要與適當條款」（Necessary and Proper Clause），劃分聯邦與州政府之間的權力分配。最終最高法院以七比零的投票結果，判定美國國會有權（出於人民利益）設立美國第二銀行，而馬里蘭州無權對其徵稅（來阻擋銀行運作）。

帳都要算在奴隸制的頭上。奴隸制不僅違反其受害者的人權，還讓白人群體的各種自由陷入危險。廢奴可以確保自建國以來就讓美國不堪其擾的南北衝突，不至於在戰後陰魂再起。憲法修正案會摧毀「蓄奴勢力」（Slave Power）*，令其無法再繼續動輒把持美國國策。然而有一項因素是新的，而且這新因素反映了戰爭引發的意識形態變遷。共和黨人不僅譴責奴隸制違反了基本人權，更認為奴隸制是在冒犯整個國家。「桀驁不馴的奴隸主用那種趾高氣昂的架子，宣稱他們控制著手中的黑奴，」桑姆納主張，「等於是直接挑釁中央政府的至高權力。」[18]

第十三憲法修正案以其第二項的規定，授予國會執法的權力，體現了「授權中央政府」的新概念。《紐約先驅報》（*New York Herald*）表示「其重要性不遜於」廢除奴隸制的第一項。「這些字眼，」《紐約先驅報》接著說，「在憲法裡記錄下了一場偉大戰爭的結果……它們代表憲法保證國會將有權力在南方調配新的社會局面，特別是涉及黑人種族生活景況的部分。」聯邦政府過去往往被視為個人自由所面臨的最大威脅。但如《芝加哥論壇報》（*Chicago Tribune*）所言，「各項事件已經證明自由……受到的威脅，來自於各州，而非聯邦政府。」第十三修正案的第二項，給了國會看似不受限制的權威未雨綢繆，免得州政府、地方仕紳、企業，或是民間個人尋求維持或恢復奴隸制。[19]

第十四修正案常被視為促成了聯邦體系的劇烈變革，且讓中央政府的權威獲得顯著強化。但實際上，第十三修正案作為美國歷史上頭一個擴張而非限縮聯邦政府權力的修憲案，才是聯邦制獲得此般重新定義的起始點。[20]當然在一八六四年的當下，沒人預料到未來的發展——林肯遇刺身亡、與田納西州州長強森的衝突、戰後南方白人的不配合、全國性的民權立法，以及為了保障獲解放民眾的基本權利而推動的進一步修憲。但第十三修正案的第二項規定，確實很有遠見地顧及了在行動層面確保奴隸制的終結與自由的來臨，且不論這兩項目標具體應該如何定義。「藉由這條修憲案，」詹姆斯．G．布連恩（James G. Blaine）後來寫道，「中央政府與州政府之間的關係在關乎個人自由問題的層面上，發生了根本性的改變。……人的自由自此成為國家關心的事務。」[21]

如同《解放宣言》，修憲案也用即刻推行取代循序漸進，且修憲案同樣不提供金錢補償給隨奴隸而一併失去的財產權，也隻字未提要讓原黑奴前往國外進行殖民。（確實，只要確保前黑奴能擁有自由美國人的基本權利，那麼修憲案也就形同禁止違背前黑奴的意願，要他們殖民國外。）不同於《解放宣言》的是第十三修正案適用於整個美國，且首度將廢奴設為美國法治秩序中的核心部分。少有國家，特別是少有奴隸人口如美國之多的國家，經歷過如此根本性的廢奴。原版的美國憲法只明確指出三件事情是州政府或聯邦政府都不能做的——

＊ 譯註：整個蓄奴團體的力量。

授予貴族頭銜、通過剝奪人民公私權的法案，以及實施追溯法令（即讓新法溯及既往）。第十三修正案則增加了第四件政府必不可犯的事情——容許奴隸制的存在。第十三修正案在個人自由裡，創造了一種新的基本權利，且這項權利適用於不分種族、性別、階級或公民身分狀態的美國全體人民。[22]

從後見之明來看，我們會覺得無可逆轉的廢奴是在南北戰爭結束後勢在必行的結果，因此民主黨對修正案的反對之深與怨恨之烈，可能會讓人感到不解。一八六四年初，修正案一度看起來將獲得北方民主黨員一定程度的支持，因為部分黨員渴望切斷黨與奴隸制的連繫。但隨著選舉年的政治操作成為首要考量，民主黨對修憲的支持開始減退。且由於南方的代表被逐出國會，少有民主黨員會直接捍衛奴隸制。相對於此，民主黨的國會議員會搬出反廢奴的陳腔濫調，其中他們最愛講的就是黑人不具行為能力。「那些腦袋一團漿糊的黑人，」肯塔基州參議員拉扎勒．鮑爾（Lazarus Powell）宣稱，是「一種次等的人類。……而再怎麼樣的狂熱，也無法將黑人提升到白人種族的水準」。某些民主黨員警告未來的國會將揮舞著〔憲法第十三修正案〕第二項的「革命力量」強行要各州接受黑人的公民身分、黑人的選舉權、種族間的「融合」，以及黑人的土地所有權。還有些民主黨員宣稱廢奴之舉威脅到廣義的私有財產制。如果憲法可以經由修正廢除某一形式的私產而不給予財務補償，那麼你憑什麼以為其他形式的私產一定能安然無恙？德拉瓦州參議員威拉德．索爾斯伯瑞（Willard

Saulsbury）便問道，國會會不會有朝一日將新英格蘭的工廠充公？曾任紐約市長的眾議員費南多·伍德（Fernando Wood）將修憲的後果描繪成一幅驚悚的光景：「一經修憲，白人將在南方州絕跡，屬於他們的土地與各種財產也將遭到沒收。」[23]

辯論的焦點多放在國會權力的範圍。在參眾兩院中，民主黨人都認為憲法修正案顛覆了那些美國立國以來讓國家得以治理，也讓憲法一開始得以獲得批准的重要原則。他們譴責修憲是聯邦與各州關係的變革，而這麼做已經違反了各州應該自行決定要或不要建立奴隸制的初始憲政觀念。實際上，憲法明明內建有自我修改的機制，但某些反對者仍斥責第十三憲法修正案違憲。這當中的關鍵問題，紐約州眾議員安東·哈利克（Anton Herrick）宣稱，不在於奴隸制，而在於「各州控制自身事務的權利」。「放棄了我們蓄奴的權利，」肯塔基州眾議員羅伯·馬洛里（Robert Mallory）宣稱，「那我們的權利還有哪一項安全？它們將一個一個遭到僭越……最終我們所有的權利都將消失不見」，而白人人口則將「在不堪中低頭成為奴隸」。「那是在攻擊州級體制的根基。」賓州眾議員山謬爾·J·蘭道爾（Samuel J. Randall）公開表示。民主黨人仍然不斷談論要恢復聯邦「原本的樣子」——也就是，奴隸制毫髮無傷時的模樣。[24]

一八六四年四月八日，參議院以三十三比六的票數，通過了憲法第十三修正案。來自肯塔基與德拉瓦這兩個邊境蓄奴州的四名參議員，投下了反對票，與另外兩名北方的民主黨國會議員同一陣線。但三名來自北方的民主黨議員，連同來自南北邊境的五名統一主義共和黨員，投下了贊成票。由於此修正案擘劃的，是一場立即的全國廢奴計畫，因此《紐約先驅報》稱這場投票是在反駁林肯對於逐州廢奴之法的偏好，是國會在昭告全國「他小家子氣的修修補補解放之計，並不是真正的答案」。《紐約先驅報》反覆無常的總編輯詹姆斯・戈登・班奈特（James Gordon Bennett）先前曾強力抨擊由共和黨控制的國會，但如今卻支持起修憲案的通過，主張「只有這麼做，才能讓美國的奴隸制有機會在普世的解放中，獲得決定性與堅定的解決」，只不過，班奈特補充道，「我們與人為善的總統，在他鄉巴佬的素樸中，或許還幻想著自己的辦法比較好。」但到了六月，在一場幾乎完全體現黨派立場的投票表決中，第十三修正案僅在眾議院獲得九十三張同意票，差了十三張而未能達到三分之二多數的門檻。[25]

就在這些事件開展的同時，林肯還是沒有選邊站。一八六三年十二月，就在林肯將其年度訊息送交國會的不久前，伊利諾州眾議員艾薩克・N・阿諾（Isaac N. Arnold）敦促他要在訊息中納入以憲改去除美國奴隸制的建議。林肯選擇不這麼做。最終促使他公開支持憲法修正案的，是一八六四年五月底，於克里夫蘭舉行的大會提名了約翰・C・弗里蒙特（John C. Frémont）參選總統，那場大會集結了所有批判政府的左派，包括共和黨的激進派、廢奴主義者，以及少部分的民主黨員。他們的政綱不僅呼籲修憲廢奴，同時還希望透過修憲確立「法律之前絕對的人人平等」（只不過他們避開了在黑人選舉權上明確表態）。作為其回應的一部分，林肯指示參議員艾德溫．D．摩根（Edwin D. Morgan）將懸而待決的第十三修正案放進他在共和黨全國大會的開場演說中，並使其成為他講話內容的「基調」。因此在那場集結於七月的巴爾的摩大會上，共和黨以其黨綱要求透過修憲來「徹底並完全消滅」奴隸制。該黨綱隻字未提法律之前人人平等——「巴爾的摩還不敢上升到克里夫蘭的水準。」菲利普斯語帶不滿地說。二月的《紐約時報》還在譴責「性急輕率的一群人」不該讓他們認為尚未成熟的修憲案強渡關山，如今同一份報紙已在額手稱慶於「戰爭本身那沉默卻無可反駁的邏輯」翻轉了大眾的看法，使其傾向徹底廢奴。[26]

在一八六四年的競選過程中，一部分共和黨人視憲法第十三修正案的議題為勝利的契機，這些人堅信必須靠著廢奴，他們才能打贏南北戰爭，並確保不會有下一場南北戰爭，但另一部分共和黨人對廢奴議題避之唯恐不及，怕它會「嚇跑某些選民」。然而在連任成功後，林肯宣布他聽到了「人民的聲音」，並呼籲眾議院針對修憲案重新投票。林肯全力支持修憲通過，其對立法過程的直接干預程度，遠勝總統任期的其他任何時刻。他向邊境州的聯邦派與已經確定不會連任的民主黨人施壓，要這些在六月大多投下反對票的人改變立場。林肯還授權眾院議長史凱勒．柯法克斯（Schuyler Colfax）宣布萬一修憲再次失利，那麼等本屆國會任期一到，新任國會就會立刻在三月召開臨時會期。新選出的第三十九屆國會有著比上屆更高的共和黨比例，其數量已足以確保修憲通過。[27]

第二次投票直到最後一刻都十分拉鋸。一八六五年一月十二日，《紐約時報》的華府特派員在報導中說憲法修正案「無望」在眾議院過關。儘管如此，在兩個多禮拜過後的一月三十一日，眾議院還是通過了第十三修正案，票數是一一九票贊成，五十六票反對，贊成票略高於通過所需的三分之二門檻。共和黨無人跑票，民主黨則有十六人支持修憲，當中僅兩人不是剛連任失敗或未競選連任的政客。在重新投票的辯論中，原本反對修憲的邊境州議員解釋了他們心境的轉變。馬里蘭州的約翰・A・克雷斯威爾（John A. Creswell）表示黑人在南北戰爭中的表現，包括他們在軍中服役的過程，已經讓「黑色人種」不適合享有自由的說法不攻自破。曾自稱一度是「大奴隸主」的密蘇里州眾議員詹姆斯・S・羅林斯（James S. Rollins）公開說「我們若想有朝一日，能在這個國家裡享有完整的太平日子，那我們就不能坐視蓄奴這種制度殘存下去」。五個邊境州合計貢獻了十九票，其中只有八張是反對票。第十三修正案能否在各州獲得批准，固然還在未定之天。但深南地方揮之不去的惡夢已經成為現實：北邊的蓄奴州加入了北方，成為廢奴浪潮的一員。[28]

這樣的結果引發盛大的慶祝與對盛世的種種憧憬。眾議院的走廊上爆出歡呼的聲響，議事廳裡的眾議院成員們把帽子拋向空中。有議員當場相擁，有議員「像孩童一樣哭泣」。「那幕場景，」一名北方的特別記者寫道，「在我們的國家歷史上完全沒有前例。」來自遠方三處砲兵陣地的連番炮火，宣告著投票的結果。「對久經風霜、戰鬥到遍體鱗傷的廢奴主義者來說，」印第安納州眾議員喬治·W·朱利安（George W. Julian）寫道，「這是多麼盛大的慶典啊。……我從投完票之後，就一直覺得自己好像來到了一個全新的國家。」向來奔放的《紐約先驅報》形容憲法修正案在眾議院的過關，是「從古至今在這個或任何一個國家，一件不同凡響、十足重大、無比美好、關鍵至極、不容小覷的事件」。相對比較穩重的《波士頓廣告人日報》（*Boston Daily Advertiser*）宣稱修憲案的批准，將成為「這場戰爭、甚至是這個世紀最偉大的事件」。《紐約時報》表示這次投票終於讓美國變成了「此前一直沒能成為的模樣，一個徹底民主的國家——立足在人權的基礎上」。[29]

林肯主動對一群來到白宮慶祝的團體做出了即興的發言。他表示第十三修正案作為一種「剷除奴隸制」的手段，遠非《解放宣言》可以比擬。他解釋說《解放宣言》「無從實施」於未曾來到聯邦戰線以內的黑奴，且可能也不能惠澤黑奴的子孫。（這是針對一份他親手寫成的文件的古怪詮釋。《解放宣言》宣告在南方大部分地方，全體黑奴都可獲得自由，不因他們的年齡或是否繼續留在種植園中而有所差別，林肯的這種詮釋似乎反映出他擔心一旦恢復到非戰時，法院會裁定基於「戰爭權」（war power）的《解放宣言》將結束效期，屆時就會只剩已經完整適用於該宣言的黑奴可以保持自由身分。）「但這條修憲案，」林肯接著說道，「是可以對所有邪惡生效的『帝王條款』。」雖然憲法並沒有設想讓總統在修憲案的頒布施行中扮演任何角色，但林肯還是在其正本上附上了簽名。留心國會不受侵犯之特權的參議院，還為此通過決議宣告總統的認可非屬必要。30

※　※　※

想成為憲法的一部分，第十三修正案還需要各州投票批准，門檻是四分之三。內華達州在一八六四年的大選前夕加入聯邦（當時有若干共和黨人認為其三張選舉人票會是林肯勝選的關鍵），使得美國整體來到三十六州，包括屬於邦聯的十一州。因此若把當時脫離聯邦的各州也算進分母，那麼批准的門檻就是二十七州贊成。投票給林肯在一八六四年總統大選中的民主黨對手喬治・B・麥克萊倫（George B. McClellan）的三個北方與邊境州（肯塔基、德拉瓦與紐澤西），似乎不太可能會投下贊成票。另一方面在一八六五年初，七個原本的蓄奴州已經透過自行立法、引用憲法修正案，或是召開民眾代表大會廢除了奴隸制，其中三個是邊境州（馬里蘭、密蘇里與西維吉尼亞），四個是邦聯州（田納西、阿肯色、路易斯安那與維吉尼亞），這些邦聯州在戰時的重建期裡形成了親聯邦的政府。如果其他北方州都投下同意票，那麼這七個邊境或南方州的一票就可以讓同意批准的票數剛好來到二十七。至於還有沒有其他的前邦聯州會倒戈批准修憲案，就要看重建的進度了。

林肯的老家伊利諾相當適切地成為了第一個批准的州，而林肯在一八六一年啟動其解放黑奴計畫的邊境州德拉瓦，則是第一個說不的州。事實上要等到第十三修正案入憲已久的一九〇一年，德拉瓦才真正完成了州內的批准。肯塔基州亦投下了反對票，也讓這個林肯的出生地成為了唯一一個把第十三、十四與十五修正案都打了回票的州。直到一九七六年，肯塔基州才終於同意批准這三條憲法修正案。

林肯在一八六五年四月遇刺時，二十七州的批准修憲進度來到了二十一州。他的副總統與繼任者詹森確保了最終的批准完成。蓄過幾名黑奴一段時間的詹森在戰前的政壇闖出名號，靠的是擔任東田納西義勇兵農民的發言人，外加嚴詞批判該州的「蓄奴集團」。在南北戰爭期間，他說服林肯豁免他的整個州不受《解放宣言》的約束，但詹森很快就掉頭支持解放黑奴，承諾要成為田納西州黑人人口的摩西，帶領他們走向名為自由的應許之地。

然而詹森並不具備多少林肯帶有的偉大特質。他是個無可救藥的種族歧視者，他那宣布於一八六五年五月的重建計畫，既未為前黑奴新獲的自由提供任何保障，也沒有賦予他們在南方建立新政府過程中的發言權。按這份計畫的規劃，由南方白人選出並組成的代表大會會負責起草南方州的新憲法，只因為這些人宣誓了未來會忠於聯邦。詹森堅持由這些代表大會在其各自的州內廢除奴隸制，並強力敦促新的立法機構批准第十三修正案。他補充說任何尋求個人特赦的邦聯人士——他要求所有身家富裕的南方人都要這麼做——都必須立誓不僅要捍衛憲法，而且還要支持「涉及解放黑奴的……一切法律與宣言」。不同於林肯，詹森並未在其重建計畫中加入任何但書，以防最高法院日後裁定《解放宣言》無效。隨著戰爭告一段落，屬於反蓄奴激進派的蔡司坐上了首席大法官的位子，奴隸制在南方大部分地區也行將就木，在這樣的背景下，如此的判決極不可能發生。[31]

詹森的這些要求，引發了各種顧不得體面的爭執。第十三修正案以第二項規定授予了國會執法權，而這就觸動了南方的敏感神經。隨著黑人召集群眾或開起代表大會來要求公民權與政治上的平等，以及涉及土地與勞動的紛爭席捲整個落敗的邦聯地區，白人開始堅定認為要確保社會的安寧與勞動生產力，唯一的辦法就是讓各州回歸聯邦，並「根據舊憲法的體制……讓我們手握按自己的辦法統治人口的權利與權力」，一名喬治亞種植園的奴隸仲介如此說道。奴隸制已死，紐約州民主黨領袖山謬爾·L·M·巴洛（Samuel L. M. Barlow）表示。他還說南方原本沒有人會反對第十三修正案，問題是他們擔心那第二項的規定會把「黑人問題的主導權交到國會手裡」。密西西比改變了其戰前的憲法，以便從成文法的層面廢除奴隸制，但它同時也排斥了整個第十三修正案。在一則正式的訊息中，密西西比州負責立法的「聯邦與州關係委員會」（Committee on Federal and State Relations）解釋了他們這麼做的緣由：第二項難保有朝一日不會經過詮釋，被用來授權國會「立法干預州內的自由。〔我們〕很難想像有比這更加危險的權力授予」。密西西比直到一九九五年才批准第十三修正案。好幾個前邦聯州固然批准了第十三修正案，但都附帶了一個「前提」是它們認為該修正案並未授權國會決定前蓄奴州的未來，並且未預先排除對前奴隸主的金錢補償。這樣的但書當然在法理上站不住腳。喬治亞州在一八六五年十二月初批准了第十三修正案，滿足了修憲需要二十七州同意的門檻。[32]

一八六五年十二月十八日，國務卿威廉・H・西渥德（William H. Seward）確認了第十三修正案成功入憲。作為奴隸制度在全美國範圍內的終結之時，《紐約時報》宣告這一日，「會在共和國的史冊上永世留名。」但長久以來，黑人社群慶祝的其實是一月一日——《解放宣言》的發布日。也有些黑人仍會紀念所謂的「六一九」（Juneteenth），因為在一八六五年的六月十九日，前一天抵達德州的聯邦將領戈登・葛蘭傑（Gordon Granger）宣告了奴隸制在當地的終結。一九四八年，在總統哈利・S・杜魯門（Harry S. Truman）的敦促下，國會將二月一日（林肯簽署憲法第十三修正案本文的紀念日）訂為美國的國家自由日（National Freedom Day），至今還有一些社群會紀念這個假日。但十二月十八日早已被世人遺忘。[33]

「這個年代的一大問題，塵埃落定。」加利福尼亞洲的國會議員柯尼利亞斯・柯爾（Cornelius Cole）說道。但第十三修正案在解決了一個問題（奴隸制的命運）的同時，也衍生了許多問題。參議員亨利・威爾森便說第十三修正案會「抹煞掉……一切跟〔奴隸制〕有連結或相關的人事物」。這有可能嗎？種植園與奴隸制的組合是一個總體的體制，是勞動力、政治與種族關係之完整體系的根基。在眾議院裡，詹姆斯．F．威爾森形容奴隸制是「各種滔天罪惡的集合體」。而這竟然能跟對人的財產權並行不悖？種族間的不平等與奴隸制是無從切割的一體兩面嗎？基於奴隸制的政治與經濟權力有著何種結構？在後奴隸制的美國身為一個自由人，是什麼意思？第十三憲法修正案無可避免地帶出了這些議題，但國會的辯論沒能得出一個清楚的解答。「有關解放黑奴後果的問題，」伊利諾州眾議員約翰．F．方斯沃思（John F. Farnsworth）說，會在未來透過「正義與權宜」而「塵埃落定」。[34]

儘管如此，民主黨在一八六四年春與一八六五年初的兩波攻勢，迫使共和黨人試著勾勒屬於全體美國人的基本權利——遭奴隸制剝奪而解放將恢復之的那些權利——而這樣的討論在整個戰後重建期未曾間斷。所有人都同意合約關係將取代由鞭子揮出的紀律，同時奴隸主對於前黑奴個人與其家庭的權威，已成為過去。許多人堅持主張公民權利，包括獲得法院公平審判、安全持有財產、遷徙自由等權利，是個人能享有自由的根基。在這個初期階段，共和黨人幾乎一致對外否認民主黨的指控，他們不認為自由會如脫韁野馬直通投票的權利，堅稱這一點將由各州各行其是。

第十三修正案那看似直白的行文，讓人對美國社會萌生了各種深刻的疑問。自由的具體意義在一八六四與一八六五年初獲得廣泛的探討，當時正是國會評估此一修正案的時期。邊境州的聯邦派約翰．韓德森（John Henderson）稱廢奴就是廢奴，沒有任何附帶的包袱，至少那不涉及聯邦政府所應負的任何額外義務：「我們只給他一項權利，那就是自由，至於其他的權利，就交給各州因地制宜。」但即便是威廉·霍曼（William Holman）這名並非以倡議解放著稱的民主黨籍印第安納州眾議員，都提到過「單單是免除人受到的奴役就叫作自由，實在是太可悲了」。（然而他想表達的重點不是黑人的權利值得受到保護，而是他強力反對的黑人選舉權將是廢奴後無可避免的結果。）「在美國的語言中，」霍曼表示，自由就意味著「參與政府事物的權利」。[35]

大部分共和黨員的基本認知都是自由的意涵絕不只是解開鎖鏈，而廢奴眾將讓白人與黑人的權利都有所擴張。川布爾提到言論自由與新聞自由長期在美國的某些區塊受到壓制，「禍根即是奴隸制」。至於對被解放的民眾來說，「一個嶄新的國度」已經從戰爭中浮現出來，艾薩克·N·阿諾（Isaac N. Arnold）表示，在這個新國度裡，「自由、法律之前人人平等將成為重要的基石」。愛荷華州參議員詹姆斯·哈蘭（James Harlan）列出了長長一串「奴隸制的罪狀」，當中包括其剝奪了人自由嫁娶、擁有財產、出庭作證與接受教育的權利。理論上，廢奴會自動把這些核心人權歸還給個體。共和黨人大都認為第十三修正案的執法條款授權國會保護前黑奴，讓他們能確實享受到包含前述權利在內的各種基本權利。[36]

前述的發言內容都取材自戰前的反蓄奴憲政主義，而其擘畫的是一個統一的、屬於國民的國家，當中有單一的國家公民身分，而凡為公民者皆能享有法律之前人人平等、不因人種有所差異的待遇。但這些言論仍不脫有自然權利、公民權利、政治權利與社會權利之區分的傳統框架。共和黨員傾向於在措辭上保持一種模糊感，因此他們說的會是「基本權利」、「身而為人不可剝奪的權利」、「源自人性的神聖權利」，以及自由勞動的權利。他們鮮少去討論廢奴是否授予黑人公民身分。權利，而非公民身分，才是憲法修正案支持者所使用的措辭（部分是因為在戰前，公民身分並未附帶那麼多有明確定義的法定權利）。另一方面，前黑奴顯然勢必會成為美國社會的一部分。再沒有人提到要把這些人送到國外——殖民的構想已經是死路一條。[37]

到了一八六五年，戰爭已經證明了共和黨自創黨以來的核心理念，也就是一種自由勞動的社會願景。在修憲案的討論中最常被重複的一段語句，就是林肯自己長期強調的事物——個體要有權享有自身勞動的成果，因為這正是身為奴隸與自由人最核心的差別。林肯是在他的第二次就職演說中間接指涉這個概念，當時他刻意提到黑奴「長達兩百五十年的無償勞動」。早在一八六二年，哈蘭就曾堅持說雖然廢奴並不見得隱含著社會或政治上的平等，但這麼做起碼意味著黑人「可以平等地如白人一般做自己的主人，享有自身勞動的收益……可以有權享有公義……可以將其勞動的收益用於促進自身的福祉與其家眷的福祉」。伊利諾州的眾議員伊邦・C・英格索爾（Ebon C. Ingersoll）亦曾提及「耕田的權利、用眉毛上的汗滴掙得麵包的權利，乃至於享受自身勞動之報酬……不因膚色與人種而有差異的權利」。共和黨人認為憲法第十三修正案可以未雨綢繆，讓被解放後的黑奴不至於被各州或某些個人苛扣他們應享有的這些機會。[38]

一幅自由勞動的願景在獲得重建的南方，擘劃的是一場廣大的社會變革。獲得解放的黑奴享有著無異於北方勞工的出頭機會，也有著同樣的上進心作為他們努力的動力，由此他們的勞動會比還是奴隸時更具生產力。北方的資本會協助推動地區的重生。南方會慢慢朝北方的自由社會靠攏，開始擁有公立學校、小鎮，以及獨立的生產者。「廢除奴隸制，」英格索爾宣稱，「校舍就會興起於奴隸市集的廢墟之上，民智會取代無知，財富會取代貧窮。」僅憑第十三修正案無法實現所有這些目標，但它是朝著這個方向所跨出的，不可或缺的第一步。[39]

※　※　※

有《西北土地法令》作為其源頭，第十三修正案的用語或許令人熟悉，但它並非全然不需解釋。大部分共和黨人無疑認為他們明白奴隸制是什麼。但「非自願勞役」呢？這個語句裡含有多重的關係與制度。在殖民時期的美國，眾多移民都是藉著契約下的僕役身分才來到美國。這些人能夠進入新世界，靠的是同意為雇主進行一定年分的勞動。十八世紀末，分階段在北方實施的解放相關法律規定奴隸生下的孩童必須為其雙親的主人工作至多二十八年——這遠比白人學徒需要工作的年分要長——才能獲得自由。

到了南北戰爭時期，前述形式的勞役已經幾乎消逝殆盡。但主要是在西部，多種半自由的勞動體系持續方興未艾。這當中包括在西南部特別盛行的「勞役抵債」(peonage，顧名思義用勞役來還債)；適用美洲原住民、墨西哥人與華人移民的長期勞動合同；以及由法院指定的「受監護者」(ward)，也就是必須為白人家庭勞動的印第安婦孺。國會中幾無討論涉及第十三修正案對於這幾類勞役形式的影響，但它的條文內容無疑開啟了國會對其採取行動的大門。也確實在第十三憲法修正案獲得批准後不到兩年，國會就通過了《一八六七年反勞役抵債法》(Anti-Peonage Act of 1867)，該法在第十三修正案的法源基礎上，禁止了「自願」與「非自願」的勞役抵債行為。在加州，針對華人移民的排華運動自相矛盾地融合了種族歧視與反蓄奴言論，定義華人契約勞工為卑賤到無法成為獨立自由勞工的非自由「苦力」。這場後來會入法成為一八八二年《排華法案》的排華運動，某種程度上被宣傳為實踐第十三修正案的舉措。[40]

第十三修正案的起源是有一群宣揚女性主義的廢奴主義者希望此法可以為美國女性更多的權利鋪路。此修正案本身隻字未提及性別，享有自由的權利平等地適用於男性與女性。但當時某些人曾提出一項質疑，那就是非自願勞役的終結會不會影響到被解放之黑人女性的家庭地位。回顧十九世紀的美國，在那個以「已婚婦女無民事行為能力的普通法」作為支柱之一的法理結構中，成年白人男性是「法律權利主體的典範」。奴隸制的終結意味著黑人女性進入了一個男性被視為一家之主的社會與法理世界，婦孺在當中都是隸屬於男性的次等存在，而這不見得是全體黑人女性想像中的自由。如同在聯邦軍中服役的黑人男性，黑人女性也以她們的方式支援著聯邦的奮鬥，包括在軍中負責煮飯、縫衣、擔任護士、傳遞南方兵力的情報，投身聯邦軍尋求庇護來減少邦聯可用的人力，並以「改善我們有色人種士兵在為自由奮鬥時所承受的苦難」為宗旨組織團體，如北卡羅萊納州的一個這類團體所說。如同男性黑人同胞，她們也堅定地主張要獲得戰後的國家承認。大部分黑人女性都期盼著有機會可以鞏固不受白人主人監督或拆散的穩定婚姻，並為自己的家庭投入更多在奴隸制下不可能有的時間。但許多人也渴望在家庭生活中擁有某種程度的自治。女性無行為能力的狀態繼續下去，意味著重建時期的憲法改革並沒有能終結黑人女性矮人一截的事實，不過它確實給予女性更多的施力點應對丈夫、父親與前奴隸主的權威。在重建時期，她們會參與群眾的政治集會、自行簽署勞動合約，並前往弗里德曼儲蓄銀行（Freedman's Savings Bank）開立個人帳戶，這間銀行是國會在戰爭尾聲時特許成立的機構，旨在鼓勵前奴隸們勤儉度日。然而黑人女性的聲音，鮮少在國會裡或全國性報刊上被聽見。[41]

憲法修正案的幾名反對者指控「非自願勞役」的廢除動搖了一名丈夫與妻子發生性關

係、並享受她無償家務勞動之普通法權利的合法性。但在大部分共和黨員的眼裡，廢奴的意義不在於重新定位傳統的家庭關係，而在於把享受家庭生活的自然權利歸還給黑人，讓黑人不再需要在這一點上受到奴隸制的嚴重剝削。在這些自由的家庭裡，男性會占據一家之主的合法位置，而女性則將不再受到奴隸制違反自然的挪移，順利回歸居家的生活領域。恢復被解放之人的「男子氣概」，並讓女性重拾養兒育女的權利，不再受到白人的干預，是解放的核心概念。在這個脈絡下，女性在家中的無償勞動是一種自然現象，而算不上壓迫，更算不上是某種形式的非自願勞役。「丈夫受到妻子的服侍，展現的是一種財產權。」共和黨的一名國會成員說道，而廢奴並沒有要摧毀這點。「人身自由」之外，國會另一名共和黨人表示，人類社會還有另外兩大基本自然權利，那就是「丈夫擁有妻子」與「父親擁有孩子」。第十三修正案的用意是要恢復這些權利，而不是要這些權利難以為繼。[42]

有一種形式的非自願勞役，明確得到了第十三憲法修正案的授權。如同《西北土地法令》，第十三憲法修正案也容許對被判有罪者施以非自願勞役，甚至（取決於你如何解讀第一項）是讓奴隸制在罪犯的身上延續。這種罪犯的例外條款固然在一八六四與一八六五年的辯論裡幾乎未被提及，日後卻帶來惡劣影響，成為合理剝削受刑人勞動力的憲法依據。

此一涉及犯罪定讞之人的條款，極佳地說明了為什麼有句話說歷史學者在寫東西的時候，（至少）有一眼緊盯著現在。幾十年來，研究第十三修正案的學者都徹底無視此一條款。

但隨著大規模的監禁與監獄勞動力的廣泛使用突然成為全國矚目的議題，此條款也引發相當可觀的討論。譬如好萊塢紀錄片《憲法第十三條修正案》（*13th*），就直接將該修正案與今日美國剝削囚犯牟利的行徑連繫起來。確實，讓囚犯去工作是行之有年的做法，完全不是因為南北戰爭或重建時期才如此。在美國獨立革命之前的幾十年間，為數眾多的受刑人（至少三萬人），被從英倫三島運輸到大英帝國的各個殖民地，並且一抵達目的地，這些人就會被賣出去勞動若干年，作為他們所犯之事的懲罰。（在失去其美洲殖民地後，英國替這些囚犯找了另外一個目的地——澳大利亞，結果那裡從美國革命到南北戰爭之間接收了十五萬名犯人。）「被迫進行的粗重生產性勞動」作為一種籌措監獄營運費用的手段，與監禁產生了連結。然而即便監所的數量自十九世紀初開始急速增加，被關押於其中的犯人人數一直都非常少。[43]

第十三修正案裡的囚犯例外條款，源自傑佛遜於一七八四年提出，原本要在這新國家的所有土地禁奴的《土地法令》（Land Ordinance）。以此為起點，囚犯例外條款接著搬到一七八七年的《西北土地法令》上，該法令將禁奴一事限制在俄亥俄河以北的領土。學者們尚未明確解釋傑佛遜何以在法令中納入囚犯例外條款。有四個州（佛蒙特、賓夕法尼亞、康乃迪克、羅德島）在傑佛遜寫成《土地法令》前就以州憲等法律廢除了奴隸制，而這四個州都沒有提到要讓非自願勞役成為犯罪的懲罰（不過佛蒙特允許債主這麼做）。有一種可能是傑佛遜——如他在《維吉尼亞州筆記》（*Notes on the State of Virginia*）中解釋過的——擔心被解放的奴隸會變懶，並開始從事不法的勾當，而或許想到得入獄做工會讓他們卻步。此外，身為投身啟蒙時代監獄改革的其中一員，傑佛遜覺得勞動有益於人格的培養。強迫勞動將有助於教化罪犯，並可替換掉烙印、長時間單獨關押，或是極刑等較不人道的刑罰。[44]

到了第十三修正案獲得批准時，禁奴與犯罪者例外的組合已經普遍到那幾乎可以稱之為一種行文的「樣板」。不論是尋求在美墨戰爭中取得的領土上禁奴的《威爾莫特但書》（Wilmot Proviso），在一八六二年於美國全境禁奴的國會立法中，或是在從一八〇三年的俄亥俄州到修正案獲批准前最後一個進入聯邦的內華達州等幾乎所有聯邦自由州的憲法裡，都看得到這樣的文字。史蒂文斯身為或許是眾議院裡最激進的成員，也在他的廢奴修正案草案中納入了同樣的條款。[45]

第十三修正案以一份波士頓報紙稱之為「偉大歷史文件的四平八穩的措辭」，包裝著從美國歷史發展上一次根本性的脫離。只不過因為其寫法太過令人熟悉，以至於其用語沒有經過必要的審視。囚犯例外條款幾乎從來未曾在報紙上獲得討論，也未曾在任何鼓吹批准修憲的反奴會議或黑人代表大會*上成為話題。只有少數批評者察覺到這可能會引發問題。廢奴主義刊物《原則》（*The Principia*）早在一八六四年二月，就曾指控這樣的用語是讓憲法「修惡」，因為這會讓人以為奴隸制可以「在理由夠充分時」獲得允許。桑姆納堅稱雖然《西北土地法令》「在其所屬時代發揮了極佳的效果」，其遺辭用句卻「完全不適合我們的時代」，因為它暗示著人類可以「被奴隸來作為一種犯罪懲罰」。桑姆納後來寫道他曾希望提議去除犯罪例外條款，但沒能採取行動，原因是他的同事們都很急著「去吃晚餐」。「如今的我很後悔自己當時的禮讓與克制。」他補充道。[46]

犯罪例外條款並沒有在南方的白人之間遭到忽略。一八六五年十一月，前邦聯將領約翰·T·摩根（John T. Morgan）在喬治亞州的一場演說中指出憲法第十三修正案沒有阻止各州立法讓「司法權威」得以將犯罪的黑人交付奴役。在詹森版重建計畫下建立起的南方各政府，也確實就此頒布施行起一系列名為《黑人法令》（Black Codes）的法律去定義及限制非裔美國人如今可以享有的自由，並如阿拉巴馬州新任州長羅伯·M·佩頓（Robert M. Patton）所說地挑明立場，即「在政治與社會的層面上，我們就是一個白人的政府。」很快就成為其他州同類法律模板的《密西西比州黑人法令》，給予黑人特定的權利，像是婚姻可以

* 譯註：黑人代表大會運動（Black Conventions Movement）亦稱有色人種代表大會運動（The Colored Conventions Movement），是一系列在全國、區域與州層級不定期舉辦的集會，時間落在南北戰爭前後的數十年間。與會代表包括非裔美國人之中的自由人或前黑奴，身分組成則包括宗教界領袖、商人、政治人物、作家、出版業者、書報編輯，以及廢奴主義者。黑人代表大會旨在提供一個有組織的架構，讓黑人維持具體的領導階層，並試圖藉此達成廢除黑奴的目標。歷史上有三十一州辦理過黑人大會（不含加拿大的安大略）。黑人代表大會運動的代表超過五千人，列席者則累計有數萬人。

獲得法律承認，但也施加了各式各樣的約束，包括限制黑人的遷徙自由，不准他們從事特定的職業、持有槍械、擔任陪審員、在涉及白人的案件中作證，或是投票。

雖然有了第十三修正案，但非自願的黑人勞動靠著罪犯例外條款所開的方便之門，仍成為各州黑人法令的核心內容。這些法律要求全體成年黑人男性要在每年一開始簽署勞動合約，然後依約為白人雇主工作，否則將因流浪罪或其他定義不明確的罪行遭到起訴。萬一起訴後被定罪，那等待著黑人的就是罰款。罰款繳不出來，下場還是替白人雇主勞動。佛羅里達州的黑人法令准許將獲得解放但違反勞動契約的黑人賣出，時間可長達一年。學徒法准許法官能以家長無力扶養為由，將黑人兒童勞動力無償提供給種植園主。確實，流浪罪的法令可以回溯至前現代的時期，且在南北戰爭之前，流浪罪被廣泛用來在美國各地懲罰身體健全但不願意工作的人。但早年的流浪罪法令並未被擘劃成整體勞動體系的基礎。學徒制，同樣地，有著一段悠久可敬的歷史。但黑人法令中的安排與年輕人可以習得一技之長的傳統學徒法，基本上不是同一件事情。的確，這一切都不是前奴隸與他們的北方盟友心目中的自由勞動。「要是實施生效，」一名地方黑人領袖寫信給總統說，「那我們跟回歸奴隸制也沒什麼兩樣了。」「正義在哪裡？」密西西比的一場黑人代表大會有此一問。「自由又在哪裡？」[47]

紐黑文（New Haven）的一份報紙說，除了別的事項，黑人法令還展現了第十三修正案第二項規定的「必要性」——因為有了第二項規定，獲得授權的國會才得以採取行動保護黑人新獲沒有多久的自由。「就是因為有這些〔黑人〕法令的存在，」著名的北卡羅萊納州聯邦派人士丹尼爾・R・古德羅（Daniel R. Goodloe）後來回憶說，「才讓北方人覺得南方人根本沒有誠意默許前奴隸的自由。」[48]

然而，黑人法令也揭露了囚犯例外條款內含的危險性。隨著各種報告在北方傳開，說是因盜竊或流浪被定罪的黑人「在大眾的疾呼聲中」被「售出」從事年分不等的勞動，反奴的圈子也浮現對「修正案的不恰當措辭」的憂慮。幾個反奴成員在國會中發難。「狡猾的反叛者，」一名國會議員抱怨說，利用「例外條款」讓獲得解放之人淪為奴隸。「天曉得我多希望那修正案可以重新擺回我們面前。」威廉・西格比（William Higby）這名來自加州的共和黨激進派說道。「我們討論了好幾個月……卻沒能覆蓋到所有的死角。……天底下沒有什麼好理由，應該讓一個犯罪者被販售成奴。」一八六七年，《全國反奴標準報》（*National Anti-Slavery Standard*）呼籲通過新的修正案來刪除非經合法程序判刑以作為犯罪懲戒者等字眼。[49]

同一年，愛荷華州眾議員約翰・A・卡松（John A. Kasson）提出一個決議案，以釐清囚犯例外條款的含義。他宣稱沒有人覺得在第十三修正案被批准的同時，「在廢除奴隸制的同一個句子裡……他們也立法讓奴隸制以另一種形式並透過法院的行動存續下來。」第十三修正案之「真正的意圖與意義」，卡松的決議案宣稱，在於禁止任何一種形式的奴隸制與非自願勞役，「除非是在執法人員的親手控制下，作為一種犯罪刑罰直接執行」。卡松的決議案在眾議院以壓倒性的多數過關（一二二票對二十五票），但並沒有能在參議院獲得表決。許多參議員覺得一八六六年的《民權法案》在其各項內容之中，已經規定了獲得公平審判與司法處罰的種族平等，所以卡松版的決議案並無必要。時間會證明參議院錯了。[50]

在重建時期之初，北方人頻繁提及犯罪應受的懲罰，但那主要是針對前邦聯人應受的制裁。第十三修正案不是唯一一個以犯罪定讞為基礎，藉此剝奪廣受肯認之權利的重建時期措施。囚犯例外條款在一八六六年的《民權法案》裡被重複了三遍。史蒂文斯確實移除了一八六六年的法案中將使「被解放黑奴事務管理局」（Freedmen's Bureau）得以苟延殘喘的語句。「我知道那裡有人因為暴力行為被定罪並判刑成為奴隸。」他在眾議院表示。但從一八六七年開始，當南方州在激進重建（Radical Reconstruction）中被國會要求起草平等的新憲時，每一州都納入了非經合法程序判刑以作為犯罪懲戒者的廢奴但書之變形。直到今日，犯罪定讞者仍然經常在關押期間進行非自願的勞役，或是在就業、住房、投票權利等方面面對著已被禁止的歧視。[51]

不經意間，第十三修正案創造出了一個漏洞，使得日後有人可以廣泛地出租服刑者勞工到種植園、礦坑與南方的其他產業進行勞動。這漏洞也讓服刑者可以在監獄的四壁內為民間包商所用，或是讓他們被鎖鏈綁在一起，就這麼成群地在那裡修建鐵路、開墾土地，或從事其他的公共工程項目。受刑人出租原本是重建時期的省錢措施，後來之所以一發不可收拾，是因為秉持白人至上主義的民主黨人重新控制住南方政府，並透過法律的實施大幅擴張重罪的範疇。監獄人口顯著上升，而雖然法律在表面上與種族無關，但被關押的囚犯裡確實是黑人占絕大多數。「有人偷了隻雞，他們就會把他送進監獄。」一名黑人領袖不滿地說。德州共和黨人發布了一份聲明，重炮抨擊在不違反第十三修正案的情況下，「一眾法庭成了工具，被用來重新奴役有色人種。……種植園的勞務，一如舊時，是由黑奴為之，只不過他們的名字被改成了罪犯。」確實，囚犯的勞動並不是嚴格定義下的「物化奴隸制」（chattel slavery），也不是存在於戰前的那一整個〔奴隸〕社會體系。但到了十九世紀末，已經有好幾千名囚犯在南方各地進行著勞作。即使在今日，非自願的監獄勞動仍相當普遍，也廣泛存在要求囚犯從事勞動的私立營利監獄。法院已經判定囚犯勞動並不違反第十三修正案。最晚到一九八〇年代，司法部的結論都是修正案附加了「若干奴隸制的特徵」到囚犯身上，包括讓囚犯被排除在最低工資法規之外——甚至根本不要求給予囚犯勞工任何補償。52

※　※　※

通過第十三修正案的國會裡，沒有任何一位非裔美國人成員。儘管如此，在關乎該修正案之通過與批准的辯論中，廣大公眾領域中的黑人針對廢奴的意義，以及從奴隸制的灰燼中應該重生出什麼樣的新社會，提出了他們的願景。他們清楚且全面地說出了伴隨自由，他們應該享有什麼樣的權利，並試圖行動以實現這些權利。南方被解放的黑奴提出動議要「丟開奴役的標誌」*。他們讓在奴隸制裡失散的家庭重新團聚，建立教堂與學校，主張擁有自由勞動的權利，推動平等民權與投票權，並要求黑人應該獲得土地。一八六五年，眾多地方性與州級的黑人團體集會與政治代表大會在南方舉行。作為草根政治運動正快速擴張的具體表徵，這些活動要求平等的依據是黑人身為「共和國的公民」，有權享受「平等之自由所衍生的各種幸事」。黑人報紙於一八六四年開始將第十三修正案納入其要求中，但它們的目光已經超越此次修憲，聚焦關注的是被解放的人們未來應擁有的權利。[53]

在戰爭邁向結束的那幾個月裡，由黑人經營的《紐奧良論壇報》（*New Orleans Tribune*）發展出一套條理清晰的激進計畫，內容包含爭取黑人男性的選舉權、法律之前人人平等、不分種族都能平等就讀公立學校或搭乘大眾交通工具，以及將種植園的土地平分給被解放的黑奴。一八六五年秋，該報紙開始力推一宗新的憲法修正案，意在禁止各州依據種族而在公民之間「區分哪怕一丁點不同的民權與特權」。許多人眼中的第十三修正案並不完備，因為它沒有提到前述的這些原則。於此同時，北方的黑人仍持續著他們長年爭取民權與政治權利的運動。「我們有平權的問題要去奮鬥，」密西根一場黑人代表大會上的發言人在一八六五年九月說道，「那是個我們已經奮鬥了許多年的問題。」54

幾乎所有的黑人代表大會，不分南北，都要求獲得投票權，因為那是「與自我治理密不可分、至關重要的元素」。一如往常，他們援引了《獨立宣言》，但即便在獲得批准之前，第十三修正案也已經在不知不覺中改變了黑人面對憲法的態度。確實，戰前的黑人代表大會也曾經援引憲法來協助他們主張擁有與生俱來的公民身分。但隨著憲法如今去除了其支持蓄奴的特質，憲法的文字也在黑人的政治文化中獲得了更重要的地位。「僅次於我們的天父，」一場於阿拉巴馬州莫比爾（Mobile）舉辦的黑人代表大會在一八六五年八月發表聲明說，「我們崇敬著美利堅美好的老憲法，畢竟它現在也承認了我們的存在。」再者，修正案證明了憲法具有可塑性——它激勵了眾人，讓人們覺得還會再次修憲。一八六五年九月，黑人領袖們共組了「全國平權聯盟」（National Equal Rights League），其訴求包括「完整享有我們的各種自由」、「獲得完全授予的公民權」，以及透過憲法修正案禁止「以人種或膚色為由，進行不利於無論原生或歸化，任何享有公民權之居民群體」的立法。另一批人堅持主張在獲得批准之後，第十三修正案要利用其第二項規定授權國會採取行動，保障前黑奴「具備自由人享有

＊ 譯註：奴役的標誌（badges of servitude）的說法在狹義上，是指由於奴役而導致的法律能力喪失，包括無從享有選舉權與財產權，廣義上則是指一切帶有種族歧視的行為。

的一切權利」。一份黑人報紙特別提及第二項規定，「是前蓄奴州中近期反叛者的眼中釘、肉中刺。」[55]

於此同時，有組織的禁奴運動仍拿不定主意的是第十三修正案究竟是他們奮鬥數十年的終點，抑或是一場新抗爭的起點。當眾議院在一八六五年初通過第十三修正案時，蓋瑞森曾呼籲美國反奴協會（American Anti-Slavery Society, AASS）解散。修憲案已經讓「與死亡的契約」(原始憲法）轉變成「與生命的契約」，因此，「我身為一名廢奴主義者的使命」已然劃下句點。但對其他許多廢奴主義者而言，第十三修正案是一個中繼處，而不是他們運動的尾聲。「解放要真正生效，自由要真正實現，」亨利・C・萊特（Henry C. Wright）這名反奴老將表示，「除非黑人手裡能有選票，也除非各州能被禁止根據種族或膚色頒布法律，在其公民之間製造各種區別。」這些原則一旦落實，不僅將改寫北方的法典，連南方的也將脫胎換骨。菲利普斯堅稱面對各州以各種手段拒絕讓獲得自由的前黑奴享有權利，他們絕對需要更多的保護措施——否則他們就只能「被各州主權的力量輾成齏粉」。[56]

美國反奴協會在一八六五年五月召開年度大會，並在會議上否決了蓋瑞森主張要解散協會的動議。他於是辭去會長一職，懸缺由菲利普接任。該組織的官方週報《全國反奴標準報》原本已經在呼籲推動新的憲法修正案，藉此禁止各州「出於膚色的考量區別其州內的居民」。此時該報紙又在報頭上印出了一則新的口號：沒有黑人投票權，沒有重建。大部分共和黨員在這個時間點不願意做到這麼極端。但當國會在一八六五年十二月召開時，他們達成了一項共識：第十三修正案已經將黑人帶進國家公民的身分範圍內，而這個範圍內的所有人都享有法律之前的平等，也都受到聯邦政府的保護。問題是，怎麼把這些原則寫入法律與憲法中，並確保它們可以獲得執行。「一項比廢奴更加浩大的工程，」道格拉斯在一八六五年宣稱，「如今開展在廢奴主義者的面前。」他或許還可以加一句，也開展在整個美國的面前。[57]

一八六五年一月，就在眾議院為第十三修正案爭辯不休，距離南方的黑人法令頒布施行許多個月之前，《紐約世界報》作為美國首屈一指的民主黨報紙頗有先見之明地預測說雖然廢了奴，但各州仍極可能會倚靠它們的傳統力量立法讓被解放的黑奴生活「苦不堪言」。想避免這種情況發生，唯一的辦法就是提出「各式各樣額外的憲法修正案」，而這麼做的結果就是州政府會被剝奪「它們現在擁有的……所有權力」。[58]

《紐約世界報》的用字相當危言聳聽。但該報確實點出了共和黨決策者所面臨的問題。在詳述了近期各種具有歧視性的州法後，田納西州一群被解放的黑奴表示，「我們沒有其他地方可以尋求保護，美國的中央政府是我們唯一的指望。」[59]但聯邦的司法管轄權在傳統上，並不涵蓋種族歧視的法律或這類法律的執行問題，也不會干涉那些往往會伴隨暴力、限制黑人的發展機會或投票權利的私人陰謀。國會將在多大程度上透過建立對美國人民權利的聯邦監督機制，來改變現有的法律秩序，依然在未定之天。然而有件事情十分清楚。第十三修正案並非被解放之黑奴問題的最終解答。事實證明它是一個動態過程裡不可或缺的一部分，而這個持續多年的過程最終將催生出第十四與第十五修正案、更進一步的民權立法，以及南方一場前所未見的跨種族民主實驗。「自由已經贏到手了，」桑姆納宣告，「追求平等之戰則仍等著我們去打。」[60]

第二章　朝平等邁進：美國憲法第十四修正案

一八六五年十二月四日，第三十九屆國會作為美國歷史上影響至為深遠的一屆國會，於華盛頓特區召開。此後的十五個月，這屆國會成員將針對由美國南北戰爭與奴隸制的毀滅中所生出的深刻難題互相攻防，這些問題包括：南方的統治應該由誰為之？南方各州應該如何重新融入聯邦？前黑奴應該享有哪些權利？其落實又該由誰來執行？這些問題一邊獲得論辯，一邊有一道關於重建政策的嚴重裂痕出現在民主黨總統詹森與共和黨的國會多數之間，同時有愈來愈多的證據顯示被解放的黑奴成了被施暴的對象，而詹森總統建立在南方的政府則百般不情願秉公對待轄下的前黑奴。就是在這樣的背景脈絡下，第三十九屆國會開始推動它的重建政策，而該政策的核心就是憲法第十四修正案。

作為美國憲法歷來篇幅最長的修正案，第十四修正案就如同範圍更廣的重建工作本身，都有著不一而足的各種目的。其多重的動機涉及理想、南北衝突、黨派利益與經濟利益等面向。最終的條文誕生於為期數月的研討裡。該憲法修正案並不是任何一名個體或政黨派系的作品，也並非出於解放黑奴之預設邏輯，而是自幾乎持續到它通過前一刻的辯論、談判與妥協過程中浮現。憲法第十四修正案旨在解決南北戰爭以來的特定問題；在為解放黑奴及全體美國人的權利建立通用的原則；在創造一體適用的公民身分定義；在勾勒出一種讓各州得以從脫離狀態回歸聯邦的辦法；在限制邦聯領袖的政治影響力；在強化由南北戰爭觸發的〔二次〕建國程序；在作為一個媒介來供共和黨重拾其對權力的掌控。這當中有些目標順利達成，有些則否，有些則將留給未來的世世代代去開花結果。但即便有極其明顯的各種侷限性，第十四修正案仍不啻是自從《權利法案》以來，對美國人生活影響最深遠的一次修憲。

雖然戰鬥已經在數個月前停歇，但國會卻一副美國還在戰時的表現。在會期的一開始，眾議院與參議院的書記員就根據與共和黨多數的領袖們的預謀，刻意略去了根據詹森建立在南方的重建計畫所選出的議員姓名。許多這些參議員與眾議員當選人都是邦聯之前的政治與軍事領袖。他們的當選，連同詹森主導的各政府遲遲不願認可前黑奴的種種基本權利，導致了共和黨人認定白人的南方並未全面接受聯邦的勝利。要不是南方被控制在許多共和黨員所稱的「戰爭之握」中，共和黨恐將難以享有採行第十四修正案所需，在參眾兩院所需的三分之二多數。但共和黨本身也分裂成不見得在美國面對的每項議題上都意見一致的各個派系。在以共和黨眾議院領袖史蒂文斯與參議員桑姆納（他是與黑人社群走得最近的政治人物）作為代表性人物的激進派眼裡，重建時期是可以清除掉共和國奴隸制遺緒的千載難逢的機會，還可以在強大正派的中央政府干預下，確保全體美國人都能享有同等的權利與機遇。數十年來，那些後來會成為共和黨激進派的人都在逆風捍衛著黑人選舉權與平等公民身分等理念。重建時期，在這些人看來，意味著「偉大反奴隸制革命的最後一哩路」，也意味著讓被史蒂文斯稱為「政治褻瀆」的那種美國向來是，未來也應該繼續是個「白人政府」的觀念，入土為安。[1]

平等是共和黨激進派的口頭禪，「在最廣義也最全面之民主意義上的平等」是參議員亨利·威爾森的說法，只不過激進派與其他共和黨員之間，也在平等的確切定義上有不同的看法。（史蒂文斯覺得平等須要包括把分配土地給前黑奴，但這提案在國會裡幾乎沒人支持。）在比較實務的層面上，激進派既信不過總統，也信不過總統麾下的南方各政府，由此他們堅持唯一能保證美國黑人權利，將共和黨勢力擴張到（依舊形同不存在的）南方，並且確保共和黨可以持續統治全國的辦法，就是讓黑人獲得投票權。共和黨激進派的這些看法迴盪在南方獲得解放的黑奴之間，強化了前黑奴自身對於平權的訴求。「他們很清楚桑姆納等人的存在與所持的立場。」一名北卡羅萊納州的白人牧師在一八六六年對前黑奴有這樣的觀察。[2]

共和黨激進派在國會中享有可觀的席位，但他們並未構成多數。為數更多的是所謂的溫和派，其代表性人物包括影響力十足的參議員如川布爾，也就是參議院司法委員會的主席，以及緬因州的威廉·彼特·費森登（William Pitt Fessenden）。充滿書生氣息的川布爾在戰前崛起於伊利諾州政壇，當時他除了是個形象良好的律師，還是個「保守型的極端派」，這樣的他會在法庭上為逃奴辯護，但也會冷漠地與伊利諾州的廢奴運動保持距離，甚至偶爾還會迎合種族偏見。如同其他的溫和派，費森登固然強力反蓄奴，但也自許是個腳踏實地之人，為此他更在意如何處理好眼前的局面，而不會自命是道德上的十字軍。他頻繁地與桑姆納起紛爭，因為他覺得桑姆納滿是大道理的冗長發言是在浪費參議院的時間。

第三十九屆國會召開之初，共和黨溫和派尚未放棄與詹森總統合作的希望。只要對前黑奴之權利的保障可以順利到位，他們就願意不動詹森總統扶植的南方政府一根寒毛。在他們看來，黑人選舉權的結果太難預料（有人擔心前黑奴會依照前主人的指示投票），在北方也太不受到支持，所以難以在重建時期成為成功的政策基礎。史蒂文斯身為全體自由人都該可以投票的長期信徒，在一八六五年秋天表示他州內的共和黨員認為這個議題「沉重又不成熟」。從一八六五到一八六九年間，至少有十一場公民投票以是否要將選舉權擴及極小的黑人人口為題，在北方各州舉辦，結果只有愛荷華與明尼蘇達兩州公投通過。溫和派想問的是，北方可以要求南方去做連他們自己都不願意做的事情嗎？這個議題顯然在政治上，具有相當的危險性。詹森那讓共和黨溫和派難以與他合作的深切種族歧視，以及他在南方扶植的政府的所作所為，最終將導致共和黨溫和派支持黑人的選舉權——而這是溫和派沒有一個人在一八六五年十二月想得到的事情。[3]

原版的美國憲法幾乎對投票權一事隻字未提，完全將選舉權的規範交到了各州的手裡。然而共和黨激進派堅持投票權是廢奴之後順理成章的結果。少了「分享政府權力的權利，」印第安納州眾議員朱利安表示，「就沒有人是真正的自由。」伊利諾州參議員理查・葉茨（Richard Yates）宣稱政府從未真心「讓四百萬黑奴獲得自由……同時任由他們沒能享有依附在自由公民身分上的民權與政治權利」。共和黨激進派堅稱不論是對各州保證「共和形式政府」的憲法條款，還是憲法第十三修正案，都授予國會權力擴張投票權。令人驚奇的是，一種更為大刀闊斧的看法由《紐約先驅報》總編輯詹姆斯・戈登・班奈特給強而有力地表達了出來，現在的他採取的是極端的立場。《紐約先驅報》在一八六六年一月宣稱憲法第十三修正案是「現代最偉大的政治革命……隨著奴隸制此次遭到廢除，各州所有依據種族與膚色所做成的民權與政治區分，都一併遭到了廢止；因為憲法的眼中本就沒有膚色的不同」。同年春天一到，班奈特又會支持詹森去與國會戰鬥，但至少在一月時，他確實短暫地附議過共和黨激進派說：「按照憲法現處的狀態……我們看不到任何東西……可以合理化將黑人排除在白人所享民權與政治權利以外的做法。」然而共和黨溫和派認為聯邦政府欠缺權威去「干預各州的選舉權」。再者，內華達州參議員威廉・M・史都華（William M. Stewart）表示但凡有人嘗試這麼做，都會「遭遇公正也好不公正也罷的各種偏見，畢竟美國大多數的居民仍是白人」。[4]

史都華在一八六六年一月發表感言說，共和黨人想共同認可一項重建的政策，原本其實並非難事，「唯一的關卡就是黑人選舉權在南方遇到的問題……只要排除掉這個問題，其他的事情都可以在兩週內搞定。」一如史都華所稱，廣大的共識確實存在於共和黨內。幾乎所有共和黨員都認為聯邦政府必須賦予解放之舉具體的意義，為此他們應該要去定義並保證被解放之黑奴的人身安全、受審權利，以及以自由勞工之身與人競爭的資格。「保障所有人身上那不可被剝奪的權利，」眾議院議長柯法克斯稱，是國會面對的重責大任。再者與詹森的齟齬意味著國會立法必須闖過總統的否決權大關，*而這就使得黨內的團結瞬間變得無比重要。5

憲法還會繼續有所更動的預期心理，存在於幾乎每個人心中。各種修憲提案如潮水般擁來，讓國會一開議就熱鬧非凡。史蒂文斯本身就提供了若干提案，其具體內涵包括：根據投票人數而非人口數來分配各州的眾議院席位（藉此來讓不願意授予黑人投票權的南方代表席次大幅減少）；廢除憲法中禁止對出口課徵關稅的禁令（免稅原本是費城制憲會議給予南方州的優惠，因為對歐洲出口農產品是某些南方州的經濟命脈）；讓國家法律與州法平等適用於全體公民，不因種族而有所差別；禁止對邦聯所負任何債務進行給付。按照賓州參議員艾德格・考文（Edgar Cowan）所言，截至一月，國會內已經有七十宗修憲提案在「排隊候審」，當中有人主張：廢止選舉人團制度，讓總統由民眾普選直接產生；宣告聯邦「不可分割」；

禁止賠償被解放黑奴的原主人；要求各州提供「追尋幸福」之環境給全體居民，不得因種族給予差別待遇；將正式國名由美利堅合眾國（United States）改為更具單一色彩的亞美利加（America）。滿山遍野的憲法修正案，在記者之間形成了一種永不過時的笑柄。《紐約時報》挖苦國會議員要是沒有提出至少一個修憲案，那就是「連起碼的職責都沒能盡到」。各種修憲提案也從「四面八方」湧進了首都華府。如愛荷華州就有一群人呼籲修憲承認「全能的上帝」是「民政府所有權威與權力的源頭」。[6]

※ ※ ※

篩選這些提案並起草憲法修正案來呈交給國會的任務，落到了重建聯合委員會（Joint Committee on Reconstruction）的身上，這是個在會期的一開始被指派，共有十五名成員的團體。在會期展開後的幾個月裡，該委員會不僅討論出了憲法第十四修正案的內容與行文，而且還廣泛辦理了一場場聽證會（出席的證人不下一百四十四位）來評估南方的社會現況。

* 譯註：美國憲法規定總統對於國會通過的法案可使用覆議權，要求退回國會重審；重審之法案非經國會三分之二以上票數支持者，不得維持原案；同一法案若已經總統覆議，且由國會三分之二之票數決議維持者，不得再行覆議。

在委員會前的各種證詞顯示前黑奴的基本權利在南方遭遇的各種侵害，嚴重到令人震驚，同時南方人普遍對戰時的白人聯邦派與北方人抱持著敵意，而這便強化了聯邦必須採取行動因應的信念。該委員會的組成，是為了反映共和黨內光譜上的各種意見。委員會主席費森登是溫和派的領袖，但激進派也有史蒂文斯等人作為委員會內的代表。然而這樣的區別並不是很精確。好幾名成員似乎都是在共和黨內的不同立場間游走，更不用說該委員會內原本就不是時時刻刻都依著意識形態劃分陣營。委員會內不乏三名民主黨成員，但他們對審議的過程並無任何影響力。重建聯合委員會的書記員手中有一本記錄簿裡載明了投票結果，但不會寫清辯論內容，這對所有好奇第十四修正案的措辭是如何在演進過程中改變，而想要翻閱記錄簿來尋找答案的人來講，都是極其令人失望的事情。[7]

憲法第十四修正案出自重建聯合委員會的第一個版本，試圖在巧妙推動黑人選舉權的同時，處理一個廢奴的諷刺後果。如今黑人既已全體獲得自由，憲法的「五分之三條款」（Three-Fifths Clause）[*]便不再可行。在眾議院下一次進行席次重分配的時候，乃至於在總統大選的選舉人團的投票中，黑人都將一個一個被計入各州的人口裡。南方各州會因此享有額外的席次，而席次增加將讓他們——按一名國會議員所說——「在政府中獲得既沒道理也不公義的政治影響力」。[8]

十七份要改組國會代表席次結構的提案被送到了聯合委員會面前。激進派堅持認為要處理這個問題最簡單的辦法，就是要求各州將投票權賦予黑人。這麼做會確保蓄奴勢力無法繼續掌控南方的政壇。然而共和黨的溫和派認為這樣的一個修憲案永無獲得批准的一日。另外一個選擇是將代表席次的計算基於選民而非人口為之，一如史蒂文斯所提議。此一提議會讓選舉權的資格交由各州自行設定，也會鼓勵詹森建立的各政府授予選舉權給他們的黑人人口，否則這些州就只能眼看著自己在華府的權力萎縮（有人估計這些州的國會席次會因此減少三分之一）。但如同緬因州眾議員布連恩在一八六六年一月初指出的，美國的西遷人口大多為男性，所以用選民人數來分配席次會導致東部各州的權力比重下降，因為東部州的女性人口比例較高。布連恩警告說這項提案還可能會促使人們「不顧顏面地爭搶選民」，包括設法讓女性也獲得投票權，進而讓某州在國會的代表權增加一倍。[9]

著眼於這些反對的聲音，聯合委員會在經過數日的審議後敲定了這樣一個憲法修正案的版本：國會席次會根據居民而非選民的人數來進行分配，但因為「種族或膚色」來限制投票的州會遭到懲罰，具體來講有多少人口被限制投票，該州的國會代表權就會被削減多少。北方州即便只讓白人男性投票，也不會受到此一罰則太大的衝擊，畢竟他們的黑人人口很少。

* 譯註：又稱五分之三妥協（Three-Fifths Compromise），為各州代表在一七八七年的制憲會議上達成的協議，內容是在以各州總人口進行議會席次與稅收分配的比例計算時，州內的每五名黑奴會被算為三人。

倒是加州因為有大量亞裔人口不具投票權，因此該州將因此失去一席的眾議院席位。朱利安後來寫道這項提案是嘗試在選舉權的議題上「團結起黨的激進與保守兩派」。史蒂文斯在一月二十二日將這份修正案提交給眾議院。很快地此案就遭遇批判，且批判不光來自向朱利安這樣認為這是對黑人人口之背叛的激進派，而是也來自其他指出提案存在嚴重缺陷的共和黨員。透過無關乎種族的投票資格，像是識字與財產條件，南方州同樣可以在完全不損失國會席次的狀態下讓投票成為白人的專利。這將變成每個南方州「再明顯不過的政策」，一名維吉尼亞州律師在聯合委員會的面前作證說。[10]

儘管如此，在一八六六年一月三十一日，這個只處理國會代表權分配問題的初版第十四修正案，還是在眾議院跨過了三分之二票數的門檻。然而在參議院，此案遭到了桑姆納的強力抵制。在一場長達兩個整天且用掉《國會世界》（*Congressional Globe*）[*]超過四十條細字印刷欄目的演說中，也在幾週後的第二場演說裡，桑姆納抨擊了此提案是一次「對人權的妥協」，因為它承認了各州有其權威根據種族限制人的選舉權——這在「一場以州權為名向我們發起的慘烈戰爭之後」，是令人無法接受的讓步。桑姆納呈交了由道格拉斯等黑人領袖提出的請願書，當中斥責此憲法修正案是在拉著白人南方去永久性剝奪黑人的選舉權。美國反奴協會呼應了這樣的怨言，並提出警語說「這形同丟著黑人，讓他們自生自滅」。為了回應布連恩口中桑姆納這一「詳盡且精闢的〔人權主題〕撰述」，費森登代表聯合委員會表示國會的角色是制定法律而非闡述哲學。費森登認為黑人還沒有準備好接受選舉權，但面對政治權力的損失，南方州會提供教育機會給前黑奴，讓他們在「不遠的將來」成為有投票權的一員。但在一八六六年三月九日，桑姆納偕另外四名共和黨激進派加入了民主黨參議員跟若干共和黨保守派，為總統詹森投下了反對票，導致憲法修正案無法取得三分之二的參議院多數。永遠願意退而求其次的史蒂文斯感到十分憤怒。「在獲得委員會的仔細檢視與肯定，以及……團結一致的共和黨（眾議院）投票後，」他後來不滿地說，「修正案慘死在幼稚而迂腐的批評手中。」[11]

就在此一辯論發生的同時，國會也在思考著由參議員川布爾於一月提出的兩項法案。其中一項法案將延長「被解放黑奴事務管理局」的存續，那是一個由國會創立於一八六五年三月，負責監督從奴役過渡到自由之流程的機構。真正意義重大的第二項法案，也就是後來的一八六六年《民權法案》，是美國第一次以法律宣告了誰是美利堅合眾國的公民，並指明了哪些權利由全體公民共享。在南北戰爭之前，「民權」是一個已經獲得廣泛討論，但定義仍舊十分模糊的概念。而如今民權被授予了一個精確的法律意義——基本上，民權就是身為一

＊　譯註：由私人發行的國會紀錄，記載一八三三年起在國會發表的演說和陳述，一八七三年後由官方出版的《國會紀錄》（*Congressional Record*）取代。

名自由人的基本權利。國會議員也曾在辯論第十三修正案時提及這些權利。如今他們提出動議要確認這些權利究竟是哪些權利，並一併釐清這些權利要如何落實。

這第二項法案宣告了所有人只要生在美國，排除「不納稅之印第安人」（他們被認為是其自身部落主權〔tribal sovereignty〕，而非美國這個國家的成員）與「受制於某外國勢力」的個人，均為美利堅合眾國之公民。這是頭一回有全國性的法律納入了出生即公民的原則，而這原則將以略有不同的字句，進入到第十四修正案的內容之中。換句話說《民權法案》如廢奴主義者長期所要求的，讓公民身分自此與種族無涉，並撤銷了德雷德．史考特一案的判決。然而《民權法案》不僅適用於黑人，而是適用於生在美國的幾乎每一個人。該法案接著前所未見地條列了「不分種族與膚色」，所有公民都應該享有的權利：「製成與執行」合約、持有財產、出庭作證、告人與被告，以及享有法律「完整且平等的好處」來獲得「人身與財產之保護」的權利。這些本質上都是自由勞動的權利，都是在經濟市場中競爭所需。《民權法案》宣稱任何法律或「習俗」，都不可以剝奪公民的這些基本權利，「除非是作為犯罪的懲戒」。川布爾堅持認為《民權法案》獲得了第十三修正案完全的授權——「這些都是憲法修正案的第一項想要保全給所有人的權利。……隨著奴隸制的毀滅，與奴隸制相關的後果也必然會隨之而來。」[12]

《民權法案》，川布爾表示，「完全不涉及政治權利。」政治權利仍被國會多數視為是特權或「特許權」（franchise），而不是基本的權利。但《民權法案》的用語直接挑戰了種族不平等的其他表現。所有的公民都必須自此享有與「白人所享有」無異，獲得劃定的權利。這樣的措辭代表著一種非凡的創新。在此之前，「白」的概念存在於法律中，是被當成一種特權的標誌（比方說有法律會明言只有「白」人可以投票、可以從軍、可以成為歸化公民）。但如今美國白人享有的民權變成了一條基線、一種適用於全體公民的標準，而免於法律歧視的自由第一次被加進了公民權利的清單中。各州再也無法頒布實施像黑人法令那樣的歧視性法律。「美國公民的權利，」川布爾稱，「具有了某種意義」，具體來說「所有階級的公民之間將存在平等」，以及「所有的法律都將以公正為本」。[13]

俄亥俄州眾議員賓恩認為即便有了憲法第十三修正案，國會仍欠缺管制各州侵害平等行為的權力。他完全支持法律之前人人平等的原則，但認為美國還需要一個新的修憲案來讓此原則獲得憲法高度上的權威。賓恩是少數對《民權法案》投下反對票的其中一名共和黨員。然而大部分共和黨員，不分溫和派或激進派，都認為憲法第十三修正案按《紐約論壇報》（*New York Tribune*）的話說，並「沒有停在」廢奴處，而是賦予了國會與聯邦法庭保護每一個美國人的權力，讓他得以「完整地享有其具有的各種自由」。就連參議員史都華身為比較保守的其中一名共和黨員，都斷言「我們已經給了公民自由，而那就意味著他將獲得為了享受那種自由，所不可或缺的所有民權」。[14]

《民權法案》留下了許多未獲回答的問題。被其列舉出的權力是否構成了「民權」一詞的所有指涉範圍（民權一詞原本被納進了該法案的文字中，但後來又因其不夠精準而遭到移除）？對於所謂民權，黑人領袖所提倡的是一種寬泛的理解，他們堅持認為法律的平等主義用詞按照邏輯自會延伸出他們長年要求，但並沒有被明確提及的其他權利——擔任陪審員、就讀公立學校、平等使用大眾運輸與出入公共場所，乃至於投票跟任公職的權利。

同樣存在不確定性的，還有《民權法案》是否禁止了私領域的個人與民間企業採取帶有種族偏見的陰謀、暴力與排擠性措施，以及是否禁止歧視性的州法與司法流程。作為《民權法案》通過之授權依據的憲法第十三修正案裡並沒有「州行為」（state action）條款（亦即當中沒有文字限縮其涵蓋範圍到州與地方政府或地方官員的行為上）。《民權法案》無疑不僅適用於公領域的官方機構，也適用於私領域裡那些蓄奴的個人。《民權法案》裡有一項規定將刑事懲罰施加到違反所列權利的「任一個人」身上，而該項規定同時提及了歧視性的法律與習俗（習俗指的是以非正式的方式獲得履行的社會規範），由此我們可以清楚看出國會在立法時所設想的不光是法律上的歧視，而是也考慮到了私人的行為，譬如眾所周知地，種植園主都會設法限制前黑奴在獲得解放後的受僱機會，然後迫使他們簽下不平等的勞動契約。但大部分的討論仍聚焦在不平等的州法上。一名國會議員問道，如果州政府可以頒布施行像黑人法令這樣的法案而不被追究責任，「那麼我就想要問一句，這個廢除了奴隸制的修憲案究竟有什麼實際的價值？」至此依舊沒人清楚要是有某一州頒布了字裡行間未提及種族字眼，但在執行時具有歧視性的法律，會發生什麼事情。密西西比州的一名前州長曾提議他的州可以讓「未能履行勞動合約」變成一種「可處罰的犯罪」。不同於黑人法令，他補充說，這樣的法律必須同時適用於黑白人種，以便「不與《民權法案》產生衝突，……只不過其主要的執法對象，自然是被解放的黑奴」。[15]

川布爾本身在討論《民權法案》的適用範疇時，標準也不是很統一。整體而言，他是把重點放在從成文法當中去除種族歧視。《民權法案》在「法律堪稱平等」的各州中，他說，將「無用武之地」。但他也評論說不僅是「州政府官員」，而是連「出於膚色或種族的考量……就剝奪他人之權利的任何個人」都將成為含罰款或坐牢在內、各種刑罰的處分對象。而該法案的執行條款所擘劃的，是在聯邦法庭上以「文人或軍方官員，乃至於其他的個人」作為訴訟對象。再者，此時已經有某些國會議員提到了後來會被稱為「州忽視」（state neglect）學說的事物——某州政府沒能充分保障其居民的權利與安全，本身就等於是某種形式的行動，而這行動將足以觸發聯邦政府出手干預。[16]

前述種種問題很快就會連同憲法第十四修正案浮現，但它們卻是伴隨《民權法案》獲得了更多的討論。相關的辯論變成了對平等的意義的全面檢視。民主黨人宣稱按照邏輯，《民權法案》的「合理結論」應是黑人的選舉權、融合完成的公立學校、跨種族的婚姻、完整的

「政治」與「社會」平等——共和黨人聲嘶力竭地否認這樣的指控。反對者還主張《民權法案》會引發聯邦體系的革命性變化，讓「自由的共和形式政府變質成絕對的專制政治」。共和黨員堅稱此法案完全「不含有對各州合法權利的任何侵害」。反倒是，參議員霍華說，《民權法案》單純朝「這些我們解放的人們遞出對一名自由人來講，稀鬆平常的權利」，包括「把同樣的民權，一視同仁地賦予不同的種族與膚色之人」。但由於自從共和國創建以來——如霍華所深知的——種族差別待遇已經深植於美國的法律之中，南北皆然，所以《民權法案》代表的是美國的一次急轉彎。《民權法案》內的條款並非僅適用於前黑奴，也不是針對先前的蓄奴州。而由於其列舉的權利在此前都是完全由各州規範，因此此法所反應的是聯邦權力的顯著強化。在南北戰爭之前，布連恩後來寫道，只有「精神最紊亂的大腦搭配最狂野的幻想」才能以為國會有辦法出手授予黑人「所有與白人男性有著各種關係的公民權利」。[17]

在一八六六年，聯邦政府實在沒有能力持續干預地方事務來保障公民的權利。《民權法案》創造出了一位歷史學者所說的「蟄伏在各州裡頭的國家身影」。如果南方的白人能夠「接受這個新時代」，國家的身影便可以繼續蟄伏著，但倘若人的基本權利遭到侵害，這個身影就會現形。諷刺的是這項法律的執行機制是效法一八五〇年的《逃奴追緝法》。就跟《逃奴追緝法》一樣，《民權法案》容許在聯邦法庭上聽取案件，並擘劃了運用陸軍、海軍、民兵與美國執法官，以及旁觀者來執行其內容。這兩項法律都代表國家設法使用聯邦的力量保證某種憲法權利以及懲罰對其造成妨礙的公務人員或私部門的公民。在一八五〇年，逃跑的奴隸獲得歸還是屬於奴隸主的合法權利；到了一八六六年，擁有貨真價實的自由是非裔美國人的合法權利。由此如詹姆斯・F・威爾森所說，國會把「奴隸制握有的那些武裝用在了自己身上」，揮舞起「奴隸制塞到我們手中的武器……打起了以自由為名的聖戰」。[18]

一八六六年三月二十七日，詹森動用總統的覆議權，否決了《民權法案》。兩週後，《民權法案》成為了美國歷史上第一宗在總統反對下成為法律的重大成文法。詹森那警告跨種族婚姻、黑人選舉權，以及國會對「資本與勞動力」之關係的干預等可能後果的否決意見，被某份報紙形容成「白人男性獲得的高貴辯護」。詹森否定了黑人成為美國公民的資格，而他所痛加斥責的事物，用今天的話來說就是「反向歧視」：「種族與膚色的差別經過法案的規定，反而成為了有色人種相對於白人種族的優勢。」確實，詹森這種「擴大非白人權利等於變相懲罰白人多數」的觀念，仍在我們今日對於種族議題的討論中陰魂不散。總統否決國會法案在前，國會推翻總統決斷在後，這樣的你來我往針鋒相對，讓總統與國會的合作不再可能，並強化了共和黨想以修正案的形式，讓他們對南北戰爭結論的認知入憲，使其免受總統干預與國會政黨輪替影響的決心。[19]

※　※　※

即便在國會代表權分配的憲改挫敗與《民權法案》迂迴過關的同時，重建聯合委員會也沒歇息，他們仍繼續在忙著另外一項提案，那就是經過多次字句的調整後，成為憲法第十四修正案靈魂的第一項規定。在《民權法案》出現以前，賓恩就已提出了一項修憲案，內容是賦予國會權力通過「各種所需與適切的法律確保全體美國人……都能在生命、自由與財產的權利上獲得平等的保障」。如前所述，賓恩的憲政觀點有那麼一點離經叛道。他不僅幾乎是共和黨內唯一一個認為《民權法案》違憲的人（為此他甚至投票支持詹森總統的否決之舉），而且他還在戰前堅持認為憲法已經內含不分種族的平權原則，然而各州並沒有能遵守憲法行事，而補救之道就是以一憲法修正案賦予國會權力，使其能夠落實「法律之前人人絕對平等」的原則。[20]

早在一八六六年二月，重建聯合委員會就通過了一個修正版本的賓恩修正案以授權國會頒行法律，確保「公民的一切特權與豁免權」乃至於「在生命、自由與財產權上的平等保障」。賓恩提及該修正案用上了種族中性的語言——該案主要旨在確保黑人的權利，但它也會一併保障「數十萬」他宣稱也在南方受到迫害的忠誠白人。廣義一點來說，此案具體展現了賓恩長期以來認定平等是美國政府治國之首要原則的信念。民主黨人與某些共和黨人反對此提案讓國會有權力去針對幾乎沒限制的主題，通過任何他們想通過的法律。那會「徹底抹消州權與州對於內部事務的權威」，紐約州的保守派共和黨員羅伯・海爾（Robert Hale）

說道。一個不一樣但更具影響力的不平之鳴，來自紐約州眾議員賈爾斯・霍奇克斯（Giles Hotchkiss），他斥責賓恩算不上「真正的激進派」。此一修憲提案，他指出，讓保護公民權利的任務整個落在「瞬息萬變的國會」肩上。萬一民主黨將來重新掌權，而他們不願意動用權力避免各州胡作非為呢？霍奇克斯主張真正好的做法是明文禁止各州歧視無論何種階級的公民。霍克奇斯的主張說服了足夠多的議員，因此眾議院在二月二十八日無限期暫緩審議賓恩版的憲法修正案。[21]

事實證明從處理議會席次分配與法理平等問題的失敗修正案，到憲法第十四修正案終獲通過，會是一條十分折磨人的漫長路徑，一路上有眾多的字句調整。重建聯合委員會甚至從三月初到四月初都沒有開會，且有段時間好似陷入了僵局。通往解決方案的關鍵一步，是委員會決定將所有其提議的憲法修改事項集合成單一個修正案，而不是一系列更簡短的修正案。首先提出這個想法的是社會改革者羅伯・岱爾・歐文（Robert Dale Owen），他曾以主席之姿在戰時主持過美國被解放黑奴調查委員會（American Freedman's Inquiry Commission）這個從被解放黑奴事務管理局的概念發展出來的機構。一八六六年四月，歐文自告奮勇向史蒂文斯呈報了一份由五部分組成的憲法修正草案，其主要條款禁止各州或聯邦政府進行民權方面的種族歧視，並設定了自一八七六年七月四日起，投票上的種族性排除將成為非法行為。在那之前，這類歧視會導致州在眾議院的代表席次減少。

據歐文所說，史蒂文斯高呼這是他一輩子見過最棒的憲改提案，因此他二話不說就將之送到了聯合委員會的面前，而委員會經過三番兩次的字句調整後，決定讓提案通過。只不過委員們也決定暫緩將之送往眾議院議事廳，一切等委員會主席參議員費斯登病癒歸來後再行定奪。然而在等待期間，紐約、印第安納、加利福尼亞等多州的共和黨國會成員都警告說黑人選舉權這東西即便再擺個十年，他們的選民也絕對不會買單。史蒂文斯鐵了心的想法是委員會採用的提案，一定要是能夠過關的提案，於是他親自動議要刪掉選舉權條款。歐文的計畫無疾而終，但他這種想把多個條款集合成單一修正案的策略留了下來。「不是因為這些條款之間有什麼連結，」《紐約時報》解釋說，「而是為了迫使國會照單全收，不然就全數退回。」不同於《權利法案》是一系列各自獨立的憲法修正案，第十四修正案是以全盤接受或否決的複合提案樣態現身。聯合委員會的如意算盤是具有廣大支持的條款，可以挾帶著那些比較惹人嫌的部分過關。[22]

一八六六年四月底，在經過一系列有點讓人暈頭轉向的進一步表決，讓措辭在早已面目全非的歐文版提案裡有所增刪後，聯合委員會通過了一份由五項條文組成的第十四修正草案，並將之送交國會。在參議院，此案經歷了進一步的修改，其中最重大的改變是加上了現今版本的第一句話，讓在美國暨各州出生即公民的原則順利入憲。之所以要新添這個第一句，按照操盤修正案在參議院過關的霍華所言，旨在釜底抽薪地「解決公民身分這個大問題」。霍華表示依照《民權法案》，出生即公民「已經是這片土地上的法律」。但當然法可以立，也可以廢。「我們想要讓這個問題……，」他接著說，「脫離立法可以定其存廢的範圍，也脫離那些想將整個體系連根拔起並予以毀棄之人的掌心。」第一項條文的其他部分則保持著原貌。該項條文禁止各州刪減公民的特權與豁免權，或是非經正當法律程序剝奪任何「個人」——「個人」包含外國人，因此是比公民更廣泛的分類——的生命、自由或財產，以及剝奪轄區內任何個人受法律平等保護之權利。「我很難相信，」史蒂文斯稱，「會有誰不承認這每一項都是符合公義的條文。」[23]

※　※　※

壓線加上的美國公民定義，讓憲法裡有了這樣一項原則：幾乎每一位誕生在美國的個人都會具有公民身分，無關乎其人種、祖籍、政治傾向，或是雙親的法律地位。時至今日，美國幾乎是絕無僅有，以這種方式認定公民身分的工業化國家；今天大部分的國家，包括全數的歐洲國家，都會以某種方式限縮公民身分的自動取得，其考慮的除了出生地，還有當事人的族裔、所屬文化、宗教信仰，或者對非公民雙親所生的孩子設下額外的要求。

作為美國用來去除其奴隸制遺緒的一部分努力，第十四修正案開頭確立的出生即公民憲法原則，不僅是對美國社會本質的有力宣示，也是同化移民後代的強大力量，以及對漫長種族主義過往的拒斥。確實，這條原則並沒能避免公民的憲法權利遭到後續的嚴重侵害，非裔美國人照樣在吉姆・克勞法的年代受到歧視，日裔美國人也照樣在第二次世界大戰時遭到囚禁。儘管如此，讓出生即公民的原則入憲仍代表著對公民身分屬於白人之強大傳統的強烈否定，這樣的傳統作為一種原則，從一開始就被包含在歸化程序裡，並由最高法院在德雷德・史考特案中確認合憲。自由黑人社群長年活在法律上的灰色地帶，他們身為美國人的地位未曾一日不遭到質疑。從傑佛遜到林肯，美國國內不乏有頭有臉的政治人物言必稱黑人是永久性的外國人，其天命所歸是被「殖民」到美國以外的土地上。第十四修正案的頭一句話，也標示了黑人女性在美國社會中的角色有了根本性的變動。曾經身為奴隸，她們產下的是財產；從今而後，他們的孩子將成為美國的公民，而不是南方白人奴隸主的經濟資產。

論及公民身分的語言似乎並無曖昧模糊之處，但就如一名歷史學家所說，其內容並非「全然一以貫之」，且其平等主義仍有邊界。國家與州公民身分的分而列之（這麼做是為了避免有些州會鑽漏洞說當地對美國公民身分不予承認）讓人困惑，且其所打開的一扇門，讓日後的法庭判決得以以州公民身分為代價弱化前者——雖然如一份共和黨報紙在倡議修正案之批准的時候曾寫道的，「戰爭的血書如果曾寫下了什麼教訓，那就是國家的公民身分必須絕對高於州的公民身分。」曾經在美洲大地上生活得比誰都久的一群人口，其地位仍舊未明。

不同於《民權法案》，第十四修正案未曾明確排除美國原住民，而這便導致了威斯康辛州參議員詹姆斯．R．杜立德（James R. Doolittle）身為少數仍支持詹森總統之重建政策的共和黨員，直指這會將公民身分授予「印第安野人」。但憲法修正案要求公民必須「受（美國）管轄」的說法就是旨在排除那些生活在印第安「國度」內的人。（這一點也如霍華點出的，排除掉了他國外交官在美國產下的孩子）。修正案的這一番措辭未能釐清未以保留區為家之印第安人的地位。再者不同於黑人，大部分印第安人並不想要為了一個國家公民身分，而讓他們的部落主權遭到瓦解，或是讓他們的土地成為白人侵占的目標。就這樣一直到了一九二四年，國會才將出生即美國公民的認定拓展到原住民族身上，但此舉在承認了他們是美國政體之一員的同時，也確實對印第安的主權概念造成了重大的打擊。

第十四修正案所言出生即公民且不因種族有所差別的條款，似乎意味著美國的歸化法律需要進行修正，相關法律自一七九〇年代起就規定了海外人士成為美國公民的流程僅限於「白人」移民。一八七〇年，國會將修正歸化相關法律，讓黑人移民得以成為美國公民。但即便國會成員明言出生即公民之原則適用及於「華裔父母所生之孩童」，生於亞洲之人成為歸化美國公民的障礙仍一直存在，直到進入二十世紀許久才獲移除。由此，一道鮮明的分界被寫入了美國法律之中，一邊是不具申請公民資格的亞洲移民，另一邊是這些移民誕生在美國，所以一出生即是美國公民的孩子。[24]

第十四修正案第一項的其他內容也讓美國的法治體系發生了深遠的改變。《民權法案》一一列出了各州不得扣住不給予公民的各種權利。第十四修正案的第二句話充滿各種一般性原則的措辭——特權、豁免權、正當程序、平等保護。「這些字句都經過精挑細選。」鮑特韋爾身為賦予第十四修正案最終形式之三人小組委員會的成員之一，後來這麼告訴參議院。這些字詞大部分都在原版的憲法中出現過。第十四修正案第一項條文的起草者賓恩，刻意用不令人感到陌生的措辭表達根本性的憲法蛻變。「我確實在模仿著〔制憲會議上的〕制憲者，」他說，「每個字……都能在我們國家今日的憲法中找著。」這話說得其實不完全符合事實，但確實每個字都曾在法律上或民間使用過，只不過這些字也都有著不只一種詮釋，於是從第十四修正案獲得批准開始，各種解釋便不斷出現。[25]

無論令人熟悉或陌生，第十四修正案第一項條文都不是不言自明的。在一八六五年十二月國會開議之前，很快就會成為聯合委員會一員的緬因州參議員賈斯汀・莫瑞爾（Justin Morrill）*便納悶著「民權、豁免權、特權等字眼」是否擁有足以獲得「落實」的確切定義，抑或國會得把這些名詞的重要性「說清楚、講明白」。什麼事物——不只一名國會議員曾在就憲法修正案進行辯論的過程中疑惑——才是公民的「特權或豁免權」?「我搞不懂」那個條款，馬里蘭州的民主黨參議員瑞佛迪・強森（Reverdy Johnson）有過這樣的怨言。

戰前對於原版憲法所提及公民的「特權與豁免權」，有過各種解釋，其中在重建時期被最多人引用的版本，出現在一八二三年的一次巡迴法院判決中，而做出此判決的是大法官布希羅德・華盛頓（Bushrod Washington，他的另外一個身分是美國首任總統喬治・華盛頓的姪子）。這案子所涉及的，並不是什麼崇高偉大的事情——有部法律規定了來自州外之人不得採收紐澤西外海的牡蠣。要把公民的特權與豁免權一一列出來，「與其說困難，不如說是繁瑣」，布希羅德寫道。但說是這樣說，他後續還是提供了一張清單，上頭載明了公民可以獲得政府的保護、可以享有生命與自由權、可以置產與受審，甚至有權可以「追求與獲得幸福與安全……或許再加上特許之選舉權」，但這就要看各州如何「規定」了。布希羅德形容這些是「基本的權利」——正如傑佛遜在《獨立宣言》中所提到「不可剝奪的」權利，這些基本權利的存在先於政府的組成，不容任何人以法律削減（但他判決這些基本權利不包含他州人士在紐澤西水域捕魚的權利）。除了投票權這個顯著的例外，這些權利大部分都已經收錄於一八六六年的《民權法案》內。[26]

國會對於第十四修正案的辯論（出於文法上的理由，第十四修正案裡寫的是特權「或」豁免權，而非特權「與」豁免權）並沒有能釐清這個問題多少。再者，公民身分、權利與聯

---

* 譯註：此處應為作者誤植，莫瑞爾在其從政生涯只有擔任過佛蒙特州的眾議員（一八五五—一八六七）及參議員（一八六七—一八九八）。

邦權威等議題按照佛蒙特州參議員路克・P・波蘭特（Luke P. Poland）的說法，已經伴隨《民權法案》「獲得了詳細而深入的探討」，無需再多做補充。更多的時間被花在了另外幾項條文上。對公民之「特權或豁免權」比較細部的討論，僅在霍華將第十四修正案呈遞給參議院之時有所觸及。霍華似乎並不怎麼享受這個挑戰，他擔心這「會是一段不免有點貧瘠的討論」。霍華引用了大法官布希羅德的意見，並補充說布希羅德給出的清單並不代表憲法保障之權利的「完整範疇」。「以那些權利項目為基礎，」他說，「應該再加上由第一至第八憲法修正案所保障跟確保的個人權利……〔那屬於〕憲法中的權利法案*。……由此第十四修正案第一項條文的重大目標，是要限制州權，並促使各州無論何時，都要尊重這些憲法對人權最基本的保證。」[27]

霍華提及《權利法案》之舉，突顯了重建修正案促成的聯邦體系劇變。《權利法案》的設計是為了限制國會的行為，而非要限制各州想怎麼做。首席大法官馬歇爾對此有過明確的聲明，出處是一八三三年的「貝倫訴巴爾的摩市案」（*Barron v. Baltimore*）†：「這些憲法修正案旨在防範聯邦政府可能的侵權行為——而非針對地方政府。」用法律術語來說，霍華是在描述《權利法案》的「合併」（incorporation），即透過第十四修正案第一項規定要求各州遵守《權利法案》的條款，這個過程不只在二十世紀的大部分時間裡持續進行，也延伸進入了二十一世紀。

賓恩還直言稱特權與豁免權包括了條列在《權利法案》中的各種自由，當中許多都遭到由詹森總統建立之州政府在涉及黑人的案例中恣意侵犯，包括由「公正之陪審團」進行審判的權利，以及攜帶武器的權利。在南北戰爭之前，賓恩曾經是少數認為各州實質上受到憲法《權利法案》約束的人士之一。但事實是各州即便違反了這些憲法修正案也不痛不癢，由此在許多案例中，這些憲法修正案都「形同具文」。第十四修正案，賓恩宣稱，會「彌補憲法的這項缺陷」，並「以落實權利法案的力量……把美國國會武裝起來」。由此，第十四修正案的特權與豁免權條款不僅適用於種族歧視，同時也適用於各州所有對言論自由與新聞自由等公民之基本權利有所剝奪的行為。許多共和黨員對此指證歷歷，都說這些自由長期在南方受到削減。在南北戰爭之前，比方說，南方州曾以其採行的法律讓對奴隸制的批評變成一種犯罪行為，但並不違反憲法第一修正案，因為那是州法這麼規定，而不是國會的行為。[28]

在一八六六年十數個場合中，外加後續許多時候，賓恩都描述了特權或豁免權條款包

* 譯註：此處原文的用字為小寫，故未加上書名號，後文亦同。

† 譯註：此案的當事人約翰．貝倫（John Barron）是巴爾的摩港的共同擁有者，但由於城市的拓展導致他的碼頭淤沙並失去了價值，因此他對巴爾的摩市長與市議會提起賠償訴訟。最終最高法院判決美國憲法第五修正案中的「人民私有產業如無合理賠償，不得被徵為公用」之條款僅適用於聯邦政府。此案確立了聯邦政府和州政府之間的分際，直到第十四修正案的通過才改變這一情形。

含了《權利法案》。然而在一八六六年時，《權利法案》尚未取得它後來在美國法律與政治文化中所具備的標誌性地位，且除了賓恩以外，僅有少數國會成員會用《權利法案》這個名字稱呼前十條憲法修正案。大部分人都更習慣模糊地稱之為「不可剝奪的權利」、「基本權利」、「與生俱來的個人權利」。這些說法都完全可以涵蓋並超越《權利法案》所列出的那些權利——像是頻繁被提及的、享受自身勞動成果的權利，或是獲得保護而不受暴力襲擊的權利，乃至於接受教育的權利。廢奴主義者長期堅定主張在正確的詮釋下，公民的特權與豁免權包括了不受各類種族歧視的自由。總之無論如何到了一八七〇年代中期，第十四修正案「合併」了《權利法案》的這件事情——至少在共和黨員的心目中——已經是對第十四修正案的宗旨，一項幾乎已無爭議，最基本的詮釋。[29]

相對於原版憲法裡說的是各州公民的特權與豁免權，第十四修正案所說的則是「美國暨其所居各州之公民」，並且禁止各州「損害美國公民之特權或豁免權」。一如本書會在第四章提到的，最高法院很快就實質降低了第十四修正案的特權或豁免權條款到無足輕重的地步。而這麼一來，當《權利法案》對各州的適用於後來生效時，實際作用的幾乎都是同屬第十四修正案第一項，特權或豁免權條款後面的那句話，不得未經正當法律程序致使任何個人喪失其生命、自由或財產，重點是未經「正當法律程序」，而正當法律程序指的是程序正義，不是具體的權利。這似乎承諾著黑人的生命不會再受制於州與地方政府的突發政策與既有偏見。然而時間一久，「正當法律程序」條款所保障的「自由」慢慢涵蓋了《權利法案》中大部分的條文，外加一些那當中沒有提及的額外權利，比方說隱私權。但直接取自憲法第五修正案的正當法律程序條款，幾乎未曾在一八六六年的國會中或報紙上獲得討論。然後就某方面而言，其遣辭用字要比第十四修正案中用來保障特權或豁免權的字句涵蓋更大的範圍，因為相對於特選與豁免權條款僅保障美國公民，正當法律程序條款適用的是「個人」，這樣的分類可比美國公民要寬廣太多了。賓恩清楚表示這樣的措辭差異並非偶然。他說他想要確保這部分的憲法修正案可以保障「這片土地上的所有人，無論是公民還是外地人」。30

第十四修正案第一項的最後一個條款，也適用於所有個人，而非僅限美國公民。此條款禁止各州以任何手段剝奪轄區內任何個人受法律平等保護之權利。當然，平等的概念深植於美國的政治文化中。《獨立宣言》內明白寫著令人激昂的字句「人人生而平等」，在當時大部分國家都還受君主跟世襲貴族統治的時代背景下，這樣的宣告可說相當激進。一八三二年，時任總統的安德魯·傑克森（Andrew Jackson）曾否決讓權傾一時的美國〔第二〕銀行（〔Second〕Bank of the United States）更新特許經營權的法案，*當時他主張政府應當發揮的

* 譯註：史稱銀行戰爭，為傑克森總統與美國國會在當年的一場政治角力，也是美國政經史上的大事件、一八三二年總統選戰中的重要議題。一八一六年，美國第二銀行作為美國第二間國家銀行，在美國第一銀行失去特許授權的五年之後獲得二十年的營業特許權，期間他們享有各種不同於一般銀行的特權，包括可

作用，是提供「平等的保障」給全體公民。平等，按林肯在其名垂青史的蓋茲堡演說中所言，是美國得以建國的「命題」。然而不同於特權、豁免權與程序正義，「平等」一詞並未出現在原版的憲法裡（頂多是提到各州應擁有平等數目的參議員，以及政府總統候選人在遇到選舉人票平等〔相等〕之時該如何處理）。第十四修正案率先將平等概念提升為靠憲法提供保障，由全體美國人共享的權利。這讓憲法成為了一項工具，任何團體或個體若認為自己沒有得到應得的平等待遇，都可以帶著他們的訴求一狀告上法庭。如同第十四修正案第一項條文中的其他條款，平等保護的保證具有種族中立性，而這一點的影響可謂相當深遠。在近數十年中，美國法庭不只一次運用了第十四修正案拓展眾多美國人的法定權利，而這些受益的美國人絕不限於黑奴的後裔。

「平等保護」或許未曾出現在戰前的憲法中，但這樣的追求始終存在。廢奴主義者不分黑人與白人，都長期要求非裔美國人能平等獲得法律的保障。賓恩在戰前的堅持除了自由黑人是美國公民這點，還包括「不打折扣的眾人平等與人人應受的平等保護，是我們憲法的原則所在」。涉及平等的措辭也於南北戰爭一結束，就立即在黑人集會的公開訴求中被使用。「我們以公民的身分……主張，」維吉尼亞州黑人代表大會在一八六五年八月公開說，「〔維吉尼亞〕邦*的法律應該給予所有人平等的保護。」黑人大會的代表們接著又主張要達成這個目標，唯一的辦法就是「讓我們也擁有選舉的特許權」。[31]

繼美國的獨立革命時期之後，重建時期又一次見到了各種要求平等的呼聲迴盪在美國的公共辯論中。「一個貨真價實的共和國，」威廉・溫德姆（William Windom）這名明尼蘇達州的共和黨眾議員說，「有賴於整體民眾不分尊卑窮富或黑白的絕對平等。」第十四修正案的平等保護條款——有名伊利諾州的眾議員說道——是「如此明顯地正確，以至於你很難想像會有人能鐵石心腸跟冷血到不認可其單純的正義」。即便是立場保守的《紐約商業廣告人報》（*New York Commercial Advertiser*）都不諱言要「讓這裡變成一片法律平等、權利也平等的土地」。然而就像第十四修正案第一項條文的其餘部分，平等保護條款也很難稱得上不言自明。按照參議員霍華所見，其關鍵在於法律的公正不阿，而不在其具體內容寫了什麼：「這廢止了參議院中所有的階級立法，剷除了讓某種法律只限制某階層的人的不公不義，而不適用另一階層的人。」國會裡裡外外許多共和黨人都不以此為滿足。詹姆斯・A・加菲爾德（James

以在美國多州設立分行，還可以阻止民營貸款機構濫發紙幣，但美國第二銀行並非中央銀行，理由是它不制定貨幣政策，也不能在真正意義上監管私人銀行。許多曾在一八一一年拒絕更新美國第一銀行特許權的國會議員同意對第二銀行的授權，是因為美國在一八一二年的第二次獨立戰爭中經歷了嚴重的通貨膨脹。傑克森總統在一八三二年否決其特許權更新後，美國第二銀行在一八三六年後變成一家普通的民間銀行，並於五年後破產倒閉。

* 譯註：受歷史上曾是英國殖民地的影響，美國有四個州（肯塔基、麻薩諸塞、賓夕法尼亞、維吉尼亞）的正式名稱是Commonwealth，一般翻譯為邦，但就是州的意思。

A. Garfield）會在後來形容平等保護條款為「美國憲法〔在重建時期〕最主要也最具價值的補強」。「廣大而全面的限制，被安在了州政府的權力之上。」他解釋說，由此州法不僅必須「做到表面上的平等」，同時還必須在公務員的執行面上展現出不帶有歧視性的實施過程。許多這類討論都流於模糊的泛泛之論。法律之前的平等——這種戰前幾乎沒有黑人知道其為何物的東西——是一種讓美國人難以掌握的新穎概念。然而假以時日，平等保護條款將成為一項工具，讓全體美國人的權利得以從根本上大幅邁進。[32]

第十四修正案的第一項條文主要處理的是「州行為」——防止州政府與其官員剝奪公民的基本權利，施行具有歧視性的法律，或是在執法時採取具有歧視性的手段——而不是私領域的公民行為。法律一詞含單數與複數形，在第十四修正案第一項條文很關鍵的第二句話中出現了三遍，但一個隨著重建時期往前推進而日益明顯的議題已經開始獲得討論，即第十四修正案賦予國會權力以行動對抗的權利剝奪行為除了針對法律跟公務員，是否也涵蓋了個人、組織與暴民的所作所為。「平等保護」一詞似乎在告訴我們，答案是肯定的。

一八六三年，《全國反奴標準報》刊出了一篇文章，標題是〈法律之下的平等保護〉（Equal Protection Under the Law），其發文的背景是紐約市警方沒有能在徵兵暴動中保護黑人不受暴民的襲擊。在暴力橫掃戰後南方的脈絡下，第十四修正案裡的保護一詞會讓人想起的不光是不平等的法律，更是人身安全的問題。一八六六年的許多國會討論，乃至於重建聯合委員會前的許多聽證會證言，都涉及被解放之黑奴與白人聯邦派遭到民間勢力的恐嚇。加菲爾德表示美國必須設法確保公民可以享有其應有的權利，「不用總是得看暴民的心情」。[33]

美國的公民身分究竟只是虛有其表，還是真的能賦予人實質的權利——第十四修正案第一項第二句說的「特權或豁免權」，究竟是不是真有其事？若是有，那麼這種權利可否因為私人公民的行為不當而撤銷？在重建時期後期，美國國會將決定根據第十四修正案，他們有權將妨礙平等公民身分願景的私人行為宣告為非法，包括以出於種族歧視的暴力去傷害他人，也包括旅店、大眾運輸等公共場合對特定人士的排斥。但如我們即將看到的，最高法院會對州行為採取嚴格的認定來大幅弱化第十四修正案的影響力。

未來的法學家會投注大量的心力詮釋第十四修正案第一項中個別條款的意義。然而在一八六六年，大部分國會議員提起這些條款，都當它們是一整組的原則，應該被視為可以相互強化的一個整體。而雖然關於其字句的確切意義存在一些爭議，第十四修正案的第一項條文仍從根本上改變了美國人與其政府的關係。第十四修正案確立了聯邦政府有權創造嶄新而統一的公民身分定義，並宣布身為美國公民——或在某些情況下只要是美國的居民——就可以擁有不容遭到損害的權利。第十四修正案昭告在美國的每一個人，都可以享有最終受到中央政府保障的、一定程度的平等。第十四修正案讓改變跨出了關鍵的一步。若用共和黨編輯喬治·威廉·柯蒂斯（George William Curtis）的話來說，第十四修正案讓一個「為了白人男性存在」的政府，開始慢慢變成了一個「為了人類存在」的政府。[34]

※ ※ ※

某歷史學者曾如此寫道，第十四修正案的第一項條文啟動了這樣一道程序：權利變成了國家公民身分的固有性質，而不再是亂無章法的地方成文法、行之有年的習俗、普通法傳統，前述這三者都深植於不平等的土壤中。[35]然而對平權的書面宣誓有其極限，這一點從第十四修正案的第二項條文就能看得出來。在此，重建聯合委員會進行了一個近乎無法理解的冗長嘗試，為的是想解決失敗的原版代表席次修正案曾試圖解決的那個問題——南方因為黑奴獲得解放反而被強化的政治權力，以及投票資格與某州在國會代表權之間的關係。相對於原本的提案是要懲罰因種族因素而剝奪公民投票權的那些州，新提案的替代做法是若遇「成年男性居民」因叛亂或「其他犯罪」以外的理由遭到剝奪投票權，則該州的代表權應按比例受到削減。新案以調整過的用字回應了原本有人抗議的情況：若按原版提案的文字，州政府將得以剝奪大部分黑人的投票權卻仍能全身而退，因為它們可以表面上不涉及種族的識字與財產門檻來為難黑人。同時新案也避掉了另一個很多人擔心會發生的問題，那就是有些州會為了「爭搶選民」來擴大自己在眾議院的權力，而賦予女性投票權。如今新案用居民人數代替選民人數來計算席次分配，那一州是否賦予女性投票權就不影響其席次多寡了。

原版憲法隻字未曾提到性別，只不過當中確實三十來次用上了男性的人稱代名詞「他」來描寫聯邦官員，包括總統。《權利法案》並沒有區別男性與女性的民權。第十四修正案裡的公民身分、特權與豁免權條款、正當法律程序與受法律平等保護等條款都適用所有美國人，且理論上可以用來對抗含性別歧視在內的各種不平等。但由於第二項條文及當中對於限制男性而非女性投票的州席次罰則，第十四修正案首次將男女有別這一點引入了美國憲法。

針對重建修正案進行的辯論，無可避免地帶出了女性權利的問題。那個時代的女性運動誕生於廢奴主義且運用了廢奴運動的平等主義用字，並尋求將「黑人男性與女性埋進公民之中」。對女性而言這意味著抹去已婚婦女無行為能力，其法律上的身分只能被歸入其丈夫之身分的普通法傳統。女性應該享有無異於男性的公民與政治權利。即便在第十四修正案在國會獲得辯論之前，深刻的嫌隙也已經出現在了廢奴主義與女性主義運動之間，而他們的歧見就在於黑人（男性）選舉權的這個目標應不應該優先於全體民眾的投票權。重建時期是否如道格拉斯、菲利普斯等人——他們當中許多人都是倡議女性選舉權的老將——所宣稱的，「黑人的時刻」？抑或重建時期是如蘇珊·B·安東尼、伊莉莎白·凱迪·史丹頓等女性主義者堅持相信的，憲改的難得時機，要是白白浪費了，女權運動的進度將倒退數十載？「男性」一詞若是被置入，史丹頓提出了警告，「我們恐怕得再花費一百年將之根除。」[36]（認真說，史丹頓還太樂觀了。她寫下這話的一百五十年後，憲法仍未納入平權修正案來禁止性別歧視。）

曾領導廣大請願推動第十三修正案過關的全國婦女忠誠聯盟，在一八六五年十二月發起了一項新的運動，要求國會禁止各州「以性別為由」不開放女性投票權。此時的史丹頓已經顯露出使用充滿種族色彩措辭的傾向，而且接下來的幾年還將變本加厲。女性，史丹頓堅稱，不應該「像個旁觀著一樣看著桑博（Sambo）*率先走進王國」。說起性別歧視，黑人男性一點也不輸給白人，她表示，由此黑人男性一旦獲得投票權，「就會有更大的力量不讓我們出頭」。非裔美國詩人、小說家兼記者法蘭西絲・艾倫・瓦特金斯・哈波（Frances Ellen Watkins Harper）此時即將毅然決然踏上為期兩年的南方巡迴演說之旅，期間她將在眾多集會上對被解放的女性喊話，呼籲白人女性要與種族主義劃清界線，並與黑人女性合作來促成全體女性的權利進步。「我們所有人都彼此相繫，皆是人類整體的一員，」她疾呼，「社會不能踐踏著其最孱弱、最無力反抗的一群成員，然後在自身的靈魂裡不接收到一點詛咒。」哈波在一八六六年五月坐上了講臺，與史丹頓、安東尼等人共同出席了美國平權協會（American Equal Rights Association）的創辦大會，其創會宗旨是要推動黑人男性暨全體女性的投票權。菲利普斯與道格拉斯懇求該團體暫緩女性選舉權的主張。這兩人堅稱將投票權延伸到黑人男性的歷史契機已經出現，而女性投票權絕無在國會或各州闖關的可能性。[37]

「男性」一詞被置入第十四修正案中的做法，源自於一系列複雜的妥協，當中除了關乎華府的政治權力，也涉及各州得以規範投票權的權威。女性的地位幾乎未曾被納入這些算計之內。從關於第十三修正案與《民權法案》的辯論之中，昭然若揭的一點是大部分共和黨國會成員並未把解放黑奴跟法律平等原則視為是在抹消男性（包括黑人男性）在其家庭中的父權。黑人男性選舉權支持者所用的字句，非常明確地將投票權連結到了戰鬥的武勇與「男子氣概」上。那張選票是對黑人男性從軍服役的獎勵，也是讓黑人男性手握可以捍衛他們自己與妻小的武器。這套論述似乎沒有留下太多空間給女性投票權。爭取女性選舉權的請願來到處於審議階段的重建聯合委員會面前，同時該議題也偶爾會在國會獲得論辯。少數國會成員支持這種理念。但多數持反對意見。屬於共和黨激進派的葉茨堅稱「將女性推進政治鬥爭的競技場」，會「毀滅她們的女性特質」。「一家之主已經代表全家投票了。」另一位共和黨激進派約翰．M．布魯莫（John M. Broomall）說道。[38]

就連桑姆納這名女性選舉權的長期支持者，都覺得一八六六年不是「考慮這個問題最好的時機」。他認為女性投票權是「未來一個重大的問題，但此時此刻必須擱置」。桑姆納盡職地把女性的請願呈至了參議院，但如他的死對頭費森登委婉地說的，這名麻薩諸塞州參議

＊　譯註：源自西班牙文的黑人男性蔑稱，在那個年代十分常用。

員在他那以投票跟自然權利為題，鉅細靡遺的演說中，「小心翼翼地避開了這部分的問題。」桑姆納後來表示說在尋找第十四修正案第二項條文的替代版本時，他「寫了不下十九張的大頁紙，希望能拿掉『男性』一詞但完好無損地保留共和黨主張的『黑人選舉權』，但他實在是做不到」。到最後，他想出了一個基本上與最終版本無異的提案，當中規定了若某州禁止了任何男性公民投票，那該州的眾議院代表席次就會遭到削減。他的一些同事覺得奇怪，怎麼桑姆納的提案設計會認可他曾「公開抨擊極度可恥」的同一項原則——各州限制選舉權的權利。桑姆納回覆說依據財產多寡或教育程度（與未說破的性別）所設置的非種族性投票門檻，是可以接受的，「但膚色就是不准……兩種膚色，只能有一種規則。」女性主義者與其往昔盟友的裂痕，將很快就會以更明顯的形式在第十五修正案上顯現出來。[39]

若第十四修正案第一項的條文藉由將個人權利綁定到中央政府的力量上，而標註了「美國憲政的劇變」，那麼第二項條文就藉由將投票資格的設定交到各州的手上，讓人看清了共和黨人是何等既不願意與聯邦制的各種傳統完全決裂，也不願意廢除深植於州與地方的「警察」力量傳統。但他們此刻的聯邦制，設想的是一種聯邦權威可以以空前的程度干預地方事務的局面。雖說第十四修正案的第二項並未授予投票權給黑人男性，但它破天荒地設置了州不讓黑人男性投票的罰則，而戰前幾乎每一州都不讓黑人男性投票。而在第三項條文中，第十四修正案所尋求的是要確保就算沒有黑人投票權，南方的州政府也可以以其組成來讓聯邦政府不用太常干預或根本不用出手。第十四修正案之第三項由聯合委員會提出時的條文，原本禁止前邦聯人士在國家選舉中投票到一八七〇年。但參議院並不樂見大量南方白人被剝奪投票權，於是將禁令的內容置換成了不讓戰前站在邦聯一邊的官員續任公職。

許多觀察者，包括史蒂文斯在內，都認為如此修正後的第三項條文太過寬容。但就某方面而言，這是為了針對前邦聯人士的投票行為，創造出比原版條文更大的影響力。主要是修正版本直接把手伸入了各州重塑其政府的過程，用意更多是為了決定誰能在南方掌握政治權力，懲戒叛亂只是次要目的。此前國會諸公收到大量抱怨稱「南方州幾乎每一位官員都是不折不扣的叛賊」。南方政府的種種行為，尤其是它們施行了黑人法令，以及它們欠缺意願跟能力壓制反黑人的暴力，都令國會對南方政府毫無信任感，由此國會根本不敢將第十四修正案第一項的平等主義原則交由這些政府實行。第三項條文的用意是要避免共和黨口中的蓄奴勢力死灰復燃，並設法催生出一個「各州真正民主的聯邦」。

關鍵問題在於如何確保各州政府會尊重權利的平等。國會——如詹姆斯．威爾森在《民權法案》辯論時所稱——並不是在「代替各州制定一套通用的刑法」。如果各州當局能真心實意地保障所有人的權利，那民權「自然可以交由州去處理」。但萬不得已，「我們也必須盡自己的一份責任，提供各州所不願意提供的保護」。共和黨人並沒有拆解聯邦體系，但他們確實試圖確保在這個體系內，各州能在行為上表現出責任感。而要做到這一點，比較有成效的做法會是聯邦以實際作為進行威嚇，加上建立共和黨認為「忠誠」的南方政府，下策才是由中央政府一而再再而三地干預地方事務。第十四修正案的第三項條文按某共和黨成員所稱，傳遞了一則訊息：南方白人「必須另行推舉一組不同類別的政治人物」，而這些人必須表現出「對包含在《獨立宣言》中的原則有某種尊重」。

聯邦制存活了下來，但那是一種經過深度改造的聯邦制。新的聯邦制承認國家公民身分的優先性，並視各州而非中央政府為最可能侵犯美國人基本權利的對象。要領會這一點，你只需要比較一下《權利法案》的頭幾個字（「國會將不會制定任何法律……」）跟各重建修正案最後一句話的起始（「國會有權……」）。前者是在限制聯邦政府；後者，如賓恩所解釋，賦予聯邦政府權力對抗「州權的濫用」。第十四修正案的第五項條文授權了國會頒布施行法律，確保了定義美國人權利的過程不會隨著修正案的批准而劃下句點。共和黨人認定這份責任主要將落在國會的肩上。修正案的辯論中只有零星的發言提到由司法部門來保障第十四修正案所揭櫫的權利，只不過在很短的時間內，聯邦法院就會主張他們有權針對國會為執行修正案所立的法律做出判決。[40]

現代對於第十四修正案的討論，幾乎都只聚焦在第一項，這一方面是因為第一項內的條款影響深遠，二來是因為第十四修正案裡幾乎就只有第一項產生過法律解釋的探討空間。第二項條文——大幅削減男性選民人數的州會自動被削減眾議院代表席次——從來沒有真正實行過，就連後重建時期的南方政府奪走黑人投票權的時候也沒有。第三項條文早已消失在歷史的長河中。同樣早就被人遺忘的第四項條文，處理的是南北戰爭衍生的，具有爭議性的財務問題。第四項條文保證了國債的償付，並禁止各州或聯邦政府支付任何的邦聯債務，或是針對財產（奴隸）的損失賠償前奴隸主。民主黨人斥責第四項條文是在「修憲圖利國債持有人」。《紐約先驅報》稱第四項條文是「這條憲法修正案中最強大的一股祕密力量」，因為它將這個國家最主要的財務利益與修正案的批准綁在一起。（第十四修正案的第四項條文於近期吸引了不少關注，因為有人擔心國會若沒能即時調高中央政府的舉債上限，會導致聯邦債務違約，進而違反第十四修正案的這部分規定。）

最後，如同第十三修正案，第十四修正案也以最後一項條文賦予國會權力，使其能夠「制定合宜之法律」來執行修正案內的條款。國會可以自行詮釋修正案中的開放性措辭來決定其所保障的權利的確切本質，然後若有必要，便可以採取行動確保各州遵守修正案的條款。這種「對國會的明確授權」，賓恩告訴國會，「對美國的國家定位有著絕對的重要性」。[41]

固然無力阻擋第十四修正案的過關，民主黨人仍強力抨擊這違反了美國政治生活的兩種傳統——白人至上與各州可以自行定義跟限制其居民權利的傳統。在修正案通過的幾個月前，肯塔基州參議員蓋瑞特・戴維斯（Garrett Davis）進行一番慷慨激昂且充滿種族歧視的高談闊論，並對《民權法案》多有批判後，一名共和黨籍參議員表示，「到頭來，黑鬼永遠是黑鬼。」對此戴維斯回應說，「就是這麼回事。」民主黨的國會成員反覆將美國的國家定位等同於「高加索人種」。他們堅持政府的「建立是為了白人」，並反對將美國公民身分附帶的「優勢」推廣至「黑鬼、苦力與印第安人」身上。印第安納州眾議員威廉・尼布拉克（William Niblack）稱許首席大法官譚尼「學養深厚、出類拔萃，且清廉正直」，並堅稱德雷德・史考特案的判決無誤。民主黨人同樣堅信不移的，還有第十四修正案會毀滅地方自治的傳統，「讓中央政府大權在握」。[42]

民主黨反對第十四修正案，並不令人意外。讓人意外的是共和黨員普遍表達了對修正案的失望不滿。許多國會成員似乎很急於指出修正案未能實現的目標，態度就跟指出它達成的目標一樣急切。當他把第十四修正案送到眾議院議事廳的時候，其種族信念始終脫離不了一種政治實用主義觀點的史蒂文斯很坦率地解釋了何以他支持修正案的通過：「它遠遠沒有達到我的期許，但……我認為以目前的公共輿論，這已經是我們能夠做到的極限。……在追求人性的道路上，我會盡我所能，然後讓日後更好的時代裡更好的人，將之修得完滿。」就在最終通過前不久，史蒂文斯再度表達了他的失落，並用優美的陳辭講述了他的政治理念：[43]

> 在我青春歲月，在我成年之時，在我老邁之際，我都曾滿懷憧憬地夢想著當好運降臨，我們體制的基礎暫時被打破，讓我們從人類以自由之名所施加給其他人至為

專制的義務中被釋放出來時，這個共和國裡那些最睿智、最純粹、也最公正的人們……將徹底重塑我們的體制，將它們從一切殘留的對人類的壓迫、權利的不平等、對貧困者公認的打壓、富人那高人一等的階級中解放。……這個美好的夢想已然消失無蹤，「就像一抹毫無根據的幻象」。我感覺我們只能安於把古代偉大建物那些最不堪的部分修修補補，然後任由其許多部分被專制暴政的暴風雨橫掃而過。你問為什麼……我要接受如此不完美的提案嗎？我的答案是，因為我活在人類身旁，而非天使之間。

「一屆國會，」共和黨一名參議員說，「不足以完成太平盛世。」但為數可觀的共和黨人，不分激進派或溫和派，共同加入了史蒂文斯的行列，表達起了他們的失望，並承諾更多的戰鬥還在後頭。由國家保證人們應有的選舉權，加菲爾德表示，我們責無旁貸；「我深有不甘的，是我們沒能……將之鐫刻在我們的體制上。」但他還是投下了通過票：「我情願……在我沒辦法徹底得償所願的時候，多少取得一點成果。」當霍華把修正案呈給參議院時，他宣布自己也會寧願「多多少少，讓有色種族的選舉權獲得一點保障」，但並不僅限於南方的各州還沒有準備好接受「如此根本性的改變」。第二項條文作為可以鼓勵南方州將投票權延伸到黑人男性的設計，已經是重建聯合委員會「盡力而為後的結果」。至於在最終辯論中幾乎未曾發言的桑姆納，唯一能擠出的讚許是第十四修正案是「續集之一，而非完結篇」。[44]

由於修正案中未能納入黑人男性的選舉權，廢奴主義者對其發出了譴責。菲利普斯稱之為一「要命且徹底的投降」，並呼籲各州拒絕批准。黑人運動人士表達了深切的失望與不滿——他們支持第一項明訂的出生即公民原則，但堅持認為既然有公民身分，投票權、任公職、參加陪審團等權利都應該是理所當然。第十四修正案「走得不夠遠」，《紐奧良論壇報》（*New Orleans Tribune*）提出了這樣的抱怨。麻薩諸塞州固然很快就批准了修正案，但州議會裡的兩名黑人成員——其中一名艾德溫．G．渥克（Edwin G. Walker）的父親是知名廢奴主義者，大衛．渥克（David Walker）——為少數投下反對票的議員。[45]

一八六六年五月十日，僅經過短短數日的辯論，眾議院通過了由聯合委員會討論出的第十四修正案。六月八日，在第一項條文中加上了公民身分的定義，並將暫時剝奪邦聯領袖們的投票權的規定改為不讓他們任公職之後，參議院也通過了第十四修正案。五天後，眾議院同意了參議院的增修版。沒有民主黨議員跑票支持，也沒有共和黨員跑票反對。北方州大都很快就表決並完成批准，但要順利入憲，若干南方州的認可仍不可少。南方州的第一聲支持幾乎是當即就來自了如今由反詹森之共和黨人統治的田納西州。而為了回應田納西的快速批准，國會同意了讓該州的眾議員與參議員重獲席位。但對於要不要讓其他南方州也享有只要批准修正案就能自動恢復在聯邦內正常地位的待遇，共和黨內產生了歧見。

這個問題很快就成了一個共和黨不需要煩惱的問題，因為在接下來的幾個月裡面，南方州在詹森總統的慫恿下，一個個都以壓倒性的票數拒絕了第十四修正案。（路易斯安那州長敦促其議會能通過修正案，但議員們以統一陣線讓他徹底吃鱉。）「堂堂州長在議會裡連一個支持者都沒有，創下了美國政治史上的第一例。」一份地方報如此評論。相較於共和黨激進派覺得第十四修正案無力到令人大失所望，南方白人則認為這是對各州「內部事務」沒來由且欺人太甚的干預。南方的反對聚焦在兩個實務面上的政治問題——首先是因為拒絕給予黑人投票權而失去國會代表席次，再者是「我們公民中最菁英的一群」被禁止任公職——也聚焦在對白人至上主義之未來更廣泛的焦慮。反對者指控國會說不定會覺得自己經此修正案授權，將可以賦予「黑人與白人無異的政治與社會平等」。要南方州批准修正案來接受這種命運，一份南方報紙寫道，等於是變相的「自我貶抑」。46

第十四修正案存在許多目標，也有各種功能可以發揮。除了確實很具有理想性的一面以外，第十四修正案也是一份要將南北戰爭之主要戰果入憲的行動方案。只要寫入憲法，南方州就沒辦法在全面重新參與聯邦事務之後將這些成果反轉。作為共和黨一八六六年國會大選時的競選黨綱，第十四修正案也是一份政治文件。「毫無疑問地，」威斯康辛州公報公開表示，該修正案並沒有「達成我們黨內很大一部分人的期望。……但即便如此，此修正案仍提供了一個共同的立足點供我們所有人站上。讓我們帶著它走向民眾」。就這樣在一八六六年的秋天，美國迎來了其政治史上最接近對憲法修正案進行公民投票的一場選舉。《紐約時報》說鮮少有哪場選戰的進行「會如此專注在一個議題上」。[47]共和黨人橫掃北方，贏得了一場壓倒性的勝利。

連同詹森總統持續的不妥協（他在一八六六年秋天的選舉中打破政壇慣例，積極為反對第十四修正案的國會候選人助選），以及南方針對性地拒絕第十四修正案，秋天選舉的結果宣告了詹森版重建計畫的終結。共和黨溫和派如今的結論已是想要確保南方有所謂的「忠誠政府」，想確保前黑奴的平等權利，以及想帶動第十四修正案達到入憲的批准門檻，唯一的辦法就是按川布爾的講法，把詹森政府「趕下臺」並讓黑人男性獲得投票權。考量到不過短短幾個月前，共和黨員間還在猶豫不決，第三十九屆國會的第二會期能快速出現共識來支持黑人選舉權，可以說是相當了不得的事情。自一八六六年十二月起，國會授予了投票權給在華府的黑人男性，然後是西部領地，接著國會將黑人男性選舉權設為了內布拉斯加與科羅拉多成為美國一州的條件。一八六七年三月初，不顧詹森的否決，共和黨人推出了一場跨種族的民主實驗，史稱「激進重建」（Radical Reconstruction）。一八六七年的《重建法案》（Reconstruction Act）將田納西州以外的前邦聯州置於暫時性的軍事統治下。在這種體制下，各州的新政府必須由黑人與白人男性選民選出（扣除被第十四修正案禁止任公職的邦聯領導者）。南方州必須採行新憲來納入不因種族有所差別的投票權。同時他們也被要求要批准第十四修正案。[48]

在接下來的兩年當中，激進重建會進入實施期。新的南方政府嘗試採行新的憲法創造具平等主義精神之民主社會。這些憲政文件是以第十四修正案的措辭為基礎進行延伸。喬治亞州直接把第十四修正案第一項的行文原封不動地寫入其州憲法當中。德克薩斯禁止州政府「以種族為由」剝奪任何一位公民的「任何權利、特權，或豁免權」。北卡羅萊納的州憲法一開頭，就是出自《獨立宣言》中的一句引言，但加上了「享有他們自身勞動的果實」到人類不可剝奪的權利當中。路易斯安那州憲法宣稱全體公民均「應享有相同的公民、政治與公共權利與特權」。全數這些新憲法都禁止基於種族的投票限制，並規定要建立由州資助的公立學校體系供白人與黑人學生就讀（戰前只有北卡羅萊納設有公共教育體系，而且還是白人學生的專利）。為避免南方將來的法律實施無法符合這些原則，國會也廣泛地擴大了將案件從各州移交到聯邦法庭的權利。聯邦對於美國民眾權利的監督，不會隨著南方州獲准回歸聯邦而告一段落。[49]

一八六八年七月，國務卿西渥德宣布第十四修正案獲得批准。他的統計裡包括七個南方州的批准，這幾個州先是否決了第十四修正案，然後在新的黑白聯合政府就位後，他們翻轉了自身的決定，通過了第十四修正案。這裡確實存在著深沉的諷刺。第十四修正案的擬定者辛辛苦苦，避免在條款中納入黑人選舉權。但要是少了黑人男性在南方選舉與州議會裡的票數，第十四修正案永遠也成不了美國憲法的一部分。[50]

考量其今日在美國憲法與法治文化中的核心地位，當年眾人對第十四修正案獲批准的冷靜態度相當引人注目。不同於第十三修正案，它在國會的通過沒有讓誰歡欣鼓舞。不同於第十五修正案，它獲得批准沒有引發全國慶祝遊行。第十四修正案如我們所見，是一個眾人皆不滿意的妥協結果。儘管如此，那時候的人仍認可它是美國法治與政治體系中一次影響深遠的變革。它涉及「政府原則中如此根本性的改變」，《紐約商業期刊》（*New York Journal of Commerce*）寫道，以至於它「必須被視為是美國事務中一場革命的開端」。假以時日，第十四修正案會引領許多美國人視聯邦政府為他們權利的終極保障者，並拓展這些權利的定義到遠遠超過南北戰爭前任何人的認知，也遠超第三十九屆國會的預期。但這場由南北戰爭與解放所啟動的權利革命，至此仍不完全。第十四修正案第一項條文的模稜兩可，使人無法確定在州與聯邦政府之間的相對權力挪移的激進程度；究竟有哪些特定的權利與資格如今受到了中央政府的保障，也有待釐清。這些問題的答案會在時間的流逝中慢慢被摸索出來，至於答案的內容則取決於政治權力在未來的平衡。

然後還有那個爭論不休的問題，黑人選舉權。黑人選舉權此時已經根據一八六七年的《重建法案》在南方得以施行，但尚未在全國實施。這個議題，按照麻薩諸塞州甚具影響力的《春田共和人報》（*Springfield Republican*）所宣稱，「將與我們長相左右」。由於第十四修正案未曾正視重建時期的問題，《春田共和人報》接著說，所以我們無法視其為「最終的解方」。美國憲法還得經過再一次的修正，以處理投票權的問題。[51]

第三章　投票的權利：美國憲法第十五修正案

激進重建在一八六七年的到來，以及隨之而來非裔美國男性在南方的投票權，啟動了一波該區域歷史上前所未見的政治動員。被解放的男性與女性湧向了有組織的會議以及即興聚會。他們當起聽眾，負責演說的則是四處巡迴的黑人講師、被解放黑奴事務管理局的人員，以及共和黨的主辦者。席間他們除了討論北方選舉結果與國會審議法案等近在眼前的問題，也會處理一些格局較大的主題，比方說：美國歷史發展的軌跡；民主體制的「優越性」；「公民身分一些個別的好處」。許多這類會議外頭會有武裝黑人哨兵把守。「至少半數的男性黑人人口……持有各式各樣的槍枝，」密西西比一名白人居民表示，他提到黑人宣稱《民權法案》給了他們擁槍的權利，「州法反對是州法的事情」。放眼整個南方，白人雇主總在抱怨黑人勞工未經許可曠職去參加運動集會或新成立之政治社團的會議。「他們說他們如今終於開始體會到他們的自由，還有與白人同等的權利。」一名阿拉巴馬州的工頭說道。[1]

隨著第十四修正案邁向最終的核准，改寫過之憲法的字句在黑人的政治論述中產生了更甚於以往的重要性。「我們有同胞中最具影響力與聰明才智的人可以跟他們對話，」一名黑人組織者表示，「並告訴他們憲法的意義。」而憲法最大的意義，莫過於平等，而且是經過定義擴大後的平等。「我們主張擁有一模一樣的權利、特權與豁免權，跟白人沒有差別——我們不多要求什麼，但也不願被剝奪什麼。」一八六七年四月在阿拉巴馬莫比爾召開的有色人種大會（Colored Mass Convention）上，有這樣的公開演說內容。與會者對這些特權與豁免權的整體理解超乎了傳統的民權與政治權利框架，納入了對公共體系與設施的完整與平等取用權。黑人講者堅稱他們並未要求在私人互動中的「社會平等」。但平等的公共權利對平等的公民身分至關重要：「只要一座公園或一條街道是公共的公園與公共的街道，那麼公眾中的每一個成員就都有權利去使用它們；只要一輛車子或一艘汽船是公共交通工具，那麼它就必須對所有欲搭乘的人來者不拒。」對於憲法字句的引用，持續了整個重建時期。在一八七五年，密西西比的暴力競選過程中，當時有白人組成「來福槍俱樂部」，旨在阻止被解放之黑奴投票。為此該州一名黑人居民寫信給州長說，「第十四條……不是說沒有人應該未經正當法律程序，被剝奪生命或財產嗎？第十四條說所有人都應該受到法律的平等保護，但我說我們有色人種完全沒有得到這樣的保護。……這樣對嗎，還是不對？不，州長先生，我會說這是錯的。」[2]

一八七三年，北方一名特派記者寫道，前黑奴很有自我意識地認知到自己「新獲得了身為一個美國公民，被賦予的所有權利」。而在他們的權利概念中最核心的，就是選舉權。如歷史學者安妮・C・貝利（Anne C. Bailey）所言，他們認為投票權是「他們自由中的心臟與靈魂」。黑人領袖主張選舉權按全國平權聯盟主席約翰・莫瑟・蘭斯頓（John Mercer Langston）的話來說，就是「自治當中不可或缺也不可拆分的一部分，因此也是自然而不可剝奪的權利」。除了單純是一種影響政府決策跟為自身利益與權利爭取保障的手段，黑人還視選舉權——黑人社會學家W・E・B・杜波依斯後來寫道——是更遠大志向的一環，即被視為平等的存在，被視為「在文化王國中共同努力的同僚」。而正是部分憑藉著黑人的動員，國會中的共和黨人體認到，如麻薩諸塞州眾議員鮑特韋爾所言，「不論這個國家裡有多少比例的人懷抱著什麼樣的期盼、希望或成見，……我們作為一屆國會或一個政黨都不可能逃避得了這個議題。」[3]

隨著一八六七年《重建法案》的通過與實施，美國大多數的黑人男性都享有了投票權。但還是沒有投票權的仍不在少數——主要是數萬名黑奴所處的邊境州從未脫離聯邦，所以他們不適用重建的流程，再就是田納西因為在一八六六年批准了第十四修正案，所以避掉了《重建法案》規定的各種要求。另外也有少數被剝奪投票權的黑人身在北方。區域間的差異愈來愈不容人為其辯解。確實按《波士頓廣告人日報》所言，「關乎投票特許權的法律現狀」可以說「荒謬到極點」。在南方，國家「憑藉其強大的戰爭力量」，要求給予黑人選舉權，但北方與邊境州卻可以拒絕把它授予其自身的黑人人口，這在邏輯上說得過去嗎？再者，即便是在南方州起草新憲法來保障黑人男性選舉權的同時，眾人依舊擺脫不了這些條款會在未來某天又被修惡的恐懼。面對這種種問題，一勞永逸的辦法似乎是一條保證全國黑人投票權的憲法修正案。此外，愈來愈多的共和黨員如今視（至少男性的）選舉權是一種自由當中不可或缺的元素，一種與《獨立宣言》條列的權利有著千絲萬縷關聯的自然權利。[4]

然而黑人投票權的問題，依舊是充滿危險的政治雷區，這個問題清楚體現在一八六七年的州級選舉，當時北方的民主黨斬獲了重大的勝利。譬如他們在俄亥俄這個樞紐州的勝利，就普遍被認為是共和黨在當地嘗試以公民投票確立黑人選舉權未能成功所致。眾議院議長柯法克斯給出的結論是共和黨的領導層「超前民眾」太多。同一年，康乃迪克、堪薩斯與明尼蘇達的選民都拒絕了黑人選舉權的提案，並且在堪薩斯州，選民還一併否決了將投票權推及至女性。確實，這些以黑人投票權作為主戰場的兩方對決，比起戰前那些性質類似的公民投票，勝敗差距已經拉近了很多。大多數共和黨人投下了贊成票，但足夠多人跟民主黨一同採取反對立場，讓這些提案敗下陣來。[5]

共和黨的困境，在兩名參議員的一段言辭交鋒中被闡述得極其明白，他們一個是麻薩諸塞州的亨利・威爾森，一個是堪薩斯州的山謬爾・C・龐莫洛伊（Samuel C. Pomeroy），時間是一八六九年初。為了駁斥民主黨指控共和黨想把黑人選舉權擴大實施到全國的動機是想謀取政黨優勢，威爾森堅稱為種族平等奮戰對共和黨的票數得失而言，根本是一門極其賠本的生意。「放眼美國你找不到任何一平方英里的土地，」他宣稱，「你可以在上頭為那些有色人種宣傳平權與特權而引發民怨，這一點過去如此，現在也沒有改變。」但龐莫洛伊是這麼回他的：「堅守原則」是共和黨的存在意義，而共和黨要是放棄了「人權的理念，促進有色人種權利的理念，……那我想這個黨本身恐怕也就不值得存續了」。[6]

「解決黑人問題，」前賓州眾議員亨利．D．摩爾（Henry D. Moore）在一八六七年底寫道，需要的是「共識。……一輩子累積出來的偏見，不可能讓我們一口氣克服」。他警告說北方人會為了將「反賊與叛徒」擋在公職的門外而支持南方的黑人選舉權，但這不等於他們會支持它在自家的州內實施。伊利諾州眾議員伊萊修．B．華許波恩（Elihu B. Washburne）身為尤里西斯．S．葛蘭特（Ulysses S. Grant）*的心腹幕僚，摩爾給他的建言是對共和黨而言，其立場應該要是：黑人投票權在南方有其必要性，因為如此才能確保南北戰爭的戰果，但同樣的問題搬到北方，選擇權應該交到各州民眾的手裡，讓他們自行決定。

這正是共和黨代表大會在一八六八年五月提名葛蘭特競選總統時，所採取的立場。共和黨的競選黨綱強力為國會的重建政策背書，包括將投票權推及「所有忠誠的南方人」。但該

* 譯註：一八六九到一八七七年任美國第十八任總統。

黨綱也同步尋求讓北方人放下惶惶不安的心，希望北方人知道國會不會插手他們各州的投票資格，由此共和黨宣告「選舉權的問題在所有的忠誠州，都理應操之在各州的人民之手」。某些國會中的激進派，包括桑姆納與葉茨，都主張依據第十四與十五修正案的規定，國會有權頒布施行法律要求各州將黑人納為合法選民。葉茨後來宣稱選舉權的這片「板子」被插進競選政綱，成為那座「平臺」的一部分，*就是為了「排除」這種可能性。無論如何，激進派與黑人領袖都很憤慨於他們眼中這種全然的偽善。這種政綱「軟弱而怯懦」，史蒂文斯不滿地說。「我們此刻不僅是在闡述一個政府的立場，」他宣稱，「我們是在建立一個國家。……一旦你意圖棄守〔普及的選舉權〕，你就棄守了為人的資格，你就成為了暴君，就應該遭到人類共同的唾棄。」一八六八年八月，史蒂文斯以七十六歲的年齡撒手人寰，共和黨激進派痛失他們在國會中堪稱最重要的領袖。[7]

黑人選舉權的前景，在一八六八年的選戰裡成為了重大議題，而這也導致眾人在那年的大選中見證美國政治史上若干最赤裸裸訴諸種族歧視的做法。在宣布奴隸制與州脫離聯邦等問題「永遠塵埃落定」的同時，民主黨也在黨綱中抨擊共和黨不該把「黑人霸權」強壓在南方身上，並承諾要把「對選舉特許權的節制權」還給屬於前邦聯的各州。民主黨的副總統候選人小法蘭西斯・普雷斯頓・布萊爾（Francis Preston Blair Jr.）身為全美最顯赫政治家族之一的成員（他的父親曾是詹森的重要幕僚，他的兄長蒙哥馬利・布萊爾〔Montgomery Blair〕

曾為林肯的內閣成員），承諾重建時期的各種政策將被推翻，南方白人會獲得授權成立新的州政府。他在接受提名的書信中指控共和黨將南方置於「半蠻人異族」的統治之下。何瑞修．西摩（Horatio Seymour）身為總統候選人，避免了這類充滿煽動性的言辭，但最終為民主黨的選戰定調的，仍是布萊爾。「沒有什麼人人生而平等，」民主黨最大黨報《紐約世界報》公開這麼表示。「人分不同種族，膚色就是這種差異的路標，」上頭會指明各種事情，包括人具不具備投下睿智的一票的能力。[8]

一八六八年的夏天，一場黑人代表大會在巴爾的摩盛大召開，來自北方州與邊境州的黑人代表聚集在一起宣洩不滿的情緒。他們講述了在他們的州裡，黑人是如何「被系統性地剝奪了選舉權這個包含在公民身分中的首要權利」。然而共和黨只滿足於強調葛蘭特的軍旅生涯成就，並警告民主黨的勝選將觸發第二場南北戰爭，而沒有在選戰中多所提及黑人選舉權。擔心這個議題不討選民歡心，並不是他們對其避之唯恐不及的唯一原因。另外一個原因依布連恩後來所稱，在於其競選政綱中關於這個問題的政策是「如此明顯地不公平與不人道……以至於共和黨自己都早在拉票過程告一段落前，就衷心覺得以該政策為恥」。葛蘭特

＊　譯註：競選政綱的英文是platform，即某黨立於其上從事競選的平臺，而組成這座平臺的一片片板子，就是個別議題上的政見。

在選戰中的勝出，用力推了全美國的黑人投票權運動一把。選民在愛荷華與明尼蘇達州通過了黑人選舉權的公民投票，顯示共和黨有辦法熬過民眾的種族歧視，而葛蘭特意外驚險的勝利（總共三百萬票中只贏了三十萬票），明白顯示了在南部捍衛黑人投票權並試圖將之北推，特別是設法進入（其中三個由西摩贏下的）邊境州，具有何等的政治價值。因此葛蘭特勝選僅僅三天，影響力十足的《費城新聞報》（*Philadelphia Press*）就呼籲推動憲法修正案來保證所有黑人的投票權。[9]

國會的新會期一在十二月召開，新罕布夏州參議員艾朗・H・克拉金（Aaron H. Cragin）就提出了一份修正案來禁止各州不給予成年男性公民投票權，除非其「參與了叛亂，或其他罪行」。同一日，賓州眾議員威廉・D・凱利（William D. Kelley）向眾議院呈遞了一份提案要禁止各州以人種或膚色為由不讓人投票。許多其他版本的第十五修正案在短時間內紛至沓來，「但沒有哪兩個是相似的，且當中存在天差地遠的各種原則。」一份共和黨報紙說道。同時展開了的是為期數週的辯論與次數眾多的投票，其中參眾兩院的態度都飄忽不定。但歸根結柢，共和黨員必須要在開頭的克拉金與凱利版本中二選一——一邊是要建立統一的全國性標準，盡可能將成年男性公民納為選民，另一邊是「反過來」禁止使用人種等標準限制投票權，但此外便將選民資格交由各州設定。第一種可能性代表的是一條無人走過的道路。這條路走下去，將會阻斷南方州種種於十九世紀晚期用來剝奪黑人人口投票權的手段，該版本的修正案也會讓今日被各州用來壓制選民的大部分措施無效。[10]

漫長而繁複的辯論過程用掉了《國會世界》幾百頁的篇幅，當中涵蓋了公民權利的整個範疇，以及民主政府必須達到的條件。國會成員們意識到這是投票權頭一次被當成全國性的議題在認真討論。從黑人這個焦點出發的辯論很快就擴展到對投票權更普遍的探討。對許多國會成員來說，選舉權是一種「約定俗成」的存在，所以必須受到限制的傳統概念，已經不相容於這個時代的民主精神。「現代文明那不可逆的浪潮，」參議員龐莫洛伊稱，「其方向是朝著選舉權的擴張而去。……少數人負責投票與統治，多數人只能聽話的時代，已經過去了。」「選舉權，」堪薩斯州參議員艾德蒙．G．羅斯（Edmund G. Ross，身為一名溫和派，羅斯曾在幾個月前用他在參議院的一票，讓身陷彈劾官司中的詹森得以開脫），「是一種自然權利……內建於憲法的精神中且受其保障，這點不受憲法有沒有明文規定的影響。……它是保障其他所有權利的基礎。」提到被解放的黑奴，他接續說，「任何一種支持解放黑奴，令其身體不受勞役所困的主張，都必然也會以同樣的力道支持他們擁有投票權。」[11]

這場辯論也顯露出共和黨內部對於有關投票權的哪些限制有其正當性，以及平等原則的邊界及於何處，存在著深刻的歧見。激進派偏好能創造出適用於全國的單一一套投票權標準的修正案，這反映了他們自南北戰爭以來形成的強烈國家主義精神。投票權理應要「在這片土地的每個角落，都一體適用」，羅德島眾議員湯瑪斯．詹克斯（Thomas Jenckes）宣稱。州對於投票資格的控管，按印第安納州參議員奧利佛・P・莫頓（Oliver P. Morton）所說，是州主權的殘跡，也是造成分離主義出現的心態。「其整體的謬誤，」莫頓表示，「在於不承認我們的國家身分。我必須說我們是一個民族，而不是三十七個不同的民族；我們是一個國家，而作為一個國家，我們給了自己一個舉國通用的憲法。」一八六九年一月，一場「美國有色人種全國代表大會」（National Convention of the Colored Men of America）在華府召開，為的是推動投票權修憲案的進行。許多這類集會在南北戰爭前後都曾有過，但這次是頭一回在出席的近兩千名代表中，我們可以看到不在少數的黑人政壇領袖與來自南方的公職人員。呼籲召開這場大會的聲音，不偏不倚地把對投票權的要求奠基在近期「由（第十四）修正案公告」的國家公民身分之上；從今而後，再沒有州應該「獲准只以膚色為由拒絕給予公民理應享有的公民權利」。美國人的各種自由——大會代表在決議中說——「要有安全或統一的一天，各州就不能被認可是規範投票權的唯一權威」。[12]

「我們的目標是要確保這個國家的成年男性公民，可以普遍獲得選舉的權利。」麻薩諸塞州眾議員鮑特韋爾宣告。鮑特韋爾試圖重新提出以成文法實現這一目標的構想，理由是投票是由第十四修正案第一項條文所保證的公民「特權或豁免權」之一。這種主張沒能解釋何以同屬第十四修正案的第二項條文似乎承認了各州有權去限制投票權，但又同時對這麼做的州設置了罰則。需要用憲法修正案來保證投票權的一個理由，按照加州眾議員希格比所稱，是要化解「從第十四修正案第一、二項條文之間的明顯衝突中所生出的困窘、混淆與誤解」，進而確保公民身分，以及與該身分是一體兩面的投票權，「能夠穩居於其應該存在的地方，成為政府立足的基礎」。[13]

「許多反對過黑人選舉權的人，」《紐約商業期刊》在國會進行辯論時提到，如今都支持其成為可模糊地稱為「偉大革命」的一部分，畢竟那場革命是我們理應要前進的方向。權利意識在重建時期之迅速演進，引發了反思，而這種反思讓共和黨內的保守派——如內華達州參議員威廉・M・史都華（William M. Stewart）這樣的人——都開始認同將選舉權推及黑人男性是奴隸制瓦解之後的「合理結果」。「我們不能在這節骨眼功虧一簣，」史都華稱，「只有透過此舉，我們才能算是真正廢棄了奴隸制，〔才能〕保證每個人都有權保護自己的自由之身。」[14]但由州控制投票資格是一根深蒂固的傳統，而許多北方州在樂見黑奴得以投票之餘，並不甘願拱手讓出這樣的權力。總之，一反歷史發展模式的常態，將合法選民範疇擴大至黑人之議比起想打破其他的傳統桎梏，至此已不再那麼存在爭議。

華裔美國人的地位之辯，扮演著第十五修正案成形的一股助力。在加利福尼亞、內華達與奧勒岡這三個只准白人男性投票的州中，反對者強調的不是給予黑人投票權會導致的後果。他們著眼的是修正案一旦通過，對華裔族群的未來會產生什麼可能的影響。這些華裔族群有約莫五萬之眾，大部分都是以契約工的身分在礦坑、鐵道勞動，或是從事一些低薪的都市工作。國會中的西部成員讓其家鄉的反華偏見，有了發聲的管道。「這些人不論現在，或是未來，」奧勒岡州共和黨籍參議員喬治．H．威廉斯（George H. Williams），「都會全心投入政治上的專制主義與宗教上盲目的異教原則，成為其無知又昏昧的支持者。」威廉斯警告說即便是一個僅限制不能以「種族」或「膚色」為由限制投票的憲法修正案，都可能在未來被解讀為適用華裔，這等於是為他們開啟了投票之門。來自奧勒岡州的新進參議員亨利．W．柯貝特（Henry W. Corbett）把兩件事情分得非常清楚。把投票權擴大到黑人之舉，他認為那是正義，是一項受到「偉大之宇宙統治者」之「降福眷顧」的政策；但給予華裔同樣的待遇，他就不樂意了，因為他認為華裔是「完全不同的另外一個種族」。內華達州的共和黨籍眾議員湯瑪斯．費奇（Thomas Fitch）公開說在太平洋沿岸，你別想能找到「十個美國公民」會「支持華裔的選舉權」。[15]

辯論過程一面讓我們看到了西部共和黨人的平等主義思想一旦遇到華人時，會有怎樣的侷限，一面也讓我們見證了美國東部對其他地方出身的移民——尤其是來自愛爾蘭的天主教徒——有著何等的偏見。考慮到「各個犯罪階級」的規模是如何在美國大都市裡不斷成長，《辛辛那提憲報》（*Cincinnati Gazette*）觀察說「限制選舉權」給擁有財產之人或許會成為一個不得已的決定。《春田共和人報》也認為都會中心的高稅率顯示了讓一貧如洗的移民去選出揮霍無度的官員是一件多麼危險的事情，因為這些官員的政策損害了「公民的財產權」。

羅德島規定其以愛爾蘭裔為主的移民族群必須通過財產門檻才能投票，而這是土生土長之公民所不適用的限制。麻薩諸塞州與康乃迪克州使用識字率測驗降低移民的投票比率。新罕布夏州參議員詹姆斯．W．派特斯頓（James W. Patterson）反對一切禁止以教育程度作為投票門檻的法條文字。禁止「以人種或膚色或財產不足為由」不讓人投票，派特斯特堅稱，「是在戕害我們這個時代的文明」。但他們確實應該「守護」選舉權不受「無知與野蠻之洪流」破壞，因為對「難以逆料之力量的間諜、專制君主統治的爪牙」門戶大開——其中專制君主統治呼之欲出，就是在講羅馬天主教廷——會讓自由本身陷入險境。倒不是每一個共和黨員都附和派特斯頓的偏見。賓州參議員賽門．卡麥隆（Simon Cameron）偏好的憲法修正案要能有廣度去覆蓋「所有人；包括黑人、愛爾蘭人、德國人、法國人」。他甚至在其清單上加入了「中國人」，並宣稱「我歡迎每一個人，不論他來自哪一個祖國」。但本土主義橫在一款「積極平權式」的憲法修正案面前，讓其前景蒙上了陰影。此外還有一件事情增添了修正案推動的複雜性：密蘇里、西維吉尼亞、田納西州的州憲法禁止特定的前邦聯人士投票，而一條「正面表述」的憲法修正案會恢復他們的投票權。[16]

※　※　※

共和黨內部對於究竟誰有權利投票的認知分歧，解釋了第十五修正案在一八六九年初通過之前，所經歷的折磨。如一份共和黨立場的報紙所言，「一則正向表述的條款會讓選舉權問題徹底脫離各州的管轄」，並規定「由國家去監督選舉的登記與投票程序……我們很懷疑有誰認真思考過如此巨大的體系變革」。另外一份報紙宣稱由於「不到六個州」會通過這種正面表述的修憲案，因此保證所有成年男性公民都有選舉權的條文絕無法在參議院或眾議院過關。辯論因此轉而聚焦在哪些投票門檻不具正當性，其中影響最深遠的發言來自亨利．威爾森，他的第十五修正案版本禁止基於種族、膚色、出生地、財產、教育程度或宗教信條的投票權歧視。對此他的參議院同僚霍華反駁說這影響範圍太大了，「這背後的思考是一次州憲法的根本性革命」。霍華更傾向於一條專門適用於黑人的修正案。這些辯論並沒有精確地描繪出〔共和〕黨內的派系分布。俄亥俄州參議員約翰．薛曼（John Sherman）身為溫和派的領袖，支持的是激進派希望將各州「不讓任何一部分男性公民」投票的權力全部拿掉的構想。薛曼還說共和黨「即將為一個政治信條奠下基礎，〔而〕這個政治信念最寬廣、最穩固、也最理想的基礎，就是普遍選舉權」。他補充說他會把決定女性該不該投票的權威留給各州。[17]

然而，許多共和黨員擔心一條憲法修正案若是取消北方州那些與種族無關的投票門檻，批准之日可能會遙遙無期。此外還有一些異議涉及要不要納入任公職的權利到修正案中。有人擔心這同樣會拖累批准的前景。但也有人堅持按邏輯而言，任公職是選舉權一項合理的延伸，不需要特地將之寫出來。《芝加哥論壇報》認為州對於任公職的限制，說到底就是多餘的。「如果有任何一州的民眾想要選出一個黑人、中國人，或是日本人、愛爾蘭人、德國人、新教徒、天主教徒、摩門教徒、猶太人、或是什麼都不信的人去當官，你到頭來也是攔不住的，他們自然會想出辦法來。」還有一些流通的提案是要改變總統選舉人的遴選方式，或是想索性取消整個選舉人團的設計。這些提案很可惜地，都沒能哪怕把任何一小步跨出去。[18]

修憲案的辯論在不同立場間變得愈來愈水火不容，以至於中間歷經了好幾段漫長的交流，包括有一回他們通宵論政，但事實證明「一無所獲」。一八六九年二月，參議院通過了威爾森提出的修正案版本，當中包括他列出的一長串不准用來剝奪投票權的理由清單。然而眾議院堅持要採用一個僅針對種族理由來加以禁止，但仍有提及任公職之權利的收窄版本。參議院收回成命，通過了眾議院的版本，然而就在此時，眾議院又如布連恩後來所說「意見反覆」地投票選擇了一個較放寬的修正案版本，禁止了出生地、財產與教育程度的投票門檻。眼看著國會會期就要告一段落，參眾兩院採行的修正案文字進到了國會的協商委員會（conference committee），但這一進又讓事情變得更加撲朔迷離，主要是協商委員會通過了參議院那個僅針對種族理由去禁止的「負面表述」版本，同時又拿掉了提及任公職權利的部分，但兩院都已經同意了這個可以保留。[19]

就在第十五修正案的命運懸在那兒，不知道會往哪邊倒的時候，菲利普斯意外出手推了天平一下，讓用語偏窄的版本占得了上風。在《全國反奴標準報》上的一篇文章中，菲利普斯敦促國會成員要「行事謹慎」：「我們這輩子第一次懇求他們多當個政客而少想著改革。」菲利普斯堅持認為僅處理黑人投票問題的修憲案已是「眾人準備好進占的全數地盤」。想把「國籍、教育程度、宗教信條」通通放進去，只會突顯出「共識的欠缺」。菲利普斯的介入說服了足夠多的激進派去接受協商委員會的提案，以確保案子在參議院能順利通過。「你的聲音，」鮑特韋爾在國會通過修正案後對菲利普斯說，「拯救了第十五修正案。」[20]

儘管如此，部分參議員很憤慨於協商委員會刪除了兩院都通過的條款──「既不符合國會精神，也幾乎前所未見。」龐莫洛伊說。但隨著休會期限逼近，他們再不滿也只能接受協商委員會敲定的文字。然而七名共和黨籍參議員投下了抗議的棄權票，當中也包括桑姆納。年輕的喬治．克萊門梭（Georges Clemenceau）在為一份巴黎報紙報導美國各種事件時，把修正案最終版本的「怯懦」怪罪到「仍充斥在共和黨心中的各種偏見」。他未曾提及的是這些偏見並非只針對黑人。美國國會採用僅僅不准用種族因素去限制投票的弱化版本，不是因為對黑人權利的維護打了折扣，而是因為他們不樂見讓其他族群也連帶享受到平權，特別是來自中國與愛爾蘭的移民，再就是他們認為一個「簡單而直接」的修正案出了國會，會最為容易獲得批准。[21]

國會並不是不知道第十五修正案想達成的目的，會被有心規避之人繞過去。好幾名國會成員都警告說第十五修正案會淪為空談，因為南方有太多表面上不涉及種族的投票門檻可以使出來，如人頭稅（poll tax）*跟識字率測驗就是兩種主要只影響黑人的手段。雖然眾人都推定按照第十五修正案的規定，南方州這麼做會導致他們損失掉眾議院的席次，但俄亥俄州眾議員山謬爾・薛拉巴格（Samuel Shellabarger）說這仍是個「很要命的缺陷」。「這個種族的主體，原本就因為我們的過錯而陷入無知與匱乏，如今更將大半被排除在選舉的特許權外，只因為我們弄了一個智識或財產的資格門檻。」代表重建後之阿拉巴馬州的參議員威拉德・華納（Willard Warner）警告說在不違反第十五修正案的狀況下，十之有九的黑人人口會因為識字或財產門檻而失去投票權。22

歷史學者亨利・亞當斯（Henry Adams）在第十五修正案於國會過關後不久寫到，它「特別之處更在於它欠缺了什麼，而不在於它含有什麼」。不同於第十四修正案與其具有普遍主義色彩的用語，第十五修正案並沒有把公民身分帶有的權利推及全體美國人，而是僅僅將黑人導入了一個基本上沒有其他改變的選舉體系內。參議員莫頓不滿地說第十五修正案碰都沒

＊　譯註：人頭稅是一種固定金額的稅收，且每個人無論其收入或財產多寡都必須繳納。歷史上的人頭稅常被用來限制某些族群的投票權，因為低收入者無法負擔這筆稅款。

碰「現行選舉權中所有不尋常跟不合理之處」，而只是把擺明了在針對黑人的部分處理了一下。第十五修正案實施的是許多人口中「公正」的投票權（投票資格平等地適用於白人與黑人），而非「普遍」乃至於「人本」的選舉權（否則就可以保證近乎所有人的投票權）。透過把焦點完全放在投票權與種族問題上，第十五修正案並沒有明文說選舉權裡附帶了任公職的權利，而且還留了一個後門讓州選舉法可以在表面上不歧視哪個種族的狀況下去排除掉大部分的黑人選民。[23]

看在賓恩這名第十四修正案關鍵作者的眼裡，第十五修正案實在太過疲弱。他控訴說「擁有財產的可以變成貴族，擁有智識的可以變成貴族，屬於某個教派的可以成為貴族」，都不會有違法之虞。許多共和黨員投票支持了第十五修正案，但心中並沒有一點熱情。最終的版本是「能夠拿到國人面前最羸弱的修正案，」華納抱怨說，「非常對不起我們獲得的這個歷史機遇」。「我不為這個不上不下的提案負責，」亨利．威爾森宣稱。「我只是在最後關頭視之為我能拿到最好的結果。」他對於自身版本的失敗表達了遺憾，他認為那個版本「顧及了白人」與黑人。莫頓說第十五修正案遠遠「沒有達到」最好的結果。他補充說他「很訝異」於以積極平權的語言確立全國投票權的企圖，會遭到協商委員會的拒絕。但史上不是沒有用對某種行動的禁令取代正面表述來確立某種權利的憲法條款前例，比方說憲法第一與第十四修正案，都屬於這樣的例子。後續涉及投票的修正案，包括賦予女性與十八歲之人投票權的，以及在聯邦選舉中廢除人頭稅門檻的修正案，都使用了同樣的立法框架。[24]

共和黨中的多數人堅信「剪除掉了所有與其初衷無關的東西」，第十五修正案獲得夠多州批准的機會將會大增。關於有心人會以非種族手段不讓黑人投票，鮑特韋爾堅稱「我自身的信念是這種投票門檻只是擺設，永遠不會有被拿來實行的一天」。霍華在認同之餘也指出選舉權的限制一旦實施下去，白人與黑人都會以「同等的嚴重性」被波及。時間會讓我們知道這些說法都是災難性的誤判，發言者沒有預料到的是剝奪選舉權的種種立法雖在表面上不涉及種族因素，但其在執法層面上卻沒有底線地充斥著各種偏見。南方州就是靠著這個漏洞，在重建時期的一代人後讓黑人選票消失無蹤。同樣讓共和黨領導者們想不到的是南方政治領袖根本不介意——甚至還很樂見——大量中下階層白人被這些法律波及而失去投票權。[25]

然而即便國會採行的是力道相當薄弱的法律措辭，民主黨與少數的共和黨保守派仍抨擊第十五修正案是美國歷史上「最具革命性的法案」，也是共和黨想把主權州邦聯代換成集權專制政體之陰謀的重大舉措。他們堅定地認為沒了決定投票資格的能力，各州將無法自稱在進行自治。康乃迪克州參議員詹姆斯·狄克森（James Dixon）譴責第十五修正案全盤掏空了「政府的基礎與原則」。然而一如之前的幾次經驗，第十五修正案的辯論裡不是只有出於對聯邦體系內的兩黨平衡憂心忡忡而做出的各種主張，那裡頭還有被大剌剌引述的種族歧視言論。

民主黨的一名眾議員形容黑人是「一支天生要臣服於人、劣等、無知，而且會崇拜偶像的種族」。另一個民主黨眾議員則提出好幾個理由去闡述何以黑人必須被認定為低白人一等，被認定為不適宜投票，而其中一個理由就是他們從未產出像樣的創新（「我在想今天在場的各位之中又有多少個發明家。」莫頓如此回應。）馬里蘭州參議員喬治・維克斯（George Vickers）對參議院解釋說人類可以分成五族：「紅人、黃人、白人、黑人，還有棕人。」白以外的各種膚色，他宣稱，都是「劣等」的標記，由此白人理應握有權力去排除掉其他種族的投票權利。民主黨指控說政治平等將導致美國走上「社會」平等與種族聯姻的不歸路。[26]

一八六九年三月四日，也就是國會通過第十五修正案的兩週不到，葛蘭特就任為美國第十八任總統。他在其簡短的就職演說尾聲懇求各州批准修正案，他說這不那麼是一個抽象正義的問題，而更是為了要解決「選舉權的現實問題」，好確保這問題不會繼續「煽動」大眾的心理。如同第十四修正案，南方那些主要由黑人選民選出的黑白共治政府，在批准第十五修正案的過程中扮演了重要的角色。南方已然完成重建過程的六個州很快就批准了第十五修正案，同時國會要求維吉尼亞、密西西比、德克薩斯與喬治亞這幾個仍被排除在華府（國會）代表權外的州要先批准修正案方能申請復權。對這裡頭的前三州，國會還額外要求他們永遠不可以修改州憲法來刪減投票權、任公職權，或是拒絕滿足公民的受教權（這些條款固然從來不曾被執行過，但仍顯示出共和黨人至此已經跟前黑奴一樣，都把這些權利視為是公民身分不可或缺的一環）。田納西作為第十一個前邦聯州，在一八六九年否決了第十五修正案，他們直到一九九七年，才終於完成批准。[27]

不同於第十三與第十四修正案，第十五修正案的批准會在北方與邊境州遇到比在南方州更多的問題。羅德島拖到一八七〇年才完成批准，主要是他們擔心第十五修正案會影響他們關於「歸化公民擁有的不動產價值需達到一百三十四美元，才能獲得投票權」的規定。「羅德島，」菲利普斯說，「遲遲不肯批准修正案，考量的就是四個字母，r－a－c－e（種族）。」而這應可被解讀為是在說愛爾蘭人。加利福尼亞與奧勒岡州否決了修正案，是因為他們擔心未來有一天，這會讓當地的華裔居民獲得投票權，只不過在那個時間點，這兩州幾乎所有的華裔都出生在海外且沒有歸化入籍的資格，所以都不是美國公民。同樣拒絕批准的還有肯塔基州、馬里蘭州，跟德拉瓦州，這三州都是以擴大黑人投票資格而言，第十五修正案影響力最大的地方。紐約州先是批准了修正案，接著在民主黨於州議會取得多數之後，又撤銷了原本的批准，但聯邦政府對這樣的行為不予以承認。一八七〇年三月三十日，國務卿漢密爾頓・費許（Hamilton Fish）認證了有四分之三的州已經通過了第十五修正案。在那天，三十七個州裡有十七個州，全都在北方或在南北邊境上，它們那些將投票權設為白人專利的法律與州憲條款，全數遭到廢止。[28]

※　※　※

如同第十五修正案之前的兩條修憲案，它標註了美國政治體系一次根本上的變革。它將美國帶進了「地圖上沒有標示的境界」，畢竟投票權這東西——就像奴隸制度的存在與公民擁有的權利——都向來是由各州去自行決定的事情。雖然有其侷限性，但第十五修正案還是擴大了投票權，納入了數萬名原本被排除在外的黑人男性，且似乎保證了即便民主黨哪天「光復」了南方，重新在那兒掌權，也動不了黑人男性的選舉權一根寒毛。要是沒有第十五修正案，許多州恐怕會繼續在美國的北方與西部讓所有人都只能看著白人男性投票，自己什麼都做不了。同時第十五修正案很快就會被理解為：它附帶給予了黑人男性任公職的權利。

在一八七〇年，第十五修正案影響所及只是前奴隸州以外的少數人。但其法理上的全國適用性，將在時間進入二十世紀後變得至關要緊，主要是非裔美國人的「大遷徙」，讓數百萬黑人進入了北方與西部，此時靠著第十五修正案，他們與他們的盟友就在民權時代有了在政治上的關鍵施力點。但由於其書寫的方式，第十五修正案的立法精神也可以輕輕鬆鬆就被以有偏見的選民登記與刑事司法體系給規避掉。《波士頓州報》（*Boston Commonwealth*）信誓旦旦地保證其讀者若有哪一州敢在選舉權問題上「進行惡意或不公正的歧視」，國會與最高法院毫無疑問會「撥亂反正」。不過很遺憾的是在一八九〇年代與二十世紀初期，國會與最高法院都默許了讓南方州祭出非種族性的投票門檻，包括要準選民支付人頭稅，或是要他們自證有能力「理解」州憲法的條款，千方百計就是要剝奪黑人男性的投票權。[29]

即便是在那之前，眾多的南方黑人也已經在背上重罪罪名後被剝奪了投票權。重罪定讞的傢伙理應失去投票權，是在英美歷史中根深蒂固的觀念，美國南方只是也這麼覺得的其中一個地方。第十四修正案在第二項條文中提供了一個彈性是各州可以以刑事犯罪為由剝奪男性公民的投票權，而不用受到眾議院代表席次被砍的懲罰。一八六七年的《重建法案》稱所有男性公民都可以用手中的一票選出參加南方制憲大會的代表，除非你是被第十四修正案禁止任公職的前邦聯人士，或是「可能因為參與叛亂或因為涉及普通法重罪而被剝奪投票權之人」。（因發現詹森扶植的南方政府一個個都在以「一千零一種雞毛蒜皮的小事」給黑人定罪，史蒂文斯曾試圖限縮剝奪投票權的理由只能有一個，那就是叛亂，但他最終並未成功。）大部分想以「正面表述」確立絕大多數成年男性投票權的第十五修正案提案都內含有容許將涉及叛亂、重罪，「或其他不名譽罪行」者剝奪投票權的文字。州沒有權利以種族為由剝奪人的選舉權，伊利諾州眾議員薛爾比．庫隆（Shelby Cullom）表示，但州「有權利將犯重罪者剝奪投票權」，而國會裡的共和黨員似乎大都認同他的意見。[30]

一八七〇年，當時的重刑犯人數還相當之小，所以沒人想得到後續監禁人數愈來愈多所產生的後果。華納曾警告過非種族門檻會導致黑人選民所剩無幾，而那會相當危險，但這次他向同僚保證「以犯罪為由去褫奪公權、讓人失去投票資格的力量相當有限，所以這點應該不是什麼很危險的讓步」。但事實上在重建時期過後，南方的立法機構會大肆增列了被視為重罪的罪行數量，而黑人會發現自己經常受到法律制裁，而白人就不太會這樣。

一個真正屬於正面表述的第十五修正案（一種就算是被定罪者，也不會被剝奪投票權的憲法修正案）或可防止有人在重建時期過後操控刑法來剝奪黑人的投票權，更不用說今天的情形是有幾百萬人，其中半數已經出獄，但他們卻仍因為州法中的重罪剝奪投票權條款而無從投票。這類法律未提及種族，所以經法院認定並未違反第十五修正案。但由於內建在我們警察與司法體系中的種族歧視，所以美國黑人受刑法之衝擊要不成比例地遠大於白人。甚至於在某些州中，你哪怕是因為輕罪被關或是羈押候審（尚未負罪），都會實質上被禁止投票，因為沒有條款寫明他們究竟可以怎麼投票。為第十五修正案投下贊成票的國會議員要是知道這一點，肯定都會嚇一大跳。[31]

姑且不論其在現實中的侷限性，第十五修正案在十九世紀的美國歷史脈絡中，依舊是很了不起的一項成就。第十五修正案確認了奴隸制倒下不過短短幾年，非裔美國人就已經是「政治體」（body politic）中的平等成員。第十五修正案一經批准，便廣泛引發了歡欣鼓舞的反應。素日沉默寡言的葛蘭特給國會發送了宣言，當中他盛讚第十五修正案是「比起其他任何一種出自我們自由政府根基的同類行動中，重要性都還要更勝一籌的議案……是這個國家誕生以來所發生最重要的事件」。黑人稱第十五修正案是這個國家的「第二次誕生」，是「比一七七六年更偉大的革命」。南卡羅萊納州如今在重建時期政治中尋求一席之地的黑人廢奴主義者迪拉尼通報說，被解放的黑奴都相信是憑藉著第十五修正案，「美國憲法才總算由激進派的國會滌淨了顏色」。（迪拉尼認為這是共和黨那些白人散播出來的誤解，為的是讓黑人選民相信他們不是非得把票投給像迪拉尼這樣的自己人去擔任公職。）黑人宗教領袖看到幕後有一隻神聖的推手。第十五修正案的批准按非裔衛理聖公會（African Methodist Episcopal Church）的主教賈貝茲・坎貝爾（Jabez Campbell）所說，代表了「上帝在對美國奴隸制的聲討上，蓋上的最後一枚印記」。[32]

放眼全美，黑人社群舉辦了各種活動去紀念第十五修正案的批准過關。在傑克森（Jackson）* 的一場集會中，密西西比的黑人州務卿詹姆斯・林區（James Lynch）形容第十五修正案不僅是《獨立宣言》中各種理想的體現，也同時是民主運動與十九世紀的進步精神在全世界擴張的其中一波浪潮。在紐約市，「有色族群的人口……傾巢而出」來參加一場慶祝遊行，七千名黑人在百老匯上組成了浩浩蕩蕩的隊伍（當中的有色人種就跟美國憲法一樣，走得涇渭分明、男女有別）。慶祝活動手筆最大的地方，得算是巴爾的摩，那兒有約莫

* 譯註：密西西比州首府。

上萬人參加了黑人兵團、民兵連、產業工會、兄弟會等一系列組織的列隊遊行。[33]

廢奴主義者高呼第十五修正案是反奴聖戰的巔峰，是這場運動「最重大的勝利」。「革命從未如此功德圓滿過，」沉醉在幸福中的道格拉斯在紐約州首府奧爾巴尼（Albany）的慶祝活動上如是說。「我們盡得了我們的一切要求，我們的預期被遠遠超過。」「歷史的長河中未曾有過，」蓋瑞森喜不自勝地說，「這等美好、悄然與驟然的變化，讓四百萬個人類走下拍賣臺（auction block）[*]，一下來走到投票箱前面。」美國反奴協會在第十三修正案獲批准後仍決定不要解散，但現在他們總算覺得自己的工作告了一段落。其舉辦於一八六九年五月的年會在國會通過第十五修正案後不久，宣布該修正案是「我們所從事之運動的合頂石[†]與一個完滿的句點；至此我們完成了對黑人族群的誓言」。他們在年會上敦促廢奴主義同志們展開——以讓修正案獲得批准為目標的——最後一場奮戰，並做出了很不尋常的一個建議是讓國會在必要時（根據一八四五年將孤星共和國〔Lone Star Republic，德州加入美國前的舊稱〕併入聯邦之聯合決議案授權）將德州分割成新的數州，以確保第十五修正案能順利獲得批准。近一年後，批准過關，美國反奴協會解散。菲利普斯以勝利者的口吻說這個國家「已經在憲法上採行了該協會當成初衷的許諾——為有所人種確保所有他們生而為人與身為公民的權利」。牧師亨利・海蘭・賈奈特（Henry Highland Garnet）長年身為黑人激進主義的喉舌，發出了一聲逆風的異議，主要是他堅持認為美國依舊需要一個專門的組織去提升非裔美國人的權利與地位。但解散之議的表決基本上是一面倒贊成。[34]

然而有一群顯赫的改革者看不出第十五修正案的批准有什麼好慶祝的。該修正案固然禁止了基於種族因素的投票限制，但女性的投票權並沒有任何進展，而這就讓那個時代的女性主義運動出現了分裂。有些從事社運的女性認為第十五修正案是朝普遍選舉權跨出的一步，但她們的大多數同志都抨擊第十五修正案反而給女權樹立了一道新障礙。在修正案辯論期間的一場華府會議上，老牌黑人廢奴主義者羅伯．波維斯（Robert Purvis，其出身的賓州在一八三七年就剝奪了州內黑人人口的投票權）宣稱「他固然十分憤慨於自己被從公民的完整權利中放逐，但他可以等候那扇門開啟，直到其開口足以讓所有人都通過，不論是他的女兒也好，他的兒子也罷」。波維斯的兒子於是起身說哪一天有了投票權，他會為女性把門敞開。對此波維斯答道，「這我可信不過你」。波維斯知道某些黑人男性有著跟白人男性並無二致的父權視角。一八六九年一月，若干男性代表來到華府參加美國有色人種全國代表大會，為的是推動第十五修正案的通過，但就是這樣一批男性代表，卻抗議起了賓州一位女性代表哈莉葉．C．強森（Harriet C. Johnson）的出席。經過好一番辯論，哈莉葉．強森得以進入會場，

* 譯註：讓奴隸站上去給買家品頭論足的大石。

† 譯註：建築術語，相對於奠基石，釋放在建築頂端最後的一塊石材，代表建築至此完工。

只不過她似乎沒能在議程中發揮什麼作用。[35]

當然，透過參加群眾集會、散布請願書、以抗爭爭取公共場所的使用權，女性展現了她們在政治上的能動性。而不同於第十四修正案，第十五修正案的文字中並不含「男性」一詞，其用語並不妨礙州去授予女性投票權，且事實上也的確有些州會在十九世紀稍晚跨出這一步。但在美國這個選舉權是政治身分最重要象徵，沒有之一的國家裡，蘇珊・B・安東尼等女性主義領袖認為第十五修正案是對她們的一種「羞辱」，因為這讓女性成為了「在州立監獄與精神庇護所牆外，唯一被判定為無行為能力」去投票的人類。伊莉莎白・凱迪・史丹頓作為安東尼的長年合作夥伴，拿出了更加火爆的語言來表達她的不滿。第十五修正案，史丹頓控訴說，會讓「沒一個女人不矮任一個男人一截」。史丹頓把人種、族裔與階級偏見是怎樣的一團烏煙瘴氣，給說了出來。她宣稱第十五修正案「會讓那些無知的中國人、德國人，那些把他們的妻子跟牛、馬、南方黑奴一起綁在犁具上的男人，成為我們受過教育之女性的主人」。有回在並不是很隱晦地講述被黑人性侵的潛在危險時，她警告說第十五修正案會讓「黑人男性與全體女性」針鋒相對，進而導致「令人恐懼的怒火降臨到女性身上，特別是在南方各州」。[36]

一八六七年，史丹頓與安東尼遭到許多廢奴主義者的嚴辭批評，事由是她們在堪薩斯州從事女性選舉權的推廣活動，而同場的竟然有一位名為喬治・法蘭西斯・崔恩（George

Francis Train）的惡名昭彰的種族主義者——若按蓋瑞森的形容，這人是個「腦袋有問題的小丑兼半個神經病」。而她們反過來則是很氣憤於過去支持女性投票權的男性廢奴主義者，現在拋棄了她們，至少她們是這麼覺得的。史丹頓認為第十五修正案至少會釐清女權之戰的本質：隨著第十五修正案獲得批准，「這一仗將會是男與女的對決，開打在整片美國土地上」。[37]

不是每個女性投票權的支持者都認同史丹頓跟安東尼的立場。在一八六九年五月一場風狂雨驟的會議上，美國平權協會在尖酸的言辭中解散。道格拉斯批判起史丹頓，主要為了兩點，一來是她曾在發言中把黑人說成是帶有貶意的「桑博」，再者是她抱怨黑人園丁與擦鞋童會比傑佛遜跟華盛頓的女兒更早獲得投票權。「傑佛遜跟華盛頓的女兒跟尋常人家的女兒，有什麼不一樣嗎？」他問道。道格拉斯敦促女性主義者要樂見第十五修正案的問世。身為黑人女性，法蘭西絲・艾倫・瓦特金斯・哈波（Francis Ellen Watkins Harper）認同道格拉斯將優先性給予黑人男性選舉權的做法，她堅信這樣的取捨可以讓黑人族群整體受益。她籲請會議先支持第十五修正案的提案，然後再發起運動去推動讓女性擁有投票權的提案。這麼個立場已經被就算不是全部，也算得上大部分從事運動的黑人女性接受。反對者堅持認為第十五修正案會將美國政府轉變成「性的貴族統治」，並主張要批准第十五修正案可以，但要有配套的第十六修正案還女人投票權。

觀察到兩種立場「可能都沒有錯」，老牌白人廢奴主義者兼女性主義者露西・史東（Lucy Stone）給出的結論是女權運動應該要支持那有待批准的第十五修正案。時間來到年底，史丹頓、安東尼偕其追隨者組成了全國女性選舉權協會（National Woman Suffrage Association）來獨立爭取女性投票權，而哈波、史東、艾比・凱利（Abby Kelley）等人則成立了美國女性選舉權協會（American Woman Suffrage Association）這個與共和黨有關，所以也自然支持第十五修正案的女權組織。要是她只因為女性被排除就不支持黑人男性的選舉權，凱利表示——凱利曾在一八四〇年代擔任廢奴主義的巡迴講師，當時她為女性贏得公開發言權的貢獻之大，無人能出其右——「我恐怕會覺得自己是一頭自私的怪獸。」[38]

在第十五修正案的辯論期間，爭取女性選舉權的請願書如潮水般湧入了國會。其中一封「足足有四碼長」的請願書在一八六九年一月被送進了參議院。少數幾名激進派的共和黨議員決定支持這項請願。喬治・W・朱利安呈交了一份憲法修正案的內容是禁止「基於種族、膚色與性別」去遂行投票權上的歧視。然而大部分共和黨員都拒絕承認剝奪女性選舉權與他們將投票權等同於基本人權的看法，兩者之間有什麼衝突。被他們當成靠山來推託的，是兩性之間在理論上的先天差異（說起先天差異，黑白之間的這類看法至此都已經被不少人拋棄）。有些人翻出了已婚婦女在法律上無行為能力的原則，認為女主內男主外是天經地義。讓女性有票可投，按參議員洛特・莫瑞爾（Lot Morrill）所說，會「顛覆家政的基本原則，須知齊家的基本原則就是丈夫按人間或天上所有的實務與法理，都應該是代表著一家的主人」。賓恩不認為國會可以用多數決剝奪某部分公民的投票權，但也馬上補充說，「我是說某部分男性公民，因為在憲法裡提到『人』，指的就是男人。」薛曼呼籲推動一憲法修正案來支持「普遍選舉權」的原則，並解釋說普選的普意味著普通、普遍，意味著不容許各州有權去「以年齡、居住地與性別以外的任何事由」歧視公民。一個可以聲援第十五修正案的「強大支持論述」，《紐約時報》說，便是只要讓投票權的問題塵埃落定，由女性選舉權而起的「騷動」也會告一段落。《春田共和人報》以不可思議的先見之明，成功預測要過個五十年，才會有賦予女性投票權的修正案被加入到憲法之中。[39]

※　※　※

第十五修正案獲得批准，標誌著二次建國的完成。但徒法不足以自行，而憲法也是法，其修正案也無法號令天下默許之。很快就明朗的真相是在大量的南方白人心目中，奴隸制或許是壽終正寢了，但白人至上乃至於白人霸權的信念可沒有，一點都沒有。從重建時期的一開始，暴力就一直盛行於蓄奴州。黑白共治之政府的到來與第十四、第十五修正案的批准，激化了這種局面。在南方的各個角落，不論是前黑奴新贏得的權利，或是試圖實施跟保障這些權利的政府，都受到了持續的攻擊。這一連串的暴力行為在一八六〇年代尾聲與一八七〇年代初期有一群著名的罪魁禍首，便是南北戰爭後不久成立在田納西，然後擴散到整個南部地區的三K黨（Ku Klux Klan），其以暴力襲擊、縱火、與殺人害命等行徑，大範圍鎖定了各種敵人，如在地的共和黨官員與活動組織者、與白人雇主發生糾紛的黑人、學校老師、跨種族的夫妻、以及所謂的「南奸」（scalawag），也就是民主黨口中那些與共和黨結盟的南方白人。三K黨員一面宣稱其動機包括想保護白人婦女不受黑人男性侵犯，一面以性攻擊瞄準了黑人女性，並使其成為了他們暴力行動中的一大特色。特別是在某些黑白人口大致相等，且政治力量的均衡存在不確定性的郡內，三K黨的行動會如癌症般擴散為極端的暴力，任何人膽敢與白人至上的傳統作對，都會吃不完兜著走。[40]

這些氾濫的暴力看在黑人的眼裡，就是有人想限制他們的自由，剝奪他們新獲得的權利。「把法律之前人人平等掛在嘴上有什麼用，」一名前黑奴寫道，「現實中根本就沒有〔這種東西〕。」黑人不分男女針對他們承受到的怒氣所公開做出的證詞，擴充了自由與公民身分的概念去包含身體完整性的權利，乃至於人身能受到保護而不受傷害的權利。暴力行為的受害者冒著被報復的危險，通報了這類行徑給公務機關，並尋求在法庭上獲得彌補。要求獲得保護的信函與請願書湧入了南方州長們的辦公室，而隨著事實證明州長們沒有這樣的意願，或是心有餘而力不足，這些書信便把目標對準了國會跟總統。「有色人種的生命權、自由權、財產權在這個州裡，並沒有受到保障，」一群肯塔基的黑人在一八七一年如此寫道，並為此要求通過全國性的法律，「讓我們得以執行這些公民權利」。同一年，一場黑人代表大會在（已經回歸民主黨控制的）田納西發表了地方性的報告，當中描述了他們的權利是如何在州內的各個角落被侵害，包括很多時候面對暴力實施者，州政府竟毫無作為可言。「我們很欣慰有第十五修正案的通過，來自該州蒙哥馬利郡的報告稱，「但也很痛心地得知我們在這條法律底下得不到正義。」黑人代表大會在決議中表示田納西政府「違反了《民權法案》的規定，也違反了經過修正後的美國憲法」。但就是在共和黨仍得以掌權的過半南方州裡，政府對於壓制暴力也顯得束手無策。地方官員這麼一癱瘓，黑人不得不把希望的視線投向「中央政府的強力干預」。喬治亞州瑪麗埃塔（Marietta）的一名黑人領袖告訴在調查三K黨的國會委員會說前黑奴們「都期待能得到在華府之聯邦政府保護。……你可以去問我的任何一名黑人同胞，包括那些書讀最少的，他們都會跟你說一樣的話」。[41]

四處流竄的暴力，讓黑人人身安全與聯邦政府的責任問題被推到了權利與公民身分討論的風口浪尖。憲法保證的權利，可以這樣被私人暴力行為弄得形同無物嗎？難道憲法修正案能保護黑人不受到的暴力，只有——像一八七一年的肯塔基民兵成員進行的私刑——那種直接由州政府核准，手持州立軍械庫之武器的類型嗎？[42]國會執行三條重建修正案規定的權力之極限到底在哪裡？

一八七〇與一八七一年，南方不只一名共和黨員口中三K黨版的「恐怖治理」引發了鼎沸之民情，於是為了回應前述問題，美國開始透過立法去大幅擴張聯邦政府的權力，讓它們可以更有辦法對付暴力，保護公民，也保障公民受到憲法保證的權利。三部《執行法案》（Enforcement Act）所尋求的，是要動用聯邦政府的力量去補救崩解的南方法治。頭號《執行法案》，或稱《一八七〇年執行法案》（Enforcement Act of 1870）作為一個長篇幅又複雜的成文法，成為了聯邦在此後四分之一個世紀裡意欲保護投票權的各種努力的基礎。該法案訂出了罰則給基於種族因素歧視選民的州級官員，給使用強制力或脅迫去阻撓他人投票的「任何人」，也給（如三K黨那樣）喬裝改扮四處阻礙他人「自由執行」任一由憲法「給予或確保」之權利的兩人以上群體。該法案授權了聯邦法警去逮捕對公民之憲法權利實施犯行之人，並將這類案件的管轄權給到了聯邦法院手中（那兒的陪審團員必須發誓自己從來不是邦聯的支持者）。此外此《執行法案》還重新制定了一八六六年的《民權法案》，其效果包括讓「人身與財產安全」成為美國公民的一項權利，也包括展延《民權法案》的保障範圍及於公民以外的所有「個人」，讓《民權法案》的效力有了顯著的擴張。北卡羅萊納州參議員約翰・普爾（John Pool）身為首個《執行法案》的發起人，明言懲罰州的不當行為不是他提案最大的目的。他公開說為了執行第十四與第十五修正案，與個人跟官員相抗衡也是不得已。「要是我們沒有這樣的授權，」他補充說，「公民的自由會在這個聯邦的許多地方蒙受重大的危險。」

二號《執行法案》，即《一八七一年執行法案》（Enforcement Act of 1871）主要針對民主黨在北方的種種行徑，聚集於在大都市裡打擊選舉中的種種違規行為。三號《執行法案》——全稱《為執行美利堅合眾國憲法第十四修正案的規定暨達成其他目的而制定的法案》（An Act to enforce the Provisions of the Fourteenth Amendment to the Constitution of the United States, and for other Purposes），不過一般都俗稱《一八七一年三K黨法案》（Ku Klux Klan Act of 1871）或《三K黨法案》——將意欲剝奪公民之投票權、任陪審團員之權利、享有法律平等保護之權利的各種陰謀，訂為了可以在聯邦法庭中起訴的聯邦罪行，並授權總統可以暫停人身保護令的效力，進而動用軍隊去鎮壓此等陰謀。《三K黨法案》給了中央政府管轄權去插手原本完全歸州與地方執法單位處理的犯罪。[43]

對於州政府未能保護公民不受暴力侵害的情事，《三K黨法案》不假修飾地將之稱為「州對法律平等保護概念之否定」，藉此在全國性立法中插入了「州忽視」的概念。即便第十四修正案僅針對州所採取的行動，但印第安納州眾議員約翰·柯博恩（John Coburn）仍稱「沒能針對一大群公民的權利遭侵犯而去逮捕、審判、定罪、懲罰犯事者的這種系統性失靈」，本身就是對法律平等保護原則的一種違反。一州若是經由不作為，可以讓公民的權利「遭到踐踏而完全沒有了法定權利該有的模樣」，另外一名眾議員問道，「那這樣的憲法對其公民還有什麼用處？」紐澤西州參議員費德列克·T·弗雷林惠森（Frederick T. Frelinghuysen）說這種不作為，不論是有意還是無心，都觸發了「憲法賦予中央政府的權利，讓其可以去確保美國公民的基本人權能獲得保障」。[44]

國會裡出身南方的黑人與白人成員聯手，為這三個《執行法案》設下了滴水不漏的防線，為此他們將重點放在了「權利的大格局」以及特定的憲法條款上。他們對密西西比州的希拉姆・瑞威爾斯（Hiram Revels）——身為生而自由的牧師兼教育者，同時也是美國有史以來第一個非裔參議員——所謂「法律上的技術問題」表達了不耐，他們沒興趣知道干擾憲法權利執行的各種做法何者屬公共行為，何者又屬於私人行為。「我才懶得知道一部憲法的各種細節，」南卡羅萊納州的黑人眾議員喬瑟夫・F・雷尼（Joseph H. Rainey，其父是一名成功的理髮師，並在一八四〇年代花錢買下了全家人的自由）稱，「除非它能在其正當權力的羽翼下保護好一國的百姓」。這裡所謂需要保護的百姓，雷尼特別明示，他指的不僅僅是黑人，而是也包括身在南方的白人共和黨員。他補充說若憲法無法「針對人的生命、自由與財產提供安全性」，那這種憲法就該被「棄如敝屣」。[45]

這三部《執行法案》把由南北戰爭撒下種子的聯邦權力擴張帶到了憲法革命的外圍邊界。在以前，各州向來對殺人與傷害案件有著獨享的管轄權。加菲爾德丟出的問題是，聯邦政府能不能就這類案件將美國公民起訴？「此舉，」他宣稱，「會形同廢除了州的司法執行權」。對此如今在眾議院裡代表麻薩諸塞州的南北戰爭北軍將領班傑明・F・巴特勒

（Benjamin F. Butler）回覆說，「若是聯邦政府無法透過法律保護美國公民在各州的合法權利、自由與生命，那為什麼要把那些基本權利的保證放進憲法裡？」[46] 民主黨員集結起來反對這些《執行法案》，他們指控這些法案是對地方與州的權威一場前所未見的侵害，是政府「中央集權化」的「極端舉措」。某些共和黨人認為這些法律有著憲法修正案的授權，或是——如加菲爾德所說——有著「國會身負懲罰違法者之一般權力」的授權，但他們撤守了允許暫緩正常司法程序的條款。甚至有少數幾名共和黨員對聯邦執法的概念，完全不能接受。在對《三K黨法案》的辯論過程中，在參議院代表密蘇里州的舒爾茲說完整保留地方自治傳統，其重要性要更甚於「保護共和國公民權利的崇高職責」。川布爾抱怨說《三K黨法案》會「改變政府的性質」。他堅持認為第十四修正案只保障源自於國家公民身分的權利，而不保障源自各州公民身分的權利（這當中的區別如我們將在下一章看到的，很快就會〔在一八七三年〕最高法院於屠宰場案的判決中被援引）。舒爾茲與川布爾已經開始與黨的路線漸行漸遠。一八七二年，這兩人會加入其他不滿於葛蘭特政府與受夠重建的共和黨員，發起成立自由共和黨（Liberal Republican Party）的運動。隨兩人一同反對起《三K黨法案》的共和黨參議員只有區區三名，但確實有其他的國會成員對《三K黨法案》表達了保留的看法。麻薩諸塞州參議員亨利．L．道斯（Henry L. Dawes）說他有點不知道該不該投票支持《三K黨法案》，但要是不支持，另外一個選項就是要「放棄嘗試確保由憲法賦予美國公民的那些權利」。[47]

共和黨人明白軍事力量，有時是黑人能夠執行他們新獲權利而不會遭到暴力反撲的關鍵所在。雖然軍方對待黑人的紀錄也不是多光彩，但從重建時期的第一天開始，軍隊的存在就確保了被解放的黑奴能夠嘗試為他們所獲得的自由注入意義。在一國的內政上動用軍隊，對民主傳統來講似乎是一種倒行逆施。但即便如此，時任總統的葛蘭特仍在一八七一與一八七二年動用了三部《執行法案》賦予他的權力鎮壓三K黨。聯邦法警在美國南部多處抓捕了三K黨員。在北卡羅萊納州，整整作壁上觀了兩年的軍隊，很有效地壓制了該組織。在南卡羅萊納，總統葛蘭特於暴力為患最烈的九個郡暫停了人身保護令。軍隊逮捕了數百名三K黨員，該組織的多個領導人逃出了州境，當中有些前往加拿大尋求庇護，而那很諷刺地，正是南北戰爭前逃奴走過的路線。一系列在社會上動見觀瞻的審判繼之而起。整個算下來從一八七一到一八七三年，聯邦檢察官靠《執行法案》處置了近兩千五百起刑事案件，大部分的罪名都是陰謀阻礙投票，或以種族為由者剝奪個人的法律平等保護權利。檢方並沒有追訴他們的殺人或傷害罪嫌，因為這兩種罪行違反的是州法，而用聯邦的司法去處理州的犯罪的爭議，說不準會導致事情節外生枝。48

使用聯邦的司法流程去平定暴力，並不是很容易。甫於一八七〇年成立的美國司法部有人手不足的問題。一樁樁審判讓聯邦法院消化不良。許多被告都是鄉里上有頭有臉的人物，且地方上的白人顯然不太想以證人的身分得罪這些人。僅有不到一半的案子走到了定罪這一步，但就是這些判決，再加上聯邦政府大動作的打壓，粉碎了三K黨的支柱。於此同時，隨著民主黨偕自由共和黨共同提名了德高望重的反奴編輯何瑞斯．葛里利（Horace Greeley）參選總統，中央與地方上的民主黨員開始推動讓南方的暴力收斂一點，主要是他們擔心長此以往，暴力會把北方的選民愈推與遠。奧古斯特．貝爾蒙（August Belmont）身為著名的民主黨金主，警告說民主黨要是還盼著能在中央執政，就必須要設法讓社會大眾相信「我們願意以其現在的模樣……接受憲法」。一八七二年，在一次昨非今是的急轉彎中，民主黨切割了自己原先的信條，驟然在其全國性競選政綱宣布他們反對「重啟那些已經由第十三、第十四與第十五修正案敲定的問題」。那年在南方的選舉是放眼整個重建時期，所有人最心平氣和的一次。在總統選舉中，葛里利的選戰打得慘不忍睹；葛蘭特不僅順利連任，而且創下十九世紀一次以差距大著稱的勝選。[49]

※　※　※

隨著第十五修正案獲得批准，克萊門梭向他的法國讀者報導說，「解放黑奴的革命終於告一段落。」但在恭賀勝利的演說與社論中，我們仍看到了不祥之兆。國會通過修正案時，葛里利任職編輯的《紐約論壇報》稱頌這讓「我們做到了言行一致，行為與原則對得上了」，但也補充說這將「讓黑人這個始終存在的問題永遠從全國性的政治中除名」。葛里利那不切實際的總統選戰一敗塗地，但那讓人看到了至少有某些頗具地位的共和黨人如今呼應並同情起了南方白人的不滿，即重建很不智地排除掉了社會上一些「天生的領袖」，使他們無法獲得政治權力，進而導致了腐敗與錯誤的治理。一八七二年，南方一所黑人學校的老師表示鎮壓三K黨讓我們學到的一課，就是全靠「絕對碾壓的力量……才讓〔黑人〕保住了其以血的代價獲得的特權」。但許多共和黨員相信聯邦的干預不能永遠持續。「自由與奴役在這個國家裡的角力，」加菲爾德宣稱，已經結束了，自由是最後的勝利者。「第十五修正案，」他補充說，「將非裔美國人的命運，交到了他們自己的手中。接下來會如何，就得看他們自己怎麼做。」在加菲爾德那獲得許多共和黨領袖呼應的評論中，潛藏著日後北方從重建撤守的徵兆。[50]

就在第十五修正案獲得批准後不久，佛蒙特州參議員莫瑞爾表達了他的希望是「目前還只在軟骨階段的」三條憲法重建修正案「可以有朝一日硬化成憲法的骨幹」。[51]莫瑞爾的比喻或許不是那麼典雅，但那確實反應了許多美國人的期盼是二次建國的諸原則，假以時日可以贏得足夠廣泛的支持來成為美國人對於自身法治與憲法秩序的理解裡，最基本的一塊。但從一八七〇年代初期開始，一名新的主角站了出來，加入了關於三條重建修正案之意義的辯論。在一系列涉及後續幾十年發展走向的決定裡，最高法院會與之激烈碰撞的一個問題是憲政體系與公民權利在轉變的路上，已經走了多遠。而最高法院給出的答案對於非裔美國人，也對於人人平等之民主社會的重建時期夢想，將會是災難一場。

第四章　正義與判例法*

一八八五年，巴爾的摩有一群非裔美國人聯手挑戰馬里蘭州的一部成文法，該法律規定了只有白人才可以擔任執業律師。推而廣之，該團體希望能為黑人全體確保他們「身為公民的權利」。這群非裔美國人裡有神職人員、商人與律師，其中律師很多都畢業於霍華德大學成立於一八六九年的法學院。第一任院長蘭斯頓身為一名南北戰爭前的廢奴主義者以及在俄亥俄州取得律師資格的非裔第一人，強調黑人律師的職責所在，是要在法院裡為平等而戰。他們的這個新組織，自稱為「自由兄弟會」(Brotherhood of Liberty)。[1]

作為戰前自由黑人群聚的大本營，巴爾的摩有著全美最多的自由黑人人口，同時這裡也

* 譯註：此處的「判例法」原文為jurisprudence。本章的標題來自黑人團體自由兄弟會於一八八九年出版的著作*Justice and Jurisprudence*，該作批判美國最高法院於重建修正案通過之後，在相關判決中對這三條修正案做出之解釋所形成的法律見解或體系。作者沿用自由兄弟會的用詞，對其所要批判的最高法院相關判決所形成的法律見解，以jurisprudence稱之。因為這套體系性的法律見解，是由最高法院判決累積、匯聚而成，故本書譯為判例法。特別感謝林子儀前大法官與中央研究院法律學研究所研究員許家馨的建議。

長期是黑人公民運動的重鎮。費德列克．道格拉斯（這名美國在與奴隸制及種族不平等的奮戰中，最具聲望的黑人領袖，同時也是土生土長的馬里蘭州子弟）現身自由兄弟會第一場公開會議的身影，體現了兄弟會與過往黑人抗爭的連結。自由兄弟會的首任會長是哈維．強森（Harvey Johnson）牧師，他很快就交棒給霍華德大學法學院畢業的艾佛瑞特．J．瓦林（Everett J. Waring），且瓦林還在兄弟會說服州議會撤銷對黑人律師的執業禁令後，成為第一名獲准在馬里蘭州執業的非裔美國人。一八九〇年，瓦林成為繼一八六五年的麻薩諸塞州律師約翰．洛克（John Rock）後，又一個在最高法院辯論案情的黑人律師。這並不是自由兄弟會唯一的成就。在該會成立的時候，巴爾的摩學校體系裡一個黑人教師都沒有，正是憑藉著他們的努力爭取，這座馬里蘭州大城很快就開設了一間給黑人學童就讀的學校，校內的師資都是黑人。[2]

一八八〇年代是放棄重建時期目標的十年過渡期。兩大黨領導層之間的「一八七七年協商」（bargain of 1877），化解了一八七六年選舉的爭議，並將共和黨的拉瑟福．B．海斯（Rutherford B. Hayes）拱上總統大位，代價是承認民主黨對全數南方州的控制。但以吉姆．克勞為名的白人至上新體制要等到一八九〇年代才會徹底實施。在一八八〇年代，雖然人數持續遞減，黑人仍持續享有投票權並擔任公職，同時黑人原告勝訴的次數出奇地多。自由兄弟會向州級與聯邦法院提起了很多案子，為的是挑戰各式各樣的種族歧視，而當中不乏成功的案例。兄弟會這種以訴訟爭取平等的策略，很快就啟發了其他地方的組織團體效法，例如全國非裔美國人聯盟（National Afro-American League）、非裔美國人理事會（Afro-American Council），以及公民委員會（Citizens' Committee），其中公民委員會將普萊西訴佛格森案（*Plessy v. Ferguson*）* 一路上訴到最高法院。這些團體固然存在時間不長，但它們都奠定了全國有色人種協進會（National Association for the Advancement of Colored People, NAACP）在二十世紀的法律倡議運動的基礎。一九〇六年，自由兄弟會的第一任會長哈維・強森會在尼亞加拉運動（Niagara Movement，全國有色人種協進會的前身）的大會上發表禱詞，地點在西維吉尼亞洲的哈珀斯費里（Harper's Ferry）。[3]

然而在一個方面上，自由兄弟會是非常獨特的。在一八八九年，該會出版了《正義與判

* 譯註：普萊西訴佛格森案是一八九六年由美國最高法院裁定的里程碑案件，該案件確立了「隔離但平等」的法律原則。案件源自一八九二年，當時非裔火車乘客荷馬・A・普萊西（Homer A. Plessy）進入了白人專用的車廂，因此被補，並被控違反了路易斯安那州的《隔離車廂法》。最高法院在一八九六年五月八日以七比一的票數駁回了普萊西的上訴，並裁定《隔離車廂法》無違憲之處。此一判決使種族隔離得以在公共場所中合法實施，並一直延續到二十世紀的六〇年代，直到一九五四年的布朗訴教育局案才被推翻。此案中的佛格森是指約翰・霍華・佛格森（John Howard Ferguson）。佛格森身為路易斯安那州的法官，在審理火車車廂隔離案時駁回了普萊西的上訴，認定路易斯安那州的隔離法律合憲，此判決後來獲得美國最高法院裁定成立。

例法》（*Justice and Jurisprudence*，作者不詳，但合理推測是艾佛瑞特・瓦林），這是美國黑人族群首部批判與重建修正案有關之最高法院判決的長篇著作。《正義與判例法》想傳達一個無比清晰的訊息——平等公民權的承諾遭到了「司法解釋的危害」。作者提出別種解釋修正過的憲法的方式，這種解釋是基於他對聯邦執法權力的廣泛理解，以及對承繼自南北戰爭前公民、政治與社會權利截然區別的排斥，而法院卻急切於採納這些區別。作者在文中表示為反映奴隸制的崩毀與重建修正案的出現，美國需要一種能與「社會與產業的發展相符」的新判例法。[4]

隨著二次建國告一段落，緊接而來的是對其意義的詮釋之戰。國會負責頒布法律來執行新的憲法修正案，州與聯邦法庭則負責解釋這些修正案的條文。

世紀之交的一名法官說第十四修正案「幾乎是天天……都被援引」來主張各式各樣的權利。最終還是要交由最高法院來解釋憲法修正案。確實從一八七三年到十九世紀末，最高法院判決了超過一百五十個源自重建修正案的案子，但當中只有大約二十個涉及憲法在美國黑人身上的應用，這數字要遠低於企業挑戰州法規定的案件數。但時間拉長，法院還是在美國背離重建時期理想的漫長過程中扮演了關鍵的角色。這是一個漸進的過程，而其結果從來不是完全一面倒，且每一個案件都牽涉到獨特的法條、事實與判例。近年來的學者已經不將重建理想的背離全數歸因於司法上的種族歧視，而是也考慮到聯邦制的根深蒂固——很多法官擔心通行全國的權力如果擴張過度，各州的法定權力會被嚴重削弱。然而對非裔美國人而言，理由是一回事，現實中的結果並不會因此有所不同。黑人嘗試在廢奴的基礎上擴充憲法權利的廣泛觀念，但遺憾的是這些觀念並不穩固。[5]

源自二次建國一系列互有關聯的問題，亟須解決。憲法修正案對於聯邦體系造成了何種程度的具體改變？第十三修正案只是禁止把人當成動產的狹義奴隸制，還是其禁令也涵蓋奴隸制的「標誌與附帶事項」，這些概念又各自該如何定義？第十四修正案的關鍵條款，包括公民的「特權或豁免權」條款與「法律平等保護」條款，各是什麼意思？這些條款的文字是只適用於黑人，還是對全體美國人一體適用？第十四修正案是也保護非裔美國人不受民間個人或企業對於其權利的侵犯，還是只限於保護州法與公務員行為對其權利的侵犯？當中有沒有涵蓋黑人所稱的「公共權利」(public rights)，像是運輸業者與公共場所給予的平等待遇？人人平等的承諾對女性地位，有沒有什麼樣的影響？第十五修正案禁止「以種族為由」褫奪人的投票權，但這有沒有一併禁止那些表面上不涉及種族，但擺明了就是在限制黑人投票權利的法律？第十五修正案有沒有授權國會將那些妨礙人投票的私人行為入罪？關於前述種種議題，最高法院都進行了《紐約時報》所稱「一段漫長的定義過程」，直到世紀之交才完成。[6]儘管有其他解釋方式可供選擇，但幾乎無一例外地，最高法院都選擇了限縮二次建國影響範疇的詮釋。

其中第十三修正案幾乎是立刻就陷入了停擺。首席大法官蔡司在一八六七年的一場巡迴庭審中援引了第十三修正案來推翻馬里蘭州有一條法律容許法庭將黑人孩童指派給白人雇主當學徒，不需要父母的同意。[7]他稱這構成了一種違憲的非自願奴役。但極少有判例法的見解跟進。最高法院接連駁回了各方認為不同形式的種族不平等構成了「奴隸制的標誌與附帶事項」的主張，於是國會也就無法藉由廢奴的第十三修正案立法反制這些歧視。

在詮釋第十四修正案時，最高法院將憲法保證賦予公民的「特權或豁免權」縮減到幾乎喪失意義，並在公民權利與「社會權利」之間劃出一條明確的界線，由此將私人企業的種族歧視視為對憲法平等法律保護原則的違反而加以禁止的各種努力，也就一夕遭到推翻。最高法院將「州行動」主義奉為圭臬，嚴格限縮聯邦對於權利的保護，除非州通過明顯帶有歧視的法律。最終，最高法院做出的結論是由某一州合法實施的種族隔離並沒有侵害美國黑人的平等權利。大法官們堅持認為第十四修正案並未顯著改變州與聯邦之間的權力均衡，也不接受州面對基於種族不平等的暴力或其他表現的不作為，可以是聯邦干預的正當理由的這類主張。然而聯邦制不是沒有極限。最高法院愈來愈傾向於將第十四修正案解釋為保護企業權利而非前黑奴權利的手段，由此他們否定了州對於工作條件跟鐵路費率的規定，理由是那違反了「正當法律程序條款」所保障的「契約自由」。最高法院「從州的立場出發處理公民身分問題，同時以聯邦的立場出發處理商業問題」。[8]

一開始，最高法院採取較為健全的觀點看待第十五修正案，他們認為第十五修正案創造出一種由憲法保障的新權利——黑人男性的選舉權——並為聯邦落實該權利留下空間。但到了世紀之交，最高法院這種比較正向的看法也難以為繼。至此只要剝奪投票權的法律沒有明確提到種族，那麼大法官們就不會有所行動，即使絕大多數的南方黑人男性都無法投票，他們也拒絕干預。

從一八七〇到一九〇〇年，有二十四名男性曾在最高法院擔任大法官。當中如山謬爾・米勒（Samuel Miller）、史蒂芬・J・菲爾德（Stephen J. Field）、喬瑟夫・P・布萊德利（Joseph P. Bradley）與約翰・馬歇爾・哈爾藍（John Marshall Harlan）都是才華洋溢的法學專家，他們的書面意見都對法律原則的演進做出了重大貢獻。但不過分地說，其餘多數人都是對法學發展幾無影響的庸才。這些人大都出身富貴人家，而且在加入最高法院前，他們擔任律師的生計大多仰賴鐵路公司等大企業的生意。多數的大法官是共和黨員，畢竟那些年的總統大位多落在共和黨手中。然而這些大法官沒一個在國會辯論跟通過憲法修正案的期間擔任過議員，與美國黑人之間也少有重要的接觸交流。尤有甚者，在蔡司於一八七三年去世後，與戰前反奴運動及由該運動發展出來的權利憲政主義有過切身連結的大法官，已經寥寥無幾。除了哈爾藍，沒有人將保障黑人權利視為比維繫傳統聯邦制與捍衛財產權更重要的優先事項。到了一八九〇年代，最高法院的成員多了一位愛德華・D・懷特（Edward D. White），他是一名對重建時期恨之入骨的前邦聯士兵，曾在年輕時參加由白人準軍事組織籌劃的行動，試圖推翻路易斯安那州的黑白共治政府。懷特將於一九一〇年出任首席大法官一職。[9]

《正義與判例法》的匿名作者提到法官無論有意與否，都很容易受到身邊「整體感受與行動潮流的左右」。而最高法院無疑也受到一八七〇年代共和黨支持重建的共識瓦解，以及此後數十年日益遠離該理念的影響。按照民主黨員與自由共和黨員所言（後者自詡為從北到南，「最優秀之人」的代表），大法官們也同樣認為聯邦的擴權已經太過，而黑人則必須學著自己站起來，不要什麼都想靠聯邦干預來替他們出頭。這些看法不可避免地影響了對重建修正案的解讀。隨著時間過去，肆無忌憚的種族歧視開始愈來愈盛行於全美的文化中，在最高法院的判決裡也變得日益明顯。[10]

「最高法院的判決，」《紐約論壇報》在一八八〇年評論道，「毫無疑問修復了這個國家的原則與政策。」但重建修正案如參議員薛曼所稱，是「令共和黨自豪的驕傲」，且最高法院的許多判決都引發了來自黑人的意見領袖，以及共和黨領導層與各報紙相當尖銳的不同意見。最早在一八七五年，莫頓就在參議院指控憲法修正案遭到「解釋的毀滅」。十三年後，一八八四年總統候選人布連恩在他的回憶錄《二十年國會生涯》（*Twenty Years of Congress*）中抱怨都是因為最高法院的各種判決，聯邦政府才被剝奪了權力，無法保護南方的黑人不受個人與暴民的「暴行」所傷。布連恩堅稱投票通過第十四修正案的那些人是「真心相信」該法給了國會「遠大於司法調查與判決留給他們的〔行動〕空間」。最高法院對於憲法修正案的狹隘解釋是一種選擇，而不是公共輿論或歷史脈絡下的必然。大法官們的行為不只是反映了民間的情緒——他們也在這些情緒上推了一把。且他們大部分人在審議判決時都不太或完全不去反思這些判決會對美國的黑人造成什麼樣的實際影響。整體而言，十九世紀末的最高法院判決在美國的種族、公民身分與民主史冊上，留下了令人遺憾的篇章。[11]

※　※　※

在一八七〇年代初期，就在國會推動重建立法的同時，涉及二次建國的案件開始出現在最高法院的待審清單上。其中第一個這類案子，牽涉到在一八六六年版《民權法案》下，聯邦權威的範疇。宣判於一八七二年的「布萊烏訴美國政府案」(*Blyew v. United States*)，起源於一樁駭人聽聞的命案，持斧頭行兇的是布萊烏與另外一個白人，遇害的則是肯塔基州一個黑人四口之家。肯塔基州的聯邦檢察官班傑明．H．布里斯托（Benjamin H. Bristow）將此案由州轉到聯邦法院，因為肯塔基州當時還不允許黑人在涉及白人的案件中作證。在聯邦法庭上，兩個白人兇嫌原本已經被判有罪，但在首席大法官蔡司沒有參與的情況下，最高法院最終以六比二的表決票數，推翻了死刑判決。

布萊烏案的判例一出，不難想像之後會有更多最高法院判決把傳統的聯邦制觀點置於對黑人的保護之上。執筆主要意見書的大法官威廉・斯壯（William Strong）是總統葛蘭特於一八七〇年任命為大法官的專利權與商業法專家，他不諱言《民權法案》「旨在修正」南方州各種嚴重的種族不平等。事實上此案毫無疑義地是兩名白人兇手犯下了慘絕人寰的命案，且其動機就是種族間的敵意，但斯壯似乎更關心怎麼反制他心目中聯邦權力在重建時期的危險擴張。《民權法案》准許將案件從州法庭轉移到聯邦法庭，前提是有「受該案件影響」之人無法在州法庭得到平等待遇。抓著這一點，斯壯宣稱本案中「受到影響」的兩造，分別是兩名被告與起訴他們的美國政府，至於潛在的黑人目擊者與命案受害人與其家屬則沒有被影響到。「本院不認為，」斯壯寫道，「國會真的想要授予〔聯邦〕法庭對民刑事所有案件的管轄權。」

前鐵道案件律師、時任大法官的喬瑟夫・P・布萊德利也是葛蘭特任命的大法官，發表了帶刺的不同意見書，加入其意見的是由林肯任命的諾亞・H・史維恩（Noah H. Swayne）。這樣的多數判決，布萊德利宣稱，採用的「法律見解過於狹隘、過於技術取向，且忘卻了立法原本旨在達成的開明改革目標」。黑人無法在涉及白人的案件中作證，「影響到」該種族全體，所以將這個案子移交給聯邦法庭完全是恰當之舉。布萊德利警告，這次的判決會賦予「有仇必報的法外之徒或重刑犯無節制的許可與不受罰的金身……讓他們殺起黑人毫無顧忌」。但布萊德利的不同意見書真正的突出之處，在於他對第十三修正案極其寬泛的解釋，《民權法案》正是在這種解釋下才得以通過。布萊德利表示奴隸制「會朝四面八方延伸其影響力，任何可以打壓黑奴及其種族、剝奪他們投票權的機會，奴隸制都不會放過」。廢奴不僅意味著「敲掉奴隸的腳鐐」，更是要徹底消除「奴隸制的附帶現象與衍生後果」，並保證解放之人可以「完整享有公民的自由與平等」。拒絕讓「社群中的一整批人」於法庭中作證，布萊德利補充說，「就等於往這群人身上烙下奴隸制的標誌」。最高法院永遠都不會採用布萊德離這種對第十三修正案的廣義見解，而在十數年後，他本人也會背離這樣的見解，在著名的「民權案例」(*Civil Rights Cases*)*中成為主要意見書的執筆人。[12]

另一個影響更為深遠的判決，或按某報紙所說「出自最高法院法庭最重要的判決之一」，發生在一八七三年。其起源是路易斯安那州的重建政府頒布了一項法律，在紐奧良下游地區

* 譯註：一八八三年，美國最高法院對一系列相類似的五個重要案件進行統一判決，其涉及的是一八七五年的《民權法案》的合憲性問題。一八八三年十月十五日，最高法院以八比一的票數認定第十三與第十四修正案並未授權國會禁止民間個人的種族歧視行為。最高法院認為第十三修正案僅廢除了奴隸制，而第十四修正案不適用於私人實體，因此國會無權透過法律禁止私人的種族歧視行為。「民權案例」判決導致南方各州大肆推行種族隔離制度，該局面直到一九六〇年的《民權法案》後才逐漸改善。「民權案例」的主要意見書由大法官布萊德利撰寫，他認為一八七五年的《民權法案》違憲，而大法官約翰．馬歇爾．哈爾藍則是唯一的反對者，哈爾蘭認為這個判決削弱了憲法修正案的精神。

建立了單一間屠宰場，以此來取代在市區營運的許多家。法律規定現有（全屬白人）的屠戶要把他們的牛與豬帶到新址屠宰。該設施也對黑人開放，黑人現在想進這行只需向合作的屠宰場繳交一筆費用，不需要自立門戶。屠宰場往往會把廢棄物傾倒進密西西比河，對公共衛生造成嚴重威脅，而新法就跟南北戰爭後許多州與地方政府所立之法規一樣，是為了要防止疾病的擴散。然而屠戶們卻為此提出告訴，他們主張新法讓屠宰變成政府的獨占事業，而這就侵犯了他們從事合法職業的權利。他們主張這牽涉的自由勞動原則，受到第十四修正案中美國公民享有之「特權或豁免權」的保證。他們還宣稱州議會是收受了賄賂，才會強渡關山要通過這項法律。

在這些合稱「屠宰場案件」（*Slaughterhouse Cases*），對新法提出的訴訟之中，存在很多諷刺之處。將第十四修正案的內涵推廣出去，讓世人有所理解的受害方不是前黑奴，而是這些白人屠戶。他們的首席律師約翰・A・坎貝爾（John A. Campbell）曾是最高法院的一員，在德雷德・史考特案中投票支持主要意見，後來還在南北戰爭時擔任邦聯方的戰爭部長。坎貝爾希望利用這個案件削弱路易斯安那雙種族立法機構的正當性。為達此目的，他基於聯邦政府高於各州的地位，提出了一種對第十四修正案的聯邦主義式詮釋。[13]

表決的結果是五票對四票，最高法院肯定了路易斯安那州的新法合憲。由林肯任命為大法官的山謬爾・J・米勒（Samuel J. Miller）在其執筆的判決意見書中確認了根據傳統的州警察權，州議會管制屠宰業並無不當。該案件原本可以到此為止。但米勒心血來潮地給人上了一小段歷史課，為的是「賦予」第十三與第十四修正案「解釋」，並表示這是最高法院如今「首次」肩負起的「重大職責」。米勒侃侃而談奴隸制「無疑」曾是戰火爆發的起因；黑人藉由在聯邦軍中奮戰已經「證明了自己是條漢子」；黑人法令與其政治權利遭受的剝奪，讓黑人居於次等地位；而重建修正案「一個眾所周知的目的」就是要促進「奴隸種族的自由」，讓他們的權利獲得保障。

然而在定義這些權利的時候，米勒卻大幅壓縮了第十四修正案中特權或豁免權條款的意涵，以至於該條款的意義幾已蕩然無存。米勒堅稱二次建國並未從「根本上」挑戰聯邦體系。他說二次建國無意「用國會的控制力讓州政府感覺綁手綁腳或受到貶低」，也不是要把最高法院變成州法的「永久審查者」。他接著說第十四修正案只保障那些源自國家公民而非州公民身分的權利，包括使用美國「可航行水域」與海港的權利，在公海上與在海外旅行時獲得保護的權利，以及透過「和平集會」針對聯邦政府所為維護自身權益的權利。其餘的一切都仍在各州的管轄範圍內。[14]

米勒堅定認為促成第十四修正案的「歷史過程」仍「對我們所有人而言都記憶猶新」。但他的描述顯然已經偏離了大部分國會議員覺得他們在一八六六年時達成的成就。那屆國會認為自己對各州建立起了廣大的聯邦監督網，而第十四修正案的文字內容適用於全體美國人。第十四修正案宣告所有出生在美國的個體都同時具備國家跟所居該州的公民身分。這兩類公民身分理應相輔相成，但在米勒眼中兩者卻顯得井水不犯河水，甚至有些互斥的感覺。多數共和黨員認為「特權或豁免權」涉及的權利要遠比米勒輕描淡寫的那些重要許多。如第二章講到過，這些特權或豁免權對賓恩而言，涵蓋了被條列在《權利法案》中的那些權利（米勒完全沒提到《權利法案》）；對許多其他人而言，特權或豁免權包含了與自由勞動有關的權利，像是一八六六年《民權法案》所保護的那些。屠宰場案的判決引發國會內外共和黨員的一片撻伐。威斯康辛州參議員提摩西・豪伊（Timothy Howe）將之比喻成德雷德・史考特案。布里斯托擔心第十四修正案的第一項作為美國憲法「王冠上的璀璨光華」，已成為「司法解釋糟蹋的對象」。[15]

跟屠戶站在同一邊的、四名持不同意見的大法官支持對於公民身分的聯邦主義式理解，以及對公民權利的廣義解釋。主要的不同意見書*是由史蒂芬・J・菲爾德這名出身加州並由林肯提拔至最高法院的聯邦派民主黨員執筆。菲爾德早年並未投身反奴運動，也算不上戰後重建的支持者。比起前黑奴的死活，財產權才是他遠遠更為關心的議題。他擔憂的是美國北方與西部日益壯大的反壟斷、勞權與葛蘭傑運動（Granger movement）†等社會風潮，其具體訴求包括呼籲各州管制鐵道運輸費率、確立法定每日工時為八小時，外加經濟受到的方方面面的干預。他希望看到第十四修正案經過解釋，成為企業面對這些干預時的保護傘。

一八七三年的菲爾德還屬於少數派，但隨著全國政治的焦點從奴隸制與南北戰爭等議題轉移到強大企業所扮演的社會角色與勞資關係上，菲爾德的觀點將在十九世紀末的「契約自由」判例法中勝出。[16]

在他對屠宰場案的不同意見書中，菲爾德對米勒那狹隘的第十四修正案解釋提出了一項強而有力的反駁。他堅稱公民現今的基本權利是源自國家而非各州。如果主要意見的憲法解釋是對的，那麼第十四修正案就成了「虛榮而無用的立法，具體而言沒有達成任何事情，它的通過非常沒必要地激發起國會與民眾的興奮之情」。在另一份不同意見書中，布萊德利堅持認為由於二次建國，國家公民身分如今是主，州公民身分是副，而戰前的聯邦體系有了根本的改變。這兩名大法官都指出第十四修正案中關於特權或豁免權的文字涵蓋了「全體公民」，而非只有黑人。同樣持不同意見的史維恩大法官斥責屠宰場案的多數判決「過於狹隘」，且並不符合修正案制定者的初衷。在戰前，憲法提供了「充分的保護……以防止」來自中央政府的「壓迫」，但對於「州的壓迫」則無計可施。戰後的憲法修正案標註了「美國憲法史上

---

* 譯註：在屠宰場案中持不同意見的四名大法官，分別撰寫了四份不同意見書。

† 譯註：葛蘭傑運動是一八六〇年代由美國農民組織起來，以鐵路公司與穀物倉庫業者之壟斷行為為假想敵的社會運動，得名於其主導者「全國農場主互助會」（National Grange of the Order of Patrons of Husbandry），宗旨是促進採購與銷售的合作、推動法律改革、強化農民群體在政治上的影響力等。

一次……嶄新的再出發」，而屠宰場案的多數決在此大大走起了回頭路。第四位持不同意見的人是首席大法官蔡司，最初催生出第十四修正案的反奴憲政主義的主要構築者。病重之軀讓蔡司無以寫下意見書，判決出來不到一個月他便與世長辭。[17]

身為共和黨在愛荷華州的創黨元老之一，米勒似乎想到透過支持路易斯安那重建州議會所立的法律，他等於在保障前黑奴的公民與政治權利方面出了一分力。只要黑白共治政府存在，黑人便可以倚賴各州來保障這些權利。確實，某些南方報紙譴責該案的判決，因為那彷彿強化了各個重建政府的力量。要是重建工作在「於南方永久建立起一個代表黑白雙方利益且尊重彼此權利的政治體系」這層意義上成功了，那麼屠宰場案判決對於聯邦監督各州能力的限縮就不是什麼大問題。但現實的發展是屠宰場案毫無疑問造成了負面的影響。這個判決掏空第十四修正案的特權或豁免權條款的程度之大，甚至讓它「不再具有憲法上的意義」，直到數十年後，該條款才又再次出現在最高法院的判決之中。一去不返的是賓恩希望藉由此條款要求各州尊重條列在《權利法案》中的各種自由的信念。因此黑人乃至於其他美國人，都被剝奪了一條可以伸張他們有所擴張之權利的潛在憲法途徑。然而按照紐奧良的一份報紙所說，這個判決確實導致「屠宰場公司股票」的需求大漲。[18]

在屠宰場案判決出爐的隔天，最高法院駁回了另一項試圖賦予第十四修正案更廣泛意涵的努力。這次的爭點在第十四修正案有沒有禁止各州以性別為由給予歧視性待遇。重建時期留給美國女性的是一份良莠不齊的遺產。黑人與白人女性手中沒有選票，但在當時的政治事務上十分活躍。重建時期的平等主義邏輯與廣義的公民身分認定，啟發了許多人為自己主張新的權利。確實，透過把男性一詞導入憲法，第十四修正案隱晦地證實了女性在政治上的次等地位。但其第一項條文並未提及性別，於是女性社運分子很快就主張其對於公民特權或豁免權暨法律平等保護的保證讓許多剝奪女性基本權利（含投票權）的州法失去效力。[19]

在重建時期，長久存在的「女性問題」首度出現憲法層面的探討。最高法院在「布拉德韋爾訴伊利諾州案」（*Bradwell v. Illinois*）中面對此議題。重要的女權倡議者麥拉・布拉德韋爾（Myra Bradwell），在一八六八年創辦了《芝加哥法治新聞報》（*Chicago Legal News*）這份在該州律師圈裡獲得廣泛訂閱的週刊。但當她試圖自己也成為一名律師時，卻遭遇伊利諾州最高法院判決的阻撓，該判決認為以律師身分執業是男性的專利。伊利諾州最高法院才剛判定以某職業營生的權利並未伴隨國家公民身分自動獲得，因此輕而易舉地駁回了布拉德韋爾的上訴。表決的票數是八比一——在屠宰場案持不同意見的人裡面，僅有病重的蔡司身為女性投票權的支持者（雖然他也認為那個時代的女性主義者對於投票權的期待「太急了一點」），表示不同意見，只不過他一樣受健康因素影響，沒有寫下意見書。[20]

如同在屠宰場案中，為布拉德韋爾訴伊利諾州案寫下簡要主要意見書的任務落在了大法官米勒的身上。布萊德利在他對屠宰場案的不同意見書中堅持認為州不能干預人謀求生計的權利，這次他則自行發表了協同意見書。何以屠戶可以按第十四修正案主張有效的自由勞動權，而布拉德韋爾就不能比照辦理呢？「自然」與「神聖的法令」，布萊德利寫道，提供了答案：「居家的範疇，才是合理屬於女人身分之領域與功能的地方。」布萊德利滔滔不絕地在討論中提及女性脫離丈夫便無「法律身分」的普通法原則，並堅稱「造物者」已經諭令「女性至高的天命與任務就是盡到為人妻子與母親的高貴與慈愛之職」。奴隸制的終結並未改變性別之間的自然區隔，因此出於男女有別的歧視並未違反法律平等保護的原則（同時不論對女性奴隸的剝削有多惡劣，都不能被視為奴隸制的標誌）。[21]

若干報紙對該案的描述呼應了布萊德利那居高臨下的觀點。《克里夫蘭誠懇家日報》（*Cleveland Plain Dealer*）形容布拉德韋爾是個「一頭捲髮的小女人，生著深色的眼睛與姣好的容貌」。該報可不曾跟讀者介紹過紐奧良那些屠夫的長相。然而布拉德韋爾案的判決並沒有完全反應南北戰爭後的男性觀點。南方各重建政府採取行動逐步擴張女性的法定權利。南卡羅萊納州完成了離婚的合法化，離婚戰前在該地原本是被徹底禁止。密西西比州擴大了女性的財產權，並准許女性在決定是否要發行烈酒販售執照的地方性公投中投票。全美有好幾州頒布了讓已婚婦女有權處置她們所掙得工錢的法律。就在最高法院審議判決的同時，伊利諾州自身也頒布了准許女性成為執業律師的法律。布拉德韋爾並未再次申請執業，但在一八九〇年，伊利諾州最高法院主動下令准許她成為律師。[22]

女性投票權的議題在重建時期的政壇占據重要地位。女性此時已享有在懷俄明與猶他領地*投票的權利，其他地方的投票權則持續爭取中。數百名女性社運人士堅持第十四修正案的公民身分條款已經把投票權擴及至全體男性與女性身上，並因此試圖在一八七二年的總統選舉中投票。蘇珊・B・安東尼在紐約州的羅徹斯特（Rochester）闖關成功，投下了她的選票，但接著就遭到逮捕與罰款（只不過當她拒絕繳納時，葛蘭特政府也沒有採取強制手段）。在密蘇里州，維吉尼亞・麥諾（Virginia Minor）對拒絕讓她投票的地方選民登記員†提起訴訟。最高法院在一八七五年對「麥諾訴哈波賽特案」（*Minor v. Happersett*）做出了判決。繼任蔡司成為首席大法官的莫里森・J・韋特（Morrison J. Waite）負責執筆該案的一致意見。他認可女性是公民，但公民身分在美國從未伴隨選舉權。不論重建修正案如何規定，各州都保有權力控管投票機制，除了它們不能不讓黑人男性投票。「毫無疑義，」韋特做出結論，「如果有哪個問題可以被法院視為已經塵埃落定，就是這個了。」[23]

紐奧良的屠戶與布拉德韋爾及麥諾幾乎沒有共通點。但這些案子都反映出二次建國如何

* 譯註：懷俄明與猶他分別在一八九〇與一八九六年加入聯邦，成為美國第四十四與第四十五州。

† 譯註：此人為瑞斯・哈波賽特（Reese Happersett）。

無可避免地讓眾人主張新憲法包含的權利，使他們援引戰後憲法修正案的措辭，並延伸它們的意義。最高法院並未接受這些人的主張。但這些案子都預示了對第十四修正案遠遠更加廣泛的運用，這種利用第十四修正案的方式在我們的時代最終贏得了司法的支持。另一方面，這些案子也讓我們看到最高法院在黑人問題上棄守了對第十四修正案較為寬泛的解釋，同時限縮了它對其他受害當事人的適用。這些都是「權威性」的判決，《紐約晚間郵報》（*New York Evening Post*）表示，我們清楚看到最高法院不會干預各種它認為在州管轄權之內的事務。[24]

※ ※ ※

這些早年的判決對於美國黑人的完整意義，在一八七〇年代中期仍未明朗，隨著國會為桑姆納提出的《民權法案補充條款》（Supplementary Civil Rights Bill）爭論不休，這一點也浮上檯面。之所以叫補充條款，是因為此一法案在一八六六年《民權法案》保證的經濟與法律權利之上，又補充了一組新的權利。《民權法案補充條款》提議要針對從大眾運輸、旅店、「劇院與其他休閒場所」、陪審團服務、教堂到公立學校等各種空間或場合，廣泛地保障平等的通行權；此外也提議賦予聯邦法院專有的執法權力。補充條款中提及的權利適用於「所有個人」，不限具公民身分者。

此一法案有著嚴重的缺陷，執法機制繁瑣低效：聯邦法警可以逮捕違法的嫌犯，但提起民事訴訟基本上是受害當事人的責任。教會條款似乎違反了憲法第一修正案，且許多大方向上支持該法案的南方共和黨員都警告，除非涉及就學平等的部分拿掉，否則這個法案的通過會「立刻毀滅」掉他們所在地區幾乎完全採黑白隔離的新興公立教育體系，畢竟白人家長寧可讓孩子退學，也不會要他們跟黑人小孩當同學。（最終教會與學校條款在法案最終版通過前被刪除。）儘管如此，共和黨在一八七二與一八七六年的全國競選政綱內都納入了對平等「公民、政治與公共權利」的支持。一八七三年三月，總統葛蘭特在第二任的就職演說中呼籲通過桑姆納的法案。在公共空間中給予平等待遇，不因種族而有所差別的理念，確實是具有遠見的原則，而該法案也一如其他任何一部重建時期的法案，徹底挑戰了聯邦制的傳統。[25]

如桑姆納的提案所顯示，所謂權利的定義，在當時仍不斷變動。享樂權利的概念代表著民權意涵的急遽擴張。雖然運輸業者與旅店對客人必須來者不拒的不成文義務，長久以來已經存在於普通法，但普通法並未給人看戲的權利，畢竟戲院長年都被視為是個道德上有問題的場所。黑人尋求的是以「公共」權利與「私人」權利之間的劃分，取代政治、公民與社會權利之間的區別，其中「公共權利」除了投票權與法律之前的平等權，也包括在公共空間獲得平等待遇的權利，而「私人權利」（像是某人邀請別人到他家的權利）則應被劃歸到立法的範圍以外。黑人堅決主張桑姆納的法案有著修正後憲法的完整授權。支持者的來信與請願書大量湧入桑姆納的辦公處。其中一封一八七二年寄達的信件，上頭寫滿了密西西比共治州議會裡黑人成員的全體簽名。桑姆納呈給參議院的資料除了黑人代表大會的決議，還有各種在戲院、飯店、火車車廂前不得其門而入的受辱紀錄，且事發地點除了南方，甚至也包含他的家鄉麻薩諸塞州。道格拉斯稱除非《民權法案補充條款》通過成為法律，否則非裔美國人將無法享有「全面的自由」。經濟處境較好的黑人——因為無法享受一流服務也無法進入火車上的「仕女車廂」而備感羞辱的「上流淑女與紳士」——最為勇於發聲。（雖然名為「仕女車廂」，但穿著夠稱頭的男士也可以陪同女性坐進去，因此許多人腦中就會浮現出黑人男性坐在白人女性附近的恐怖畫面。）在許多列車上，剩下的選擇就是「吸菸車廂」，那裡聚集著吵鬧的乘客，讓比較講究的黑人與白人女性都敬謝不敏。引發各方抗議的還有都會區的街車不讓黑人搭乘，這顯示公共空間中的平等待遇也能引發那些無法負擔飯店、戲院或頭等火車車廂消費的族群的共鳴。[26]

事實證明公共權利的概念存在高度爭議。這種東西在美國法律中幾乎沒有前例——麻薩諸塞州通過美國第一部公共場所法案（public accommodations act），是在一八六五年。共和黨或許在公民權利或政治權利的平等議題上顯得十分團結，但「公共」權利的問題暴露出他們分歧的一面。早期的白人重建派州長如路易斯安那州的亨利．C．渥爾莫斯（Henry C. Warmoth）跟密西西比州的詹姆斯．A．艾爾孔恩（James L. Alcorn）都曾擔心會被安上一個表面上是要促進「社會平等」，但其實很明顯就是想促成跨種族性親密關係的罪名，而對此類法案加以否決。但到了一八七〇年代初期，隨著黑人日益在政治上站穩腳步，好幾個南方州終於頒布了這類法案。但現實中的執行仍非常困難。貴為路易斯安那副州長的P．B．S．平區貝克（P. B. S. Pinchback）[*]曾以他與家人被臥鋪車廂拒載為由，控告過南方的一間鐵道業者，結果該公司的負責人回應說他很樂於提供獨立的臥鋪給黑人搭乘，但後續要轉乘的路線，包括位於北方的那些，都不願意承運該車廂。這便是為何需要全國性法律的原因之一。[27]

於一八七〇年提出的《民權法案》在委員會裡命運多舛，偶爾闖過參眾兩院中的其中一院，直到一八七五年才終於頒布。一八七五年《民權法案》於桑姆納去世的幾個月後通過，而就在通過的不久前，民主黨才在眾議院贏得了自南北戰爭前以來第一次的控制權，意思是共和黨必須趕在它還占多數的跛鴨[†]會期結束前通過新的《民權法案》，否則等民主黨上臺

＊譯註：他乍看是白人，但其實是白人種植園主與女性黑奴之後。

†譯註：原文是lame duck，意思是已經選出繼任者，屆滿便將離任的政治人物或政府人員。

這事就沒戲了。在不時相當火爆的國會辯論裡，新近的憲法修正案占據了舞臺中央的戲分。並非全為民主黨員的反對者抨擊該法案是未經授權的聯邦權力操作，其根基是「對憲法的強行解釋」。批評者不認為擔任陪審團員、就讀融合學校、獲得民間企業平等待遇等權利落在新近幾個修正案的保障範圍內，並警告飯店、餐廳與娛樂場所中的種族混雜將導致的危險後果。[28]

黑人男性獲得的選舉權與黑人議員在國會的出現，對辯論的過程產生了重大的影響。湯瑪斯・J・羅伯森（Thomas J. Robertson）這名來自南卡羅萊納州的白人共和黨員，對參議院說身為一個靠著「有色人種」上位的參議員，他很難眼睜睜「看著他們被剝奪這片大陸上其他每個美國公民都可以享有的一切權利」。第四十三屆國會的一共七名黑人議員都針對法案進行了發言，要求國家保障黑人享有「平等的公共權利」，其中好幾位都講到他們在美國首都旅行時遭遇到的那些有損其尊嚴的經歷。雷尼曾被趕出街車，羅伯・B・艾略特（Robert B. Elliott）、理查・H・肯恩（Richard H. Cain）與詹姆斯・T・瑞皮爾（James T. Rapier）都曾在餐廳與旅店中被拒絕服務。[29]

屠宰場案的判決為辯論增添了一個新的面向。好幾名民主黨員唸起了主要意見書，引用當中對於公民特權與豁免權極度限縮的定義以主張桑姆納意欲保障的權利仍屬於各州的管轄範圍。某些共和黨員直言駁斥最高法院對第十四修正案的狹隘解釋。「身為美國公民的其中一項特權，」紐澤西州參議員弗雷林惠森說，「就是不用因為種族或膚色而遭到歧視。」薛曼則稱他無從「分辨」什麼是「特權、豁免權與權利」。如果說「旅行、就學與前往公共旅店下榻」的權利無從受到憲法的保護，他問，「那以人權之名，什麼才是公民的特權？」考量到最高法院已經讓特權或豁免權條款形同虛設，部分《民權法案》的支持者轉而試圖運用第十四修正案的「平等保護」條款。這些支持者同樣不接受的另外一點是第十四修正案僅禁止過於明顯的州行動。某州若是容許「權利的不平等」假私領域的公民或企業之手施展而不用受到懲罰，一八六六年投票支持第十四修正案的俄亥俄州眾議員威廉・勞倫斯（William Lawrence）表示，那麼這筆違法的帳就得算到州的頭上。「州縱容什麼……」他堅稱，「就等於州變相做了些什麼。」桑姆納偏好引用《獨立宣言》與《山上寶訓》（Sermon on the Mount）*來解釋何以該法案應該通過，並指出憲法理應「在人權問題上有統一解釋」的普遍原則。但他也同樣堅持屬於《民權法案》管轄範圍內的商業公司是由州與地方發給營業執照，所以企業之行為也應被合理歸入第十四修正案底下的「州行為」定義。[30]

在一八七四年一月一場長時間的演說中，南卡羅萊納州的眾議員羅伯・B・艾略特直接

* 譯註：《山上寶訓》是耶穌在新約《馬太福音》中的重要教誨，典出《馬太福音》第五到七章，且被認為是基督信仰的一項核心教義。

槓上了那些「想要躲在最高法院這塊盾牌後面」的民主黨員。屠宰場案判決裡「沒有哪句話或甚至哪個字」，他斷言，「投射了一丁點懷疑的陰影」到國會的權力上，因為國會就是有權「透過立法對付各州的法律或習俗，讓這些法律或習俗無法恣意歧視黑人，那些偉大的修正案之所以被採用，就是為了確保黑人種族能獲得完整的自由與保障」。艾略特的演說廣受讚許。「無疑是這個國家的黑人所做過最了不起的努力。」《路易斯維爾信史日報》（*Louisville Courier Journal*）宣告。[31]

在刪掉關於學校、教會與墓園的條款後，最新的《民權法案》終於在一八七五年二月二十七日於國會通過，以僅僅不到一星期的時間趕上了休會的期限。沒有一位民主黨員投下贊成票。在支持這次法案通過的參議員當中，曾在一八六六年任職於國會且投票支持第十四修正案的，就有二十位，而這二十位議員顯然覺得第十四修正案授權了新的《民權法案》。[32]最高法院要花上八年的時間，才能針對由《民權法案》引發的憲法議題完成裁定。在那之前，最高法院先把注意力轉移到了重建修正案是否賦予聯邦政府權力保護黑人不受暴力行為危害。這在重建時期的南方，確實是個攸關生死的問題。

※ ※ ※

在一八七〇年代中期，反重建的準軍事暴力再次抬頭。不同於在一八六〇年代末與一八七〇年代初進行各種破壞的三K黨，屬於民主黨陣營的「來福槍俱樂部」（rifle club）在活動的時候，都是以真面目示人，代表這群匪徒相信北方的輿論已經不再支持政府在南方進行武裝干預。靠著野火燎原般的暴力，民主黨人在一八七四年的選舉中奪回了阿拉巴馬，接著又在隔年收復了密西西比。「我已經完全失去了耐心，」布里斯托在一八七五年說，「這個政府在解放了四百萬名黑奴之後，竟無法用法律保護他們免遭殺害與施暴。」但隨著始於一八七三年的經濟蕭條開始嚴重削弱共和黨在北方的支持度，葛蘭特政府陷入了癱瘓。一八七五年在密西西比的選舉證明州政府無法保護黑人選民，而聯邦政府則不願保護黑人選民。

一八六六年的《民權法案》將「人身與財產的安全」納入美國公民的權利當中。第十四修正案談到「法律的平等保護」，而一八七〇到一八七一年的三部《執行法案》則授權聯邦政府懲罰暴力行為，不讓這些暴行剝奪美國人受到憲法保障的權利。儘管如此，就算在最佳的狀況下，聯邦政府也不具備太好的條件在南方進行長時間的干預，然而司法判決又讓這項任務難上加難。[33]

比方說最高法院在一八七六年的兩宗判決，就是建立在讓中央對公民權利之管轄權受到限縮的屠宰場案判例上。「美國訴庫可尚克案」（*United States v. Cruikshank*）源自一八七三年的科爾法克斯大屠殺（Colfax Massacre），當時路易斯安那的法庭遭到圍困，接著一群白人武裝暴徒殺害了數十名黑人，其中許多都是地方上的民兵成員。這是整個重建時期裡最血腥的一場殺戮。根據《一八七〇年執行法案》，九十八人以串謀剝奪受害者之憲法保證權利的罪名遭到起訴。在當地白人社群的包庇下，僅有一小群被起訴者遭到逮捕，這幾個人被送到紐奧良的聯邦法庭受審。幾乎所有證詞都出自黑人男性與女性之口。第一次審判以陪審團無法達成共識決作收；第二次審判在大法官布萊德利加入聯邦法官威廉・B・伍茲（William B. Woods）主審的情況下（直到十九世紀尾聲，最高法院的大法官都會常態性地參與巡迴法院案件的審理），三名被告被判有罪。

伍茲支持有罪判決，但布萊德利並不同意。在其長篇大論的意見中，布萊德利進行了一番深奧的探討，試圖區分哪些是獨立存在於憲法以外，所以管轄權在州手上的權利，哪些又是由憲法「授予或保障」，屬於聯邦政府管轄權之內的權利。大部分的公民權利，包括受第十四修正案保護的那些，都屬於前者。另外各州還有責任懲罰如兇殺等「一般」犯罪。然而布萊德利補充說黑人不受種族歧視的投票權是由第十五修正案所創設，因此可以由聯邦政府強制執行，即使種族歧視是由私人做出的暴力行為亦然。但他又接著表示庫可尚克案的起訴存在瑕疵，因為檢方並未明確指控該陰謀是出於種族敵意，而這是《執行法案》所要求的要件。布萊德利承認由於本案所有的嫌犯都是白人，而受害者全體皆為黑人，所以似乎涉及種族因素的作用，但他補充說這一點「不該交由推論決定」。由於伍茲很勇敢地不敢苟同其「學識淵博之兄弟」的見解，此一法官間有歧見的案件便送交最高法院裁決。

布萊德利很自豪於自己的意見。生怕自己的高見會得不到應享有的關注，他將意見書轉發給了各報社、國會領袖與聯邦法官，包括他本人在最高法院的同事。但庫可尚克案的原判決會遭到九比零全票推翻，主要並不是基於布萊德利對於各種權利那晦澀難懂的區別，而是大法官們認定戰後的憲法修正案並未顯著改變聯邦制的結構，以及他們認為起訴書存在著一些問題。在首席大法官韋特的判決意見書中，他檢視了受害者據說遭到侵害的權利，並按照屠宰場案的判例，在結論裡認為這些權利大部分都還處於「州的保護之下」，而非聯邦政府的管轄範圍。再者，第十四修正案在授權國家在州侵犯公民基本權利的時候採取行動之餘，並沒有增加「一位公民對另一位公民的權利」。致人於死或串謀妨礙人權的罪名都仍在州的處置權限下，聯邦無權插手。至於聯邦新創的權利，像是黑人男性的投票權，韋恩同意布萊德利認為起訴內容並未主張種族問題是作案動機而有瑕疵的看法。「我們可以懷疑種族是敵意的起因，」他寫道，「但起訴書中並未如此斷言。」此一判決並未排除聯邦檢方未來以較好的起訴內容追訴犯罪，保護黑人的投票權，但這樣的見解確實助長了暴力的氣焰。數十名美國公民遭到冷血殺害（首席大法官完全沒在意見書中提到的事實），而殺人兇手一個個以自由之身走出了法庭。[34]

同一天，也就是一八七六年三月二十七日，在表決票數為八比一，且判決書同樣由韋特執筆的「美國政府訴瑞斯案」（*United States v. Reese*）*中，最高法院推翻了肯塔基官員被判串謀阻止黑人在地方選舉中投票的罪名。在與他否定麥諾的投票權主張幾乎如出一轍的措辭中，韋特堅持認為第十五修正案「並沒有授予投票權給每一個人」。然而第十五修正案確實確立了「人應免於出於種族因素而在行使選舉權時受到歧視」的憲法原則，而這是國會可以採取行動維護的原則。但韋特接著宣稱本案被告被起訴的依據，即《執行法案》的兩項條文違憲，因為這兩項條文禁止所有干預投票的行為，而不是只禁止出於種族動機的那些。奇怪的是，這兩項判決雖為黑人獲得聯邦干預留下可能性，但對於同樣遭受暴力對待、卻非因種族因素受害的白人共和黨選民而言，聯邦仍未提供任何保護。[35]

另一個很快就來到最高法院面前的議題，牽涉到前蓄奴州想將黑人排除在陪審團職務以外的作為。到了最高法院在一八八〇年做出這些案子的判決之時，黑白共治的南方重建政府已經難以為繼，而共和黨對華府的控制也已告一段落，取而代之的是為期十年的分裂政府與政治僵局。在這些判決中，最高法院面對州法的歧視與各州官員帶有種族偏見的行為，選擇維護黑人擔任陪審團員的權利。在「斯特勞德訴西維吉尼亞州案」（*Strauder v. West Virginia*）中，最高法院推翻了一名黑人遭到西維吉尼亞州宣判的殺人罪判決，理由是有一部州法禁止黑人擔任陪審團員。針對最高法院以七比二做出的推翻裁決，大法官威廉．斯壯宣稱該州法違憲的原因是其違反了第十四修正案的法律平等保護條款。斯壯引用屠宰場案主張戰後的修正案旨在「確保有色人種能享有白人依法可以享有的公民權利，並賦予聯邦政府權力來保障這些權利」——這個解釋已經遠遠超乎判決本身所實際宣告的內容。此判決擴大了公民權利的傳統定義，使其包含訴訟當事人有權面對未刻意排除黑人成員的陪審團。在相關的「維吉尼亞單方提告案」（*Ex Parte Virginia*）中，最高法院維持聯邦對維吉尼亞州法官的判決，因為該法官在沒有法律限制陪審團職務僅限白人的情況下，擅自且有計畫地不讓黑人進入陪審團。[36]

前述這些判決出乎白人南方的意料，讓他們心頭一驚。西維吉尼亞州的一份報紙指責最高法院背棄了之前涉及第十四修正案的「所有判決裡的原則」。維吉尼亞州參議院譴責大法官們「將僅存的州主權摧毀殆盡」。但這些判決仍限定在「州行為」的情況下，且需要昭然

* 譯註：美國訴瑞斯案起源於一八七三年在肯塔基州列克星頓（Lexington）的一場市級選舉，當時有一名非裔美國人威廉．加納（William Garner）意欲投票被拒，理由是他未支付一點五美元的人頭稅。加納試圖補繳稅款，但同樣遭到拒絕。加納隨後向法院提告，指控選舉官員希拉姆．瑞斯（Hiram Reese）等人違反了《一八七〇年執行法案》的規定，即如果官員拒絕公民完成其義務來獲得投票權，公民可以提交一份宣誓書以獲得投票資格。最終最高法院駁回聯邦政府的指控，因為大法官認為《一八七〇年執行法案》中的相關規定欠缺必要的限制性語言，因此不符合第十五修正案第二項「國會有權為執行本條內容而制定合宜之法律」的規定。

若揭的種族動機作為構成要件。斯壯清楚表示第十四修正案「純粹只關乎州行為，而不影響民間個人的任何舉動」。他提到州可以針對陪審團職務頒布資格限制，前提是當中沒有明白提及種族一詞：「州可以限制陪審團員要是男性、要擁有永久性的不動產產權……或是要達到特定的教育程度。」此話一出，那些曾公然制定對陪審團職務帶有偏見法律的州都聽懂了，很快就廢除了這些法律。然而在實務上，重建時期結束後的南方陪審團裡幾乎完全看不到黑人的身影，這點有所改變，已經是進入二十世紀許久後的事情。[37]

《紐約論壇報》堅稱這些有關陪審團的判決，體現了正在定義「近期憲法修正案的涵蓋範疇」的「憲法解釋體系」。結合庫可尚克與瑞斯案，這個解釋體系確立了《紐約論壇報》所稱的清晰原則：「國會可以通過法律防止各州給予黑人與白人差別待遇……〔但〕憲法修正案並沒有授權國會採取行動遏止民間個人以各種違法方式達成同樣的效果。」然而國會確實擁有權威去「做點什麼……來保護有色人種選民」。接下來的幾年，最高法院便試圖描繪出「什麼」的定義。[38]

海斯在他接受共和黨一八七六年總統大選提名的信中承諾要讓南方回歸「地方自治」，而大家都心知肚明這四個字意味著「白人控制」。五年後，海斯卸任總統之時徹底幻滅，並有感而發地寫道「經驗告訴我們，像保護跟執行國家選舉這種事情，絕不能交到各州的手裡」。而在一八八〇年代初期，在海斯兩位繼任者加菲爾德與切斯特．A．亞瑟（Chester A.

Arthur）的任期中，聯邦貫徹選舉權的能力有所復甦，而這似乎影響到了最高法院。就在大法官們嚴加限縮第十四修正案適用範圍的同時，他們也持續對第十五修正案採取更為寬泛的看法。[39]在一八八〇年的「西博德單方提告案」（*Ex Parte Siebold*）中，大法官們維持了聯邦法院的判決，認定巴爾的摩選務官員在國會選舉中把選票箱塞滿並毀棄黑人所投之票的行為違法。身為七比二主要意見書的書寫者，布萊德利趁機駁斥了聯邦制以「錯誤觀念」忽視了一項事實是「一部國家憲法已經在這個國家施行」。他稱聯邦政府的各種執行法「具有憲法層面上高於」各州以警察權監督選舉的權力。同一天，最高法院以類似的概念拒絕推翻一名辛辛那提選務官員的罪名，他同樣被認定違反了《執行法案》賦予他的法定職責。

最高法院在一八八四年的「亞布洛單方提告案」（*Ex Parte Yarbrough*）中更進一步。八名喬治亞州男性為了阻止一名黑人把票投給某國會議員而出手傷人，而最高法院裁定聯邦法院對這八名喬治亞州男性的判決成立。此前，最高法院已宣稱第十五修正案並沒有直接把選舉權授予任何人——該修正案只是禁止選舉資格上的種族歧視。而在此案的主要意見書中，執筆者米勒表示第十五修正案確實創造出了「一種投票權」給黑人男性，對此國會擁有「保障該權利不受個人暴力或威嚇影響……的權力」。這些判決都牽涉到聯邦選舉，而原始憲法即賦予國會管制聯邦選舉的權力。至於這些判決如何影響州級與地方選舉仍有待觀察。儘管如此，亞布洛案仍為中央執法能力大大出了口氣，其表決的票數是九比零。「聯邦力量現身投票所。」屬於共和黨陣營的《紐約時報》宣布。為民主黨發聲的《華盛頓郵報》（*Washington Post*）則埋怨，「聯邦官員將控制州選舉。」騙局與暴力持續在南方選舉中橫行，但聯邦也保有進一步為執行事務立法的可能性。[40]

到了這個時間點，最高法院的作為似乎已經開始遵循先前布萊德利所勾勒的權利區別，即一邊是州管轄之下的固有權利（基本上就是第十四修正案所涵蓋的各種權利，像是僅適用於歧視性州行為的法律平等保護原則），另一邊是「由憲法所賦予」於公於私聯邦政府都可以加以保障的各種權利（由第十五修正案創造出的黑人投票權）。由此最高法院一邊在投票問題上支持聯邦執行權，一邊也在一八八三年的「美國訴哈里斯案」（*United States v. Harris*）中以無異議的表決結果否決了聯邦起訴田納西一群暴民的決定，該群暴民攻擊了四名囚犯，其中一人死亡。經由這次裁定，最高法院宣告一八七一年的《三K黨法案》部分違憲，因為第十四修正案只授權《執行法案》處理剝奪人獲平等保護權的州行為，而《三K黨法案》有某部分條文直接宣告了剝奪人獲平等保護權的私人行為違法。州行為原則在牽涉到第十四修正案時皆屹立不搖。諷刺的是在這個案子裡，受害者是白人，而非黑人，而被起訴者當中除了郡治安官R．G．哈里斯（R. G. Harris），還有他的兩名屬下。但由總統海斯在一八八〇年任命且負責撰寫判決意見的大法官伍茲似乎對這些事實渾然不覺。就這樣，有公務員參與的暴民行為成為持續累積的判例法的一部分，這樣的判例法禁止聯邦起訴由民間個人犯下的罪行。[41]

前述種種判決置非裔美國人主張的公共權利平等於何地，至此並不明朗。雖說最高法院將在一八八三年結束前回答這個問題，但其實他們五年前就已經在無異議裁定的「霍爾訴德庫爾案」（*Hall v. DeCuir*）中，預告過了他們的看法。這是在一八七七年協商後第一個來到最高法院面前，牽涉到戰後修正案的案子。路易斯安那州的一八六八年憲法與一部隔年頒布的州法禁止公共運輸業者以種族為由歧視乘客。但喬瑟芬・德庫爾（Josephine DeCuir）身為一名生為自由人的富裕黑人女性，卻在一八七二年發生了這樣的事情：在密西西比河的一艘蒸汽船上，她被拒絕搭乘頭等艙，同時也不能進入船上的餐廳用餐。為此她對船長提起了賠償告訴。在庭審中，船公司官員作證說讓黑人進入頭等艙的規定會讓他們的白人乘客跑掉，這樣他們的生意會做不下去。但由黑人與白人共同組成的陪審團仍判決德庫爾可獲得一千美元的賠償，路易斯安那州最高法院也裁定該判決成立。

在簡短的無異議判決書中，首席大法官韋特稱路易斯安那的那部法律是對州際商業的違憲包袱，並說憲法將規範州際商業的權力保留給了國會。除非國會禁止企業執行某項規則，否則就是默許了它們可以按自己的想法去做。（事實上國會已於一八七五年《民權法案》中明令禁止了交通運輸上的歧視行為，韋特對此卻隻字未提，不過德庫爾女士的遭遇發生在該法案通過之前。）韋特接著表示要是甲州要求乘客必須種族隔離，而乙州禁止乘客種族隔離，那麼船公司會很難做生意。韋特堅持認為此次判決僅限於「國際與州際商業行為」；亦即理論上，如果某州法管理的是完全在州境內營運之業者，那麼此次的判決將完全不適用。韋特並未在明面上為種族隔離背書。但奈森・克里福（Nathan Clifford）這名幾十年前由詹姆斯・布坎南（James Buchanan）*任命的民主黨大法官在他的協同意見書中，把話說得更白。克里福堅稱業者並無義務接受其存在「會減損商業利益」的乘客，並宣稱大眾運輸上的種族隔離，以及讓黑人與白人兒童分別去上不同的學校，可以「促進公益」。十年後，自由兄弟會將大力關注德庫爾女士這個今天幾乎已經沒有人記得的案子，因為他們認為此案是「一連串司法傷口的開端，民權從此一蹶不振，未有起色」。[42]

德庫爾案是最高法案於「民權案例」中那些更全面判決的序曲。這些宣判於一八八三年的判決，牽涉到多位黑人根據一八七五年《民權法案》所提出的申訴，他們有人進不了堪薩斯與密蘇里州的旅店，有的被擋在田納西火車的仕女車廂外，有的被禁止進入舊金山一間戲院的二樓正座以及紐約市的大歌劇院。（紐約那名苦主想看的是雨果的《雷布拉》（*Ruy Blas*），這部劇作講述的是奴隸假扮成貴族的故事，而飾演奴隸的演員艾德溫・布斯（Edwin Booth）的弟弟，就是暗殺林肯的刺客。）這當中只有兩個案子起源於前蓄奴州，顯示種族排除已經成為一個全國性的問題。在一次八比一的裁定中，最高法院宣稱桑姆納之《民權法案》內容大多違憲，理由是其試圖懲罰由私人企業而非各州所行的歧視。藉由此舉，最高法院強而有力地強調了兩樣事物：一樣是州行為原則，另一樣是公民及政治權利與社會權利之間的明確區別。至於公共權利一詞，布萊德利並未在主要意見書中有所著墨。

一八七六年，布萊德利在私信中對時任聯邦法官的伍茲質疑起《民權法案》的合憲性。布萊德利納悶的是「自由、公民身分與法律之前人人平等是否必然等於有色人種應該與白人搭乘同一輛車、住同一間旅店、前往同一間戲院或娛樂場所」。一八八三年，布萊德利有了定見。他在意見書中稱第十四修正案授權國會以行動阻卻「各式各樣的州法與州行為」，免得這些法律或行為有損於公民的權利。但這種做法並不能延伸到「個人做出的錯誤行為」。關於第十三修正案，由於其欠缺州行為條款，因此布萊德利承認該修正案讓國會有權立法對抗「奴隸制的標誌與附帶事項」。他聲稱第十三修正案保障的這些權利包括「公民權利」，但不包括由（名稱可能有誤的）民權法案保障的使用公共場所的權利。「若讓廢奴的主張適用於每一種歧視行為，」他宣稱，「只會讓廢奴主張被消磨殆盡，」且經修正後的憲法並未給予國會權威「調整所謂人與種族的社會權利」。布萊德利沒去思考的一種可能性是州政府對私人歧視的縱容，其實也可以算成是一種州行為。

有關黑人公民權利的辯論似乎永無止境，而如同許多北方人，布萊德利對此愈來愈沒耐

＊譯註：一八五七到一八六一年間擔任美國第十五任總統。

心。呼應安德魯・強森對一八六六年《民權法案》的否決，布萊德利寫道，黑人必須停止尋求成為「被另眼看待的法律寵兒」，並對他們的權利獲得無異於其他美國人的保障心滿意足。（當然，其他美國人可沒有當過奴役，也不用時時刻刻面對桑姆納的法案想要終結的那種羞辱待遇。）再者，布萊德利覺得強制性的種族融合是一件讓人很不舒服的事情。「想也知道，」他在私人備忘錄中打趣說，「白人女士不能由國會立法強迫邀請有色人種參加她的舞會或聚會或晚宴派對。……白人得被逼著跟黑人同地方住宿、同地方吃飯、同地方入座，誰受得了。」「強制的共處，」布萊德利警告，會讓「黑人獲得自由」變質成「白人遭到奴役」。[43]

唯一一個持不同意見者，是九名大法官中唯一一個蓄過奴、來自肯塔基州並由海斯於一八七七年任命的約翰・馬歇爾・哈爾藍。身為一八七〇年代早期的共和黨領袖，哈爾藍表示希望桑姆納可以撤回他的民權提案。此時他已經為了意見書怎麼寫而苦惱了幾個月。直到他妻子在他桌上放了前首席大法官譚尼曾經用來寫德雷德・史考特案意見書的墨水臺（應該是為了激勵丈夫使用譚尼本人用過的筆來抹消他的遺緒），哈爾藍才搖起了筆桿。隨著這份不同意見書的問世，哈爾藍成為了美國黑人在聯邦司法體系內最堅定的朋友，以及從十九世紀末到二十世紀初，最高法院內最重要的種族正義發聲者。

哈爾藍宣稱最高法院的主要意見針對晚近的憲法修正案，採用了一種「徹底過於狹隘且斧鑿斑斑」的解釋。由此美國民眾「以為他們透過改變國家根本大法達成的目標」，遭到了抵消。他們手邊待處理的問題不是聯邦制、州行為或社會平等，而是自由與公民身分。哈爾藍講述最高法院與奴隸制那令人遺憾的關係帶來的歷史教訓。最高法院曾興高采烈地判定逃奴法律成立，該法旨在懲罰那些妨礙奴隸主行使憲法所賦予的追捕逃奴權利的平民個人。那為什麼國會現在要綁手綁腳地，不敢執行「授予人公民身分的憲法條款？」哈爾藍嘗試重振第十三修正案，使它成為可執行之權利的源頭。第十三修正案不只禁止奴隸制，它還創造出「普世的公民及政治自由」的全國性權利，並賦予國會權力禁止「與美國公民之基本權利無法共容」的任何行為。種族歧視「但凡涉及公民權利」者（哈爾藍一反布萊德利的看法，在公民權利的定義裡納入了平等使用大眾運輸與公共場所的權利），不管犯罪的是州法還是私人，都毫無疑問是「奴役的標誌」。

哈爾藍直接挑戰州行為原則。第十四修正案只禁止州行為的概念，「並未獲得修正案文字內容的授權」，該修正案所授予的公民身分並沒有附帶這類限制。再者，「在任何實質的意義上」，鐵路業者、飯店負責人與「公眾娛樂場所的經理人」都應該被視為「州的代理人或工具」，畢竟這些人都領著州發給的執照，提供著州內的公共服務。他同時揭露了把這個問題定義為社會平等的謬誤之處。一如眾人，哈爾藍也不敢輕易觸碰跨種族性親密關係這個馬蜂窩。在同年的另一案件中，他加入了其他大法官的一致裁決，認定阿拉巴馬州處罰跨種族「私通」比處罰種族內私通重的做法合憲。但他堅持桑姆納以其法案試圖保護的權利，是公民權利而非社會權利，而既然是公民權利，就可以由國會加以規範。至於布萊德利不滿黑人已經成為「被另眼看待的法律寵兒」，哈爾藍指出「白人種族」的權利已經長期獲得州與聯邦政府的保障。他以悲觀的筆調作結。他寫道，這個國家正邁入「一個憲法時代，但那是一個自由與美國公民的權利無法獲得國家有效保障的憲法時代，而此前國家卻毫不猶豫地強力保障奴隸制」。[44]

在最高法院所有涉及重建時期的判決中，「民權案例」引發了來自報社編輯與普羅大眾最多的回應。民主黨陣營不令人意外地為結果拍手叫好。《巴爾的摩太陽報》（*Baltimore Sun*）表示最高法院已經明示新近憲法修正案的「管轄範疇與限制」，而此舉必然可以「讓保留給州的權利獲得重建」。一家北方報社總結了最高法院判決在南方引發的反應：「白人表現得興高采烈，黑人則茫然失落。」自由共和黨的媒體呼應了布萊德利的看法，認為黑人就應該享有與美國白人無異的法律地位，但他們卻貪得無厭地要求特殊待遇。《芝加哥論壇報》表示黑人已經不再是「要由政府照顧的未成年人」，並讚揚最高法院沒有將他們的地位至於「白人之上」。然而該報的新聞報導也顯示出支持重建價值的聲音並未完全消失。《芝加哥論壇報》指出該判決「遭到共和黨人的普遍譴責」。匹茲堡市長喟嘆共和黨「過去二十年」的心血一夕間「付諸流水」。不只一份共和黨報將此判決比擬為德雷德·史考特案。「你會覺得……如今，一如久遠以前的過往，」《哈利斯堡電訊報》（*Harrisburg Telegraph*）表示，「只要最高法院存在，美國的自由就無法獲得保障。」《辛辛那提商業憲報》（*Cincinnati Commercial Gazette*）納悶何以聯邦政府「強悍到可以給予所有人自由，〔並〕讓他們成為符合各種意義上的公民。……但又弱到無法保障這些人享有身為公民的這些權利」。哈爾藍收到眾多信件稱許他的不同意見書，包括卸任總統海斯與前最高法院大法官史維恩的來信。45

一名歷史學者形容桑姆納版《民權法案》獲得的最高法院裁決「主要」是一個關乎聯邦制的問題。這話或許從最高法院的角度看來成立，但美國黑人可不這麼想。著名的俄亥俄州黑人領袖約翰．P．格林（John P. Green）警告說此裁定所確立的判例「足以動搖整個前黑奴人口的法律地位」。道格拉斯寫信給哈爾藍說他的不同意見書「應該要如秋葉一般散落到整個美國」。大型群眾抗爭「從緬因到佛羅里達」此起彼落。在華府的一場匯集了至少兩千人的活動中，道格拉斯稱此判決是「深重的災難」，「強硬的解釋憲法，無視〔國會的〕意圖」，結果就是讓黑人在「粗鄙而冷血的偏見」面前「毫無自衛能力」。他指出最高法院費盡心思區別州行為與私人行為，實務上這兩者對於「受辱或憤慨的……有色人種公民」毫無差別可言。在同一場集會上，頗具影響力的白人共和黨員羅伯．G．英格索（Robert G. Ingersoll）非常細緻地駁斥了布萊德利的意見。他堅定認為最高法院嚴重「低估」了重建修正案的價值，並明白指出重建修正案就是擬定來創造「積極平權」，希望以此擴大國家公民身分的涵蓋範圍。英格索援引了一句哈爾藍會在之後十年引用的話說，「法律變成了色盲。」黑人報刊讚責這項判決。「讓人感到安慰的，」《紐約環球報》（*New York Globe*）在講到哈爾藍時表示，「是能看到有一個人並未忘記我們打過偉大的一仗，而在因為那一仗而確定永世不得翻身的許多事物中，有一樣正是憲法對有色人種的恐懼。」《克里夫蘭公報》（*Cleveland Gazette*）預測此一判決會導致「數以百計」的北方旅店跟娛樂場所對黑人關上大門。「在南方，這判決會讓事情在各方面都每況愈下，如果事情還沒有壞到谷底的話。」[46]

在他的意見中，布萊德利要大法官同僚們勿忘就在短短幾年前的「蒙恩訴伊利諾州案」（*Munn v. Illinois*）裡，最高法院曾裁定企業「若涉及公共利益」（此案中的公共利益是一座塔狀穀倉），則州就可以合法地監管該企業。換句話說，各州可以各自頒布屬於它們自己的民權法規。這種事情可說很難發生在南方州或邊境州，因為那裡如今已牢牢控制在民主黨的手中。民主黨已經撤銷了重建時期的各種民權相關法案，甚至偶爾會取而代之以相反的法案來讓旅店老闆、戲院負責人等業主能以多數顧客覺得「討厭」為由，任意謝絕特定人惠顧。（這種法律一直留在德拉瓦州的法典中，直到一九六三年。）然而在其他地方，黑人社運分子發起積極的運動促進州民權法的建立。自一八八三年開始的十年間，北方與西部共十七個州採行了這類法律，當中許多都在文字上緊貼著如今已失效的、一八七五年的全國性成文法。事實證明落實這些法律相當困難，而且大部分的州法院都判決「效果相同的」獨立收容，包括種族隔離的學校，並不違反這些州民權法。但這些法律的通過仍象徵著平等的公共權利在一度被邊緣化之後，再度回歸成為共和黨的主流。47

面對最高法院讓人氣餒的判決趨勢，黑人領袖仍持續推廣一種不同的判例法，其對於公民權利以及聯邦政府落實它們的權力，都有著寬泛的理解。在勤於促成一種不同構想之重建修正案的人員當中，有一位是T．湯瑪斯．佛純（T. Thomas Fortune）。佛純的父親是佛羅里達重建派的領袖，自己則是紐約市一系列報紙的編輯。在投身新聞界之前，佛純曾研讀過法律，而這樣的他對於最高法院大部分的成員，心中都毫無敬意可言，事實上他形容這些大法官「欠缺法律敏銳度」。佛純堅持認為二次建國已經從根本上改變了美國憲法，創造出一種個別公民與國家之間的直接關係，並賦予國家權力保障履行新權利的黑人。他特別抨擊了州行為／私人行為的二分法。「哪門子的政府，」佛純不解，「會公開宣稱自己無力保護其公民不受暴行、恐嚇與謀殺的襲擾？」48

「民權案例」也啟發巴爾的摩的自由兄弟會出版它對最高法院判決的批判，即《正義與判例法》一書。這本專著是一本厚達六百頁，涉及法學、歷史與哲學的巨作，直到一八八九年才付梓。《正義與判例法》的行文相當雕琢，甚至是有些做作。但在其雄辯之辭底下，《正義與判例法》不乏鞭辟入裡的批判，它批評「法律解釋的虛構」使得「各級法院與社會輿論在違憲的方向上離第十四修正案愈來愈遠」。這本書探究了構成美國公民特權與豁免權的「公共與私人」權利，而公民的特權與豁免權正是第十四修正案欲保護的對象。這些權利的內容不只包括在公共住宿、運輸與娛樂場所中的平等對待，還廣義地包括自由勞動的權利。這本《正義與判例法》抨擊了僱用歧視、住房隔離、工會對黑人的排擠、受教權的剝奪，並堅持認為公民身分附帶有對經濟機會的承諾。書中問道：「一位公民難道可以日復一日被排除在產業進步的道路之外……然後仍好端端地是美國的公民？」這本書一針見血地質疑最高法院對第十四與第十五修正案的區別。「為什麼，」作者納悶，「會有一種憲法權力」採取行動反制私人對於〔黑人〕投票權的妨礙，但不採取行動反制個人或企業「對同一種族其他所有公民權利、豁免權與特權的歧視」？[49]

《巴爾的摩太陽報》痛斥《正義與判例法》的作者群意圖「顛覆社會大眾〔對最高法院〕的信心」。但這本書也收到了一些帶有敬意的評價，而且似乎廣為流傳。某報紙甚至指控堪薩斯州參議員約翰・詹姆斯・英格爾斯（John James Ingalls）在其以「南方暴行」為題的演說中剽竊了該書內容。《費城詢問報》（*Philadelphia Inquirer*）表示《正義與判例法》「憑藉豐富的學識」，展示了各級法院「實質上推翻了憲法修正案」。這部專著，《底特律直言報》（*Detroit Plaindealer*）說，「必將在關乎自由的憲法規定上」，乃至於「在美國未來的種族問題上」，成為「無價之寶般的權威」。在《科學》（*Science*）雜誌上，律師兼政治哲學家賽迪斯・B・維克曼（Thaddeus B. Wakeman）斥責《正義與判例法》的無名作者太沉溺於一種「非洲式的滔滔不絕」。但維克曼也認同該書的結論，即最高法院涉及重建修正案的判例法徹底錯誤。維克曼寫道，重建修正案「單純的目的」就是要把公民權利的「整個主題」置於國家的管轄之下。只不過太多權利已經在去到「美國最高法院這座自由之墓」的一瞬間，永遠地消失了。[50]

※ ※ ※

然而一八八九年對這種不同的憲法觀點的散播來說，並不是順利的時刻。就在《正義與判例法》問世的這一年，國會考慮要用一項新的提案來確保黑人在南方的投票權。一八八八年的大選給了共和黨總統大位及對國會的控制權，這是他們自一八七五年以來首次擁有這樣的局面。一部《聯邦選舉法案》（Federal Elections Bill）由麻薩諸塞州眾議員亨利・卡伯特・拉吉（Henry Cabot Lodge）提出後，於一八九〇年七月於眾議院通過。該法案授權聯邦法院為國會選舉指派監票員，並允許由這些聯邦法庭（而非地方官員）認證選舉結果。此規定不適用於州級跟地方選舉，但仍引發了民主黨激烈的反對。一八九一年初，就在國會休會之前，該法案在共和黨的內鬥與南方州於參議院發起的冗長演說阻撓下胎死腹中。（這是頭一次有由參眾兩院多數加總統都支持的重大法案在南方議員的技術性杯葛下未獲通過，而這不會是最後一次。）在參議院操盤該法案的喬治・F・浩爾（George F. Hoar）收到許多「林肯時代的老共和黨員」來信讚揚他的努力。但隨著拉吉法案夭折，國會數十年來捍衛美國黑人憲法權利的最後一次重大努力也就此告終。當民主黨在一八九二年選後接掌總統職位與國會多數後，他們便撤銷了重建時期三部執行法案的大部分內容。51

一八九〇年代，共和黨在南方默許了民主黨的要求，任由他們在南方州自由規範當地的投票過程、勞資關係、種族體系，沒有外在的干預。一八九六年，南北戰爭後的共和黨第一次在全國性的競選政綱中刪去了確保黑人投票權的直接訴求，取而代之的是對全體公民都有權投下「自由而無限制之一票」的模糊背書。兩年後，美國在美西戰爭中取得了一個海外帝國，這一發展也大大強化了一個觀念：統治非白人人口是白人人口的權利，也是責任。一九〇二年，哥倫比亞大學的政治學者約翰·W·伯吉斯（John W. Burgess）提到，由於嶄新的「帝國大業」，北方人開始學會南方白人與歐洲人早就知道的事情——「不同種族之間在政治能力上有著巨大的差異，以及白人有……牢牢掌握政治權力的使命。」伯吉斯偕同事威廉·A·鄧寧（William A. Dunning）與兩人的學生，共同產出了第一批以重建時期為題的學術著作，其內容譴責黑人投票權是一個嚴重的錯誤。鄧寧表示作為南方任何穩定社會秩序的基礎，美國必然得接受種族不平等的現實。進入二十世紀許久之後，當最高法院成員想要為涉及重建修正案的判決提供歷史背景時，他們習於引用的作品不是鄧寧學派的著作，就是《悲劇時代》這本由鮑爾斯以一九二〇年代的普羅大眾為目標讀者，對重建時期的聳動描述。52

美國崛起成為海外帝國主義的新進強權後，也出現關於公民身分定義與由第十四修正案所保障之權利範圍的新問題。一八九八年，遵照該修正案的素樸行文，最高法院確認了一位誕生於美國的華裔擁有與生俱來的公民身分，不受其雙親按歸化法無法獲得公民身分的影響。然而在美國在取得波多黎各、關島、薩摩亞、菲律賓之後，帝國的各種需求開始滲進最高法院的判決中，尤其是關於憲法是否「跟著旗子走」的問題，即前述這些美屬島嶼的居民是否擁有跟其他美國人相同的憲法權利。在一九〇一年的「島嶼案例」（*Insular Cases*）中，最高法院給出的結論是不同於北美洲上的美國領地，國會對於「島嶼」領地的「全權」控制幾乎不受憲法限制。潛伏在這些判例背後的，是重建時期給他們上的「一課」——非白人人口並不適合參與美國民主。[53]

就算不考慮帝國式的對外擴張，一八九〇年代與二十世紀初期也見證了後來被稱為吉姆·克勞法體制的完整實施。歷史學者瑞佛·羅根（Rayford Logan）形容這些年是美國種族關係的最低點，私刑在南方成了家常便飯；報紙、雜誌與大眾文學裡充滿好吃懶做且有暴力傾向的黑人形象；相信種族天生存在差異的觀念深植於科學論述中；種族歧視在勞動市場裡極其氾濫。在梅爾韋爾·W·富勒（Melville W. Fuller）與艾德華·D·懷特（Edward D. White）這兩名均由葛羅佛·克里夫蘭（Grover Cleveland）任命之民主黨首席大法官領導下，最高法院從重建時期理念的撤退達到了最高潮。諷刺的是第十四修正案案件的數目在最高法院的待審案件中，在一八九〇年代開始急遽增加，但幾乎所有案子都是牽涉企業的「自由」，而非前黑奴與其後裔的。（在一八八〇年代，最高法院宣告了企業的「法人」身分，有資格受到憲法修正案的正當法律程序條款保障。但這樣的宣告其實需要對一八六六年的修正案條文與國會辯論進行一番創意十足的解讀，畢竟條文與辯論裡都沒有提到企業。）但最高法院確實必須裁定那些規定交通工具須實施種族隔離並剝奪黑人男性投票權的南方法律之劇增，是否違反修正後的憲法，而最高法院對這兩種做法的判決都是並不違憲。[54]

在一八九〇年，路易斯安那州頒布了一項法律，指示鐵路公司要提供白人與黑人乘客「平等但隔離的承載服務」。如組成以挑戰該法案的團體名稱——測試隔離車廂法合憲性之公民委員會（Citizens' Committee to Test the Constitutionality of the Separate Car Act）——所顯示，黑人首先便將這項法律視為對他們的公民權利的侮辱。領導該組織的兩人分別是路易斯·A·馬提內（Louis A. Martinet）這名法國父親與黑奴母親之後兼紐奧良週報《十字軍》（*The Crusader*）的編輯，以及長年從事政治運動的魯道夫·德迪納（Rodolphe Desdunes）。這兩人的參與代表了委員會與重建時期公共權利運動的直接連繫。同樣讓人想起重建時期的還有該委員會在挑戰該法律時的律師人選，阿爾比恩·W·陶吉（Albion W. Tourgée），此人協助撰寫北卡羅萊納州一八六八年的進步憲法，以法官之姿在州內與三K黨對抗，並於一八九一年寫了一篇報紙專欄文章斥責路易斯安那州的隔離車廂法。陶吉獲得一家地方鐵路公司的協助，許多鐵路業者都不喜歡另設車廂造成的額外成本，因為黑人乘客真的寥寥無幾。

該委員會選擇了膚色較淡的荷馬・A・普萊西（Homer A. Plessy）來測試該法律。他進入了白人專用車廂，在車掌下逐客令時拒絕離開，然後遭到逮捕。陶吉覺得普萊西可以輕易被誤認為是白人的事實證明了想把種族區別寫進法律跟想授權車掌判定乘客種族的做法，是多麼荒謬的事情。然而他的核心主張呼應了哈爾藍在「民權案例」中的不同意見書——第十四修正案為一系列的新舊權利創造了國家的保障，以對抗種族歧視。他希望最高法院可以利用此次機會重新思索其在一八七三年屠宰場案判決中對於公民特權或豁免權的狹隘定義。此外他還堅定地認為路易斯安那州這部法律的用意，並不單純是要隔離不同種族，同時也要羞辱與貶低黑人，因此該法作為奴隸制的標誌，根據第十三修正案應該被宣告無效。陶吉在給最高法院的訴狀摘要中要求大法官們設身處地為黑人著想。要是哪天一醒來發現自己「生著黑皮膚」，且必須要忍受在火車上被驅趕的羞辱，他們做何感想？[55]

當普萊西案於一八九六年進入最高法院審理時，大法官們已經判決某鐵路公司沒能按一八八八年一部密西西比的法律要求，對乘客進行種族隔離的罪名成立。所以不令人意外地，最高法院同樣以七比一的票數維持了路易斯安那成文法的規定。大法官亨利・B・布朗（Henry B. Brown）身為麻薩諸塞州社會菁英出身的海事法專家，並未在其撰寫的判決書中正面回應陶吉大部分的主張，而只是怪罪黑人過於敏感。布朗堅稱，只要交通設施本身的條件是平等的，那麼分開乘坐就不是什麼「矮一截的標誌」，即使「有色人種」選擇「如此解讀」也是如此。因此第十四修正案的法律平等保護原則在此案並不適用。同時第十三修正案也沒有任何施力點，因為種族隔離是州警察權的「合理」施行，不是奴役的標誌。

然而布朗並沒有在法律層面的討論上打住，而是提起嚴格執行「社會平等」的老問題，並針對種族「本能」這樣的天性有多麼不可改變、以及種族間的「強制混合」如何不得人心發表他的見解。他宣稱重建修正案的「用意不可能是要廢止膚色之間的區別」。布朗把黑人說成是想像自己受到不公平的對待，但同時也提到白人是「強勢種族」，並補充說「如果有某種族相對於另一種族屬於社會上的弱勢，那麼美國憲法就不能將他們放在同一個基準」。確實，白人乘客若是被迫與黑人坐在一起，他們的聲譽就會蒙塵。布朗寫道，白人的身分是一種「財產」，而鐵路公司若使這種財產貶值，自然可以被告。普萊西雖然膚色偏淡，但並不屬於白人，因此無權擁有顯然比身為黑人的聲譽有價值的「身為白人的聲譽」。56

約翰・馬歇爾・哈爾藍身為唯一持不同意見的人，寫下了日後被公認為憲政平等主義經典表述的意見書。確實，哈爾藍對於平等的堅持有其侷限。他跟主流的歧視意見一樣反華；也確實，他之所以反對路易斯安那州法律的一個原因是，該法竟然可以讓因為歸化法律而無法成為公民的華裔旅客與白人同車廂，卻排除掉黑人公民，而當中的某些人可能曾經「為聯邦的存續出生入死」。兩年後，他將再一次持不同意見，而這次他不同意的是最高法院判定第十四修正案的出生即公民原則適用於在美國出生的華裔移民後代。57

然而在論及黑人時，哈爾藍以無可辯駁的論述拆解了布朗的種族主義邏輯。「白人種族，」哈爾藍寫道，豪無疑問是在財富、權力、地位與成就上都「最強勢的種族」。「但在憲法的眼裡，在法律的眼中，這個國家的公民之間並沒有哪個種族是更為優越、強勢的統治階層。……我們的憲法是色盲。」岌岌可危的並不是虛幻的社會平等，而是「個人自由」，因此路易斯安那州的法律所違反的不僅僅是第十四修正案，還有第十三修正案。公共或交通設施裡那些「昭然若揭」的平等假象，不能掩蓋一個事實：強制性的種族隔離並不是無害的種族區分，而是深植於奴隸制之種族霸權的展現。該州法認定黑人「劣等且低下到沒有資格與白人同坐」。「依我之見，」哈爾藍補充說，「今日的這個判決假以時日，危害將與此法庭在德雷德．史考特案中給出的裁定一樣深重。」哈爾藍正確預測了此判一出，種族隔離法律將如猛虎出柙，席捲南方生活的每一個面向。事實上，實施隔離的設施從來就不「平等」，而且無論如何，最高法院很快就不再堅持它們一定要平等的想法。一八九九年，最高法院准許喬治亞州某學校董事會以經濟考量為由關閉其黑人高中，而白人就讀高中的營運則不受影響。這次就連哈爾藍也沒有反對——畢竟判決書就是他寫的，他在其中表示校務資金的配置是州與地方政府的權限。58

靠著「布朗訴教育局案」*於超過半世紀後推翻美國公共教育中的「隔離但平等」（separate but equal）原則所獲得的標誌性歷史地位，「普萊西訴佛格森案」也在今日成為十九世紀末最為人所知的最高法院判例。然而在當時，這個案子並沒有獲得太多關注，僅有的一點報導也普遍只將它視為一起「鐵路案件」，跟公民權利沒有關係。但哈爾藍的不同意見書倒是鞏固了他在黑人社群中的聲譽。「我們唯一能給予哈爾藍大法官的，」一份黑人報紙評論說，「就是深深的敬意與感激。」南方白人大致上持相反看法。當哈爾藍在一九一一年去世時，田納西州曼菲斯的一份報紙評論道，此人的看法要是變成法律，「重建主義者的所有老派信條……恐怕早就獲得執行，而這個國家恐怕會經歷一場種族戰爭。」

隔年，普萊西案判決書的作者、退休大法官亨利・B・布朗，出版了他已故同僚的回憶錄。此時的布朗承認哈爾藍的主張——路易斯安那州的隔離法源自非法的歧視意圖——「恐怕是事實」。他同時也承認雖然一八八三年「民權案例」中的主要意見「獲得了全國性的普遍認可」，但他內心對於「憲法修正案的立法精神有無一字不漏地遭到犧牲」，以及黑人是否如哈爾藍所堅稱，「在公益所及的各個場所」都享有憲法保障應獲得平等待遇的權利，其實不無懷疑。然而到了布朗寫下這些話的一九一二年，哈爾藍當年對普萊西案將引發種族隔離立法浪潮的預言已然成真，且在最高法院對第十四修正案解釋的保護之下，這些法案全數合憲。[59]

至於投票權，最高法院的默許讓第十五修正案到了二十世紀初，在美國南方已經形同具文。雖然民主黨人長期使用犯罪者的剝奪投票權規定、「傑利蠑螈」（gerrymandering）[†]、暴力與騙局削弱黑人選民的數量與影響力，但拉吉法案的胎死腹中仍被視為民主黨可以徹底剝奪黑人投票權的放行訊號。開了第一槍的密西西比州在一八九〇年採行新憲，規定了幾件事情：強制繳納人頭稅；增加可遭剝奪投票權的罪名數量（小到「取得金錢或商品的名目與事實不符」都適用此處罰）；禁止唸不出州憲法的條文，或是無法對它進行合理詮釋的準選民投票。其中這最後一個「理解條款」讓黑人能否投票的決定權，落到了地方選民登記員的手裡，而這些人普遍是低階的民主黨黨工。密西西比州的制憲會議還呼籲撤銷美國憲法第十五修正案，在這之前為了避免直接挑戰該修正案，其州憲法的新規定並未明文提及種族。60

當這番剝奪黑人權利的作為在二十世紀初完成，非裔美國人那於一八七〇年被寫入憲法的投票權，已經絕跡於原邦聯地區與奧克拉荷馬州及德拉瓦州。如南方歷史學者法蘭西斯．

---

* 譯註：此案是由奧利佛．布朗（Oliver Brown）代表每天必須長途通勤到黑人學校的女兒琳達．布朗（Linda Brown），對堪薩斯州托皮卡市（Topeka）教育局提出的訴訟。為人父的布朗指控該局作為教育主管機關，放任托皮卡市的公立學校執行種族隔離。一九五四年五月十七日，最高法院以九比零的票數裁定種族隔離在公立學校中違憲。

† 譯註：以扭曲的選區劃分圖利自身黨派。

B・辛姆金斯（Francis B. Simkins）後來表示，剝奪投票權在南方的正當性「只來自一個立足點：傳言中重建時期的恐怖回憶」。此一結果原本應該要觸發第十四修正案第二項的規定，讓剝奪男性公民投票權的各州自動蒙受國會代表席次的減少。但沒有人採取這樣的行動。前重建時期眾議員鮑特韋爾於一九〇一年在筆下喟嘆道，第十五修正案已經「敗下陣來」，並稱南方各州政府「篡奪」了憲法的權力。第十五修正案的命運是憲法無效化的奇特案例，也是民主史上的罕見事件。原本可以投票的數百萬人突然就被剝奪該權利，這種事情在世界上絕不多見。[61]

最高法院拒絕宣告各州的剝奪投票權法案無效。一八九八年的「威廉斯訴密西西比州案」（*Williams v. Mississippi*）是這類案件的第一樁，起源於黑人亨利・威廉斯（Henry Williams）因為殺人罪被起訴，然後在全為白人的大小陪審團*前被定罪，接著提起上訴。由於陪審團員是選自密西西比州的選民名冊，而選民名冊又排除了幾乎所有黑人，因此威廉斯挑戰了一八九〇年州憲法的投票條款。該案值得注意之處在於最高法院前的辯論是由柯尼利亞斯・瓊斯（Cornelius Jones）為之，這是黑人律師首次在沒有白人律師陪同的情況下，於最高法院出庭。但大法官們最終不願意插手密西西比州的剝奪投票權政策。

一八八六年在「益和洗衣店訴霍普金斯案」（*Yick Wo v. Hopkins*）中，最高法院援引第十四修正案，無異議推翻了認定違反舊金山洗衣店營運條例的原判決。雖然該條例「表面上公平，看不出有不公正之處」，畢竟其內容並未提及國籍或種族，但大法官們認定該法的「適用與實施」都存在對華裔經營之生意的歧視（大法官史丹利・馬修斯〔Stanley Matthews〕語出驚人地形容是「以邪惡的眼光與不平等的手段」）。因此該條例等於「由州在實質上否定」了法律上的平等。然而當苦主變成非裔時，最高法院卻拘泥於法律的行文，不願深究其深層的用意。一八九〇年，密西西比州制憲會議成員曾明目張膽地宣告他們的目的——如一名代表所說，就是要「排除黑人」——最後他們也如願以償。但最高法院無異議判決（包括哈爾藍都令人費解地從了眾）由於密西西比州憲法並未「明文」提及種族，所以並沒有違反第十五修正案。最高法院宣稱雖然投票規定的執行導致幾乎沒有黑人可以登記投票，但這不能證明這些規定的適用具有歧視性。[62]

同樣重創黑人投票權的還有一九〇三年的「翟爾斯訴哈里斯案」（*Giles v. Harris*），這同樣是一個由黑人律師——畢業於波士頓大學法學院的威爾弗・H・史密斯（Wilford H. Smith）——在最高法院前據理力爭的案件。傑克森・V・翟爾斯（Jackson V. Giles）身為阿拉巴馬州黑人選舉權協會（Alabama Negro Suffrage Association）的會長，以及從一八七一到一九〇一年間都投過票的選民，提告以推翻阿拉巴馬州的投票資格規定，這些規定讓選

---

* 譯註：大陪審團負責決定證據是否足夠起訴嫌犯，小陪審團負責聽取跟審酌實際案情。

民登記員*得以排除掉欠缺「端正品格」或不理解「公民職責與義務」的個人。翟爾斯在其申訴中主張該州的整個選民登記體系都充斥著種族偏見。當時被狄奧多・羅斯福（Theodore Roosevelt）任命為大法官不久的奧利佛・溫岱爾・荷姆斯（Oliver Wendell Holmes）寫下了表決票數為六比三的主要意見書。事實上荷姆斯兩手一攤，表示最高法院對此事也無能為力。如果「廣大的白人人口都想要讓黑人不得投票」，他寫道，那大法官能做的事情真的不多，除非他們準備好要讓聯邦法院監督整個阿拉巴馬州的投票情形。「想化解這項政治上的重大過錯」，只能由「一州的百姓」透過民選的官員為之，再不然就是要由國會出手。（當然在此例中的阿拉巴馬，問題就出在這「一州的百姓」要如何定義。）荷姆斯日後會有一個極其卓越的司法生涯，但一名學者寫道，翟爾斯訴哈里斯案「正是——或者說應該要是——〔其名聲上〕最刺眼的污點」。[63]

自一八八三年的「民權案例」判決以來，沒有一樁涉及黑人的案件比翟爾斯訴哈里斯案獲得更多的報紙報導。民主黨陣營的報紙讚揚此判決顯示最高法院不會干預「主權州對於自身選舉的規範」。雖然荷姆斯並未明文支持阿拉巴馬州的選舉資格要求，但北方與南方的報紙都在頭條上說他有這意思，於是報上就有了像「最高法院力挺阿拉巴馬州憲法」與「可以阻止黑人投票了」這樣的字樣。北方則出現了一些不滿的聲音。「憲法變成無法執行的擺設了嗎？」《春田共和人報》問道。「我們或許得開始面對一種可能性，那就是憲法就算違反了也沒什麼大不了。」[64]

不認命的翟爾斯不僅輸掉了官司，還丟掉了郵差的工作，但他還是承諾要繼續奮戰。一九〇四年，他提起了損害賠償訴訟，並要求最高法院宣告阿拉巴馬州的投票條款無效作廢。又一次，他的訴求遭到駁回。一年後，尼亞加拉運動發起重振重建修正案的戰鬥，不久後交棒給全國有色人種協進會。但通往成功的是一條漫漫長路。重建法律遺產目前仍持續遭到廢除。在一九〇六年的「哈吉斯訴美國案」（*Hodges v. United States*）中，最高法院推翻聯邦法院對三名白人的有罪判決（他們暴力驅離八名黑人，使後者無法在阿肯色州鋸木廠工作），大大弱化了禁止干預黑人之自由勞動權的一八六六年《民權法案》。「我無法認同，」哈爾藍寫道，「這樣一種憲法解釋，認為國家不能保障我們廣大同胞的權利，然而那些權利就是由國家賦予他們的。」

這一長串判決中唯一可說是正面的發展，如同紐奧良公民委員會的領袖之一德迪納在談到普萊西案時所寫的，在於「我們的國民終於心滿意足地把美國政府逼到了牆角」，迫使它清楚表明這個國家對吉姆·克勞法的投入之深。[65]

* 譯註：譬如像傑夫·哈里斯（Jeff Harris），也就是此案中的被告，阿拉巴馬州蒙哥馬利郡的選民登記員。

結語

人們經常講述重振重建修正案的漫長奮鬥，這段歷程最終於一九五〇與一九六〇年代的二次重建期，在厄爾・華倫（Earl Warren）*擔任首席大法官時的最高法院各項判決中達到高峰。[1]時至今日，許多曾經由自由兄弟會、大法官約翰・馬歇爾・哈爾藍，以及基於人的權利、對重建修正案提出別種解釋的許多人所追求的目標，都已經深植於成文法中，並擁有最高法院的背書。這個國家走過了漫長的路途，實踐了重建時期的進程，雖然根深蒂固的不平等依舊存在。然而，二次建國裡的關鍵要素，如出生即公民、法律的平等保護，以及投票的權利，仍然受到高度質疑。另外，在一個重度依賴判例的司法環境裡，代表從重建時期理念撤退的關鍵判決，包含哈爾藍所稱最高法院對於第十三、十四、十五修正案那「狹隘且斧

* 譯註：美國政治家與法學家，共和黨籍，曾任第三十任加州州長（一九四三—一九五三）與美國第十四任首席大法官（一九五三—一九六九）。另外他也曾擔任華倫委員會（甘迺迪遇刺事件總統調查委員會）的主席，負責調查一九六三年的甘迺迪總統遇刺案。第十五任首席大法官為華倫・厄爾・波爾吉（Warren Earl Burge），其任期是一九六九到一九八六年。

鑿斑斑」的理解，依舊屹立不搖。

除了少數例外，如二十世紀初有一些案例宣告州法規範下的勞役抵債無效，關於第十三修正案的法律解釋仍然少之又少。同時國會也不曾證明它有意願按第十三修正案的執行條款推動立法。一九六八年，在民權革命的高峰，最高法院來到振興第十三修正案的邊緣，但最後仍功虧一簣地往後一退。在「瓊斯訴阿弗列．H．梅爾公司案」(*Jones v. Alfred H. Mayer Co.*）中，七比二的表決結果讓人得以根據一八六六年的《民權法案》（其頒布的根據正是第十三修正案）提起訴訟，針對房屋買賣中的種族歧視要求賠償。主要意見認為這類歧視剝奪了黑人以同白人的方式擁有不動產的權利，是一種源自奴隸制的汙名。但最高法院從未進而更廣泛地定義何謂奴役的「標誌與附帶事項」。因此第十三修正案在本質上就是無實質效力的條文，其目的在物化奴隸制消失的瞬間，就獲得了實現。這是相當不幸的事，因為該修正案的措辭並未提及任何州政府的行為。其蟄伏的力量幾乎從未被援引，作為對抗種族歧視這個美國奴隸制的強大歷史遺產的手段。[2]

如同第十三修正案，第十五修正案也僅在現代憲法中扮演一個小角色。它確實以憲法的高度批准了一九六五年的《投票權法案》（Voting Rights Act）——該法案恢復了數百萬南方黑人的投票權——以及一九五七與一九六四年《民權法案》中較為一般的投票條款。然而直到今天，投票權都還是激烈論辯的主題。許多州都在近年頒布了表面上並未提及種族或族裔，但所加上的選舉權行使條件看似旨在限縮黑人、拉丁裔與美國原住民投票權利的法律。最高法院已然認可了某些這類法律，還有其他類似的立法正在進行訴訟的攻防。

近年涉及第十五修正案的一起重大判決，發生在二〇一三年，案件的地點在阿拉巴馬州的薛爾比郡（Shelby County）。針對《投票權法案》規定某些長年在投票行為上有過種族歧視史的行政區在改變其投票規定前，需要先獲得聯邦的許可，最高法院宣告該條款無效。最高法院在其多數決中表示這條款代表對載入原始憲法中的「聯邦制度基本原則」的「嚴重背離」。最高法院堅持認為我們若因為州與地方政府過去有歧視的歷史，就懷疑它們現在還想這麼做，對它們並不公平。但一如任何對美國歷史瞭解夠深的人都能夠預料到，阿拉巴馬州立刻就將此判決解讀為最高法院決定放行，讓它可以頒布法律來限縮選民人口。舉例來說，阿拉巴馬州就此規定了投票需要備有附照片的身分證件，然後在黑人人口比重最高的郡內關閉駕照辦理處——讓想取得有照證件之選民走投無路。在確認對聯邦制之堅持的同時，薛爾比郡判決並沒有注意到二次建國是如何改變了原來的聯邦體系。確實直到今天，當保守派的法學專家討論起聯邦制時，幾乎都只會集中探討十八世紀制憲者的觀念，而忽略那些於重建時期構築憲法的人的想法。[3]

再說到第十四修正案，這條憲法經歷了驚人的擴張，然而該擴張也呼應了一八六六年時已經深入民間的期望，為整個國家建立普遍的平等標準。第十四修正案在二十世紀的權利革命中扮演了關鍵的角色。第十四修正案的「合併」大業——賓恩要求各州遵守《權利法案》所保障權利的理想——基本已經告成，雖非一蹴可幾，但隨著時間推移逐步達致。這個過程在二〇一〇年的「麥唐諾訴芝加哥市案」(*McDonald v. City of Chicago*)*（該案的判決要求各州要恪遵憲法第二修正案保證的佩戴武器權〔擁槍權〕)，以及二〇一九年的「提姆斯訴印第安納州案」(*Timbs v. Indiana*)†（該案的判決引入憲法第八修正案的「禁止高額罰款」條款）中達到巔峰。然而一反賓恩的期待，《權利法案》在這些州的適用是透過第十四修正案的「程序正義〔正當法律程序〕」條款，而不是禁止各州侵害美國公民特權或豁免權的條款，照理來說透過後者來應用《權利法案》會比較合乎邏輯。公民「特權或豁免權」條款的文字內容已在一八七三年的屠宰場案判決中被弄得幾無意義可言，且該判決至今仍是「可用的法律」。在麥唐諾案中，大法官山謬爾．亞利托（Samuel Alito）在主要意見書裡明言，「我們拒絕推翻屠宰場案的判決。」[4]

靠著第十四修正案的合併過程，各州如今必須按照列於《權利法案》中的各種基本自由行事，這大大擴充了全體美國人面對來自州與地方政府的蠶食時保護自身公民自由的能力。但諷刺的是當牽涉到美國黑人的地位時，第十四修正案的承諾從沒有真正被兌現過。當然，華倫大法官領軍的最高法院在一九五〇與一九六〇年代有計畫地拆解了龐大的種族隔離法律體系，這點他們功不可沒。但除卻推翻普萊西訴佛格森案的判決，這些大法官們從未在他們具有里程碑意義的去種族隔離案件中正面挑戰那一長串限制聯邦政府保障公民基本權利之權力的判例。他們選擇繞過當中的判例法問題。即便是在民權革命的高峰，這些大法官也沒有能鼓起勇氣代表最高法院說出一句：我們錯了，錯了至少八十年。[5]

最高法院一面裁定那些針對歧視行為懲罰個人或企業的立法有效，一面卻也從不願意否定州行為原則。一九四八年，在一樁裁定居住合約中的歧視性條款不能在法院裡執行（否則州會變成共犯）的判決中，大法官們重新確認了「牢牢嵌在我們憲法中」的該原則，亦即第十四修正案禁止的「只有州所從事的行為，至於純私人的行為不論多具有歧視性，都不在此列」。後來，在確認一九六四年《民權法案》禁止企業進行各種歧視的合憲性時，最高法院

* 譯註：此案涉及奧提斯．麥唐納（Otis McDonald，黑人）等芝加哥居民認為該市的法律侵犯了他們根據憲法第二修正案所享有的持有和攜帶武器權。他們基於二〇〇八年同樣涉及第二修正案的「哥倫比亞特區訴海勒案」（*District of Columbia v. Heller*），對芝加哥市提出了這場訴訟。最終在二〇一〇年六月二十八日，最高法院以五比四的票數裁定根據第十四修正案的正當法律程序條款，勝訴方為麥唐納。

† 譯註：泰森．提姆斯（Tyson Timbs，白人）在二〇一三購買了一輛價值四萬兩千美元的Land Rover休旅車，並以他父親的保險金支付。然後在接下來的數月中，他多次利用該車運輸海洛因，並於二〇一五年被交通警察臨檢查獲。提姆斯向印第安納州法院認罪後遭判六年徒刑（其中五年可緩刑），外加得支付約一千兩百美元的罰鍰與行政費用。此外印地安納州還打算利用民事程序沒收提姆斯的車輛。對此提姆斯認為沒收車輛屬於憲法第八修正案禁止的高額罰款，然而印地安納州最高法院則稱該修正案的禁止高額罰款條款並不適用州政府。最終在二〇一九年二月二十日，聯邦最高法院無異議裁定第八修正案的禁止高額罰款條款（透過第十四修正案的正當法律程序條款）適用於各州，因此判提姆斯勝訴。

參考的不是重建修正案，而是憲法中的商業條款（Commerce Clause）。[*]當國會在二〇〇九年頒布一部聯邦的仇恨犯罪法，讓聯邦有權起訴動機為涉及種族、性別、宗教信仰、出身國家之偏見的暴力行為時，它同樣是以該商業條款作為主要的行動依據。諸聯邦法院已經根據國會提供的依據裁定此部法律成立，但最高法院尚未判定此法的合憲性如何。（萬一真有這樣的仇恨案件出現，事情會如何發展還很難說。在二〇〇〇年的美國訴莫里森案〔*United States v. Morrison*〕[†]中，最高法院援引了一八八三年民權案例與美國訴哈里斯案的兩個判決來做成結論：國會無權針對女性受害但「非由州贊助」的暴力行為，提供聯邦法庭的救濟。）

必須將《商業條款》提升成某種「人權憲章」來彌補最高法院對於重建修正案的狹隘見解，讓美國的司法體制顯得非常可笑。誰都知道民眾上街要求通過《民權法案》，或是國會成員投票支持《民權法案》，不是為了確保貨暢其流。然而要想用上第十四修正案，就得先拒絕一套可以回溯到一八七〇年代的判例法。[6]

在莫里斯案的判決中，首席大法官威廉．瑞恩奎斯特（William Rehnquist）以呼應屠宰場案主要意見的口吻，宣稱第十四修正案的目標不是要「抹滅制憲者精心打造出來的（各州與聯邦政府間的）權力平衡」。瑞恩奎斯特認為引用民權案例與美國訴哈里斯案的判決沒有什麼問題，這一方面是因為「這些判決在書冊中存在已久」，也是因為發布這些判決的大法官們「對於採納第十四修正案而衍生的事件有著切身的認識，也相當熟悉它們」。他忽略的是當時從四面八方湧現的批評，也都來自對那些事件及其歷史背景的熟悉程度毫不遜色的一群人。[7]

時至今日，雖然許多形式的私人種族歧視都已經於法不容，同時也沒有州法或聯邦法律公然歧視黑人或其他少數族裔，但基於州行為原則的第十四修正案解釋仍讓人感到十分無力。比方說，你會看到這種解釋出現在一種判決裡，這種判決不讓種族因素被考慮進學校自發性的去隔離計畫（desegregation programs）‡中，論據是今日的種族區隔並非如過去那樣

* 譯註：指美國憲法第一條第八項第三款。該條款授權國會排他地管理對外貿易（commerce with foreign nations）、州際商業（commerce among the several states）以及與印第安部落的商業行為（commerce with Indian tribes），有相當數量的聯邦法律和條例是依據該條款制定。

† 譯註：一九九四年，維吉尼亞理工大學新生克莉斯蒂．伯讓柯拉（Christy Brzonkala）向校方控訴遭到同學安東尼奧．莫里森（Antonio Morrison）與詹姆斯．克勞佛（James Crawford）性侵。莫里森被判有罪並停學兩學期，克勞佛則未受罰。伯讓柯拉後續在聯邦法院提起訴訟，稱莫里森與克勞佛的行為觸犯了《暴力對待婦女法案》（Violence Against Women Act）。最終在二〇〇〇年五月十五日，最高法院以五比四裁定國會無權根據憲法的《商業條款》或第十四修正案來制定《暴力對待婦女法案》的民事救濟條款，理由是該法案未能規範對州際商業的重大影響，也未能糾正由州政府造成的傷害。

‡ 譯註：一種校園多元化的概念，具體做法可能有：以招生政策吸引不同種族和社會經濟背景的學生；實行開放招生，允許學生申請就讀不同學區的學校；提供家長和學生選擇學校的機會，而不是根據地理位置自動分配學校，這樣可以促進不同種族和背景的學生在同一所學校就讀；磁性學校：建立特定主題或專業課程（如科學、藝術或語言沉浸）的學校，吸引各種種族和背景的學生參加；跨區域巴士服務：提供跨學區的交通服務，讓學生能夠就讀距離較遠的學校，以達到種族多樣性的目的。

是由歧視性的法律強制造成，而是由「私人選擇」造成了具有種族同質性的居住模式。這種公私部門行為被嚴格區分開來的做法，讓我們很難處理聯邦、州、地方住房、區域重劃、交通運輸、房屋抵押貸款保險政策與銀行、不動產業者及購屋人的「私人」決策之間，千絲萬縷的關聯，而這些公共政策與私人決策共同造就了廣泛存在於住房與教育上的種族隔離。[8]

第十四修正案的法律平等保護條款也遵循類似的模式——其影響遠超過重建時期的原始設計，但對非裔美國人的影響則頗為有限。平等保護原則是最高法院一九六〇年代那里程碑式的「一人一票」裁定的依據，該裁定要求州議會與國會的選區人口必須（大致）相等。* 寶莉・莫瑞（Pauli Murray）† 與露絲・拜德・金斯伯格（Ruth Bader Ginsburg）‡ 那走在時代前端的法律論述中，都曾援引平等保護原則，這些論述說服美國的法院從一九七〇年代起，將第十四修正案應用在性別歧視上。以平等保護原則為基礎，一起一九八二年的裁定禁止各州拒絕無證移民（undocumented immigrants）的孩子進入公立學校就讀。靠著由正當法律程序與平等保護條款共同構成的憲法基礎，二〇一五年的一項判決要求各州允許同性戀伴侶結婚。平等保護條款讓第十四修正案成為一種手段，各種背景的美國人都能透過它爭取更大的權利，並針對各種形式的歧視尋求救濟。

然而論及種族正義，近期的最高法院似乎更同情不滿於積極平權政策造成之反向歧視的白人原告，而非那些為了克服數世紀以來由奴隸制與吉姆・克勞法所造成的遺緒的黑人們。

約翰・馬歇爾・哈爾藍曾以「我們的憲法是色盲」這句名言抨擊普萊西案的主要意見，為的就是要人勿忘二次建國的平等主義初衷，而這話也於近期開始被保守派大法官拿來挑戰各式各樣的種族考量。最高法院似乎認為「種族區別」——無論是修復式或壓迫式的——才是這個國家種族問題的根源，而不是不平等。這種更加根植於當代政治而非重建時代之實際歷史的看法，讓美國大大地走了回頭路，背離其基於種族意識促進平等的努力。[9]至於第十四修正案確立出生即公民原則的第一句話，近來也因適用於出生在美國的無證移民子女而變得備受爭議。政壇要角們紛紛呼籲要撤銷第十四修正案的這部分內容。在二〇一八年期中選舉的競選過程中，總統川普聲明他計劃發布行政命令來推翻該原則。總統可以單方面撤銷憲法條文的畫面使人心驚。此例一開，讓人不禁想問哪一條憲法將成為下個目標。

當然，今天的我們活在一個迥異於十九世紀末的法治時代。但從重建時期理念退場的陰影仍舊籠罩在當代法律解釋之上。然而，在重建時期及其後續發展出來的對立解釋——它們更強力地肯定二次建國寫入憲法的各項權利，以及聯邦政府落實這些權利的權力——仍有機會隨著政治環境的變遷而派上用場。沒有理由不重新賦予第十三修正案活力，讓它成為對抗

* 譯註：以確保每個人的一票有著大致相等的影響力。
† 譯註：法律學者與黑人女性社運分子。
‡ 譯註：人稱RBG，美國歷史上首位民主黨兼猶太裔女性身分的聯邦最高法院大法官。

源自奴隸制的長久不平等的武器；第十四修正案的公民特權或豁免權條款也沒有道理得繼續形同具文，而不能理解為涵蓋了所有被奴隸制剝奪，且對今日美國社會完整成員而言不可或缺的權利，像是充分的受教權，或甚至是林肯在《解放宣言》中提到的、前黑奴有權獲得的「合理工資」。為什麼，都到了二十一世紀，投票權還不能被視為是一種由所有美國人共享的公民特權？最高法院駁回「社會種族主義」（societal racism）*作為積極平權措施與校園融合計畫的合理依據，而不是將其當成正當理由詳加考慮，同樣令人費解；也沒道理州行為原則非得掣肘聯邦，限制中央政府保障全體美國人的權利不受私人或民間團體侵害的努力。更別提我們沒有理由藉由過度延伸的《商業條款》來追求種族平等的目標。重點不在於對立解釋得是重建修正案唯一的真正意義，而在於可行的其他選項要存在於最高法院所建立的判例法。這些扎根在歷史紀錄中的其他選項，將賦予重建修正案更大的力量。

在林肯第二任的就職演說中，他認定奴隸制是美國南北戰爭的根本成因，並含蓄地敦促美國人正面直視奴隸制的遺緒，並發揮創意思索如何實踐該制度瓦解後所釋放出的想望。三條重建修正案構成了美國一部分的回應。重建修正案多舛的歷史提醒了我們開國元勛麥迪遜在《聯邦黨人文集》（*The Federalist*）裡的警語，那就是在某些狀況下，憲法的保障對於想侵害美國民眾之自由的力量而言，也不過就是一道「羊皮紙障礙」罷了。[10]

權利可以獲得，也可以被剝奪。在奴隸制走到末路的一個半世紀後，平等公民權的計畫仍未告一段落。無論有再多的缺陷，南北戰爭之後的時代對於追求更平等、更公正社會的人們仍能有所啟發。我們每一日皆活在重建時期及其傾覆的複雜遺緒中。而由於自由、平等與民主的理想始終面臨質疑，我們對於重建修正案的理解也將永遠沒有拍板定案的一天。只要奴隸制與吉姆·克勞法的遺毒仍繼續戕害美國社會，我們便可料想美國人將回望這個國家的二次建國，從中為我們這個動盪不安的時代找到新的意義。

* 譯註：社會種族主義是一種基於社會內一系列制度、歷史、文化和人際實踐的種族主義，它使一個或多個社會或種族群體處於更有利的地位以取得成功，並使其他群體處於不利地位，從而導致群體之間產生差距。社會種族主義也被稱為結構性種族主義。

致謝

沒有一本歷史書可以不奠基於前人的學術研究而寫成，《二次建國》也不例外。所以我首先要表示深深感激的是歷史研究者的大家庭，感謝他們在我之前鑽研了第十三、十四與十五修正案的起源、批准與詮釋，是他們照亮了美國南北戰爭與重建時期，讓後人得以看清憲法革命是因何而起。

然而我確實也希望感謝一些回應了這本書在特定面向上的一些問題的個人，是他們分享觀念與資源，讓我獲得各式各樣的協助。布蘭登・吉里斯（Brendan Gillis）、大衛・柯尼格（David Konig）、艾倫・泰勒（Alan Taylor）與彼得・歐納夫（Peter Onuf）針對傑佛遜與第十三修正案那惡名昭彰的囚犯例外條款的起源，分享了他們的高見。德拉瓦大學有色人種代表大會研究計畫（Colored Conventions Project, University of Delaware）的蓋布芮爾・佛爾曼（Gabrielle Foreman）為我指點迷津，讓我得以透過鮮為人知的集會資料釐清非裔美國人對於憲法的想法，而萊斯莉・羅蘭（Leslie Rowland）為我在馬里蘭大學被解放黑奴與南方社會研究計畫（Freedmen and Southern Society Project, University of Maryland）的檔案中找到了有用的文件。在可回溯到許多年前的對話之中，阿克希爾・阿馬爾（Akhil Amar）、蘿拉・艾德華茲（Laura Edwards）、藍道爾・甘迺迪（Randall Kennedy）、凱特・馬蘇爾（Kate Masur）與艾美・德魯・史丹利（Amy Dru Stanley）分享過他們對於本書所討論之問題的看法。我從所有這些人身上獲益良多。

我格外感謝三位出類拔萃的學者——瑪莎・S・瓊斯（Martha S. Jones）、邁可・克拉爾曼（Michael Klarman），以及克里斯多福・施密特（Christopher Schmidt）。他們不吝於在百忙中替我試讀完整的書稿，給了我寶貴的建言。

我也要感謝這幾年我所參加的會議中的與會者，是你們對我發表的論文提供了鞭辟入裡的意見，幫助我釐清自己的思考：第十三修正案研討會（哥倫比亞大學法學院）；蔡司演說與研討會（喬治城大學憲法研究中心）；多重面貌的第十四修正案研討會（邁阿密大學）；第十五修正案研討會（南方大學）；林肯的未竟之業（克萊門森大學）；白宮法律顧問辦公室研習（大衛營）；以及第二屆與第十屆巡迴司法會議。

一如往常，我要感謝我的版權經紀人兼無所不能的顧問兼公關珊卓拉・迪吉克斯特拉（Sandra Dijkstra）及其助理，以及美國紐約諾頓出版公司（W. W. Norton & Company）的團隊，特別是強大可靠的編輯史提夫・佛爾曼（Steve Forman）與他的同事莉莉・蓋爾曼（Lily Gellman）。

我最感謝的是我的妻子琳恩・加拉佛拉（Lynn Garafola）。身為一名傑出的作者與編輯，她從自身的書寫計畫中抽出時間來，只為了閱讀我的稿子，並給予我建言、支持與不可勝數的各種協助。

本書的獻辭略表我對愛女達莉亞（Daria）與她先生克傑爾・溫根史汀（Kjell Wangensteen）的深厚情感，我們不久前才歡迎他加入我們的家庭。

寫於紐約市

二〇一八年十一月

《修憲提案通過時的眾議院一景》：第十三修正案由眾議院於一八六五年一月三十一日通過的瞬間，引發了議事廳內與長廊上的瘋狂慶祝。「那一幕，」一名北方的報社特派員說，「在我們國家的整個歷史上，從來沒有過先例。」

俄亥俄州的約翰・A・賓恩：第十四修正案第一項規定的主要作者。

俄亥俄州的詹姆斯·M·艾胥利：他於一八六三年十二月在眾議院提出第十三修正案。

麻薩諸塞州的查爾斯．桑姆納：為美國黑人之平等權利發聲的國會第一人，他起草的法案在他死後獲得通過，成為一八七五年的《民權法案》，但最高法院在一八八三年宣告該法案違憲。

賓州的賽迪斯．史蒂文斯：共和黨在眾議院的議事廳領袖，凡事直言不諱的共和黨激進派。

《繪於加利福尼亞國會的重建政策》：民主黨人毫不掩飾地訴諸種族歧視，以反對將公民身分與政治權利擴及非裔美國人。這幅出自一八六七年選戰的諷刺漫畫，將共和黨州長候選人喬治．C．戈爾漢（George C. Gorham）對黑人男性投票權的支持描繪成為華裔與美國原住民的投票權開了一扇門。左下角的喬納森兄弟（Brother Jonathan）作為傳統上的美國象徵，把他的手放在一個投票箱上，並訓誡戈爾漢說：「年輕人！要去讀一讀自己國家的歷史，這樣你才知道這個投票箱是白人專用的。」由戈爾漢扛在肩上的三個人物都在說話時操著高度誇張的方言。在右手邊，有一隻猴子被牽過來要加入其他選民。

THE RESULT OF THE FIFTEENTH AMENDMENT,
And the Rise and Progress of the African Race in America and its final Accomplishment, and Celebration on May 19th A.D. 1870.
BALTIMORE, PUBLISHED BY METCALF & CLARK, 687 W. BALTIMORE ST.

《第十五修正案的結果》：第十五修正案於一八七〇年通過，引發全國的慶祝活動。這幅石版畫描繪了這類活動中最盛大的一次，地點在巴爾的摩，有數萬名非裔美國人參與。在畫面中央，身穿制服的黑人祖阿夫部隊（Zouaves，譯註：來自法國的外籍軍團）在紀念碑大街（Monument Street）上行進，手拿步槍，黑白混雜的群眾則在一旁圍觀。圍繞著中央圖像的是黑人的生活場景：左上角是奴隸勞動，右上角是南北戰爭期間的黑人士兵，底部是一間教室和一間寫著「自由日已經到來」座右銘的教堂場景。圖片中描繪的人物包括：左邊的激進共和黨人賽迪斯．史蒂文斯、亨利．溫特．戴維斯和查爾斯．桑姆納；右邊的黑人廢奴主義者馬丁．R．迪拉尼和費德列克．道格拉斯，以及美國第一位黑人參議員希拉姆．瑞威爾斯。最上面從左到右依次是林肯、馬里蘭共和黨法官休．倫諾克斯．邦德、約翰．布朗、副總統史凱勒．柯法克斯和尤里西斯．S．葛蘭特。

《山姆大叔的感恩節晚餐》：這是湯瑪斯・納斯特（Thomas Nast）創作的一幅版畫，發表於第十五修正案即將通過之際，展現了二次建國所實踐的新國族觀。畫中白人、黑人、亞裔美國人、美洲原住民、男性與女性齊聚一堂，共享和諧盛宴，而「普選權」正是整場晚餐的核心。牆上懸掛著林肯、華盛頓與葛蘭特的肖像。畫面右上角描繪了紐約的卡索花園（Castle Garden），在開放艾利斯島（Ellis Island）之前，歐洲移民便是從此地登陸。左下角則可見「歡迎所有人來」的標語，象徵平等的理想不僅適用於美國本地出生的人，也適用於移民。

《眾議院司法委員會接見女性選舉權倡議代表團》：女性運動者對於第十四修正案中納入「男性」（male）一詞，以及第十五修正案未將投票權延伸至女性深感不滿。畫面中，一群女性正向司法委員會施壓，要求賦予女性選舉權，包括坐在發言者右側的伊莉莎白．凱迪．史丹頓（Elizabeth Cady Stanton），以及坐在最右側桌邊的蘇珊．B．安東尼（Susan B. Anthony）。正在向委員會發表演說的是維多利亞．伍德哈爾（Victoria Woodhull），一位知名的激進女性主義者。

魯道夫．德迪納：「公民委員會」的領導人之一。此委員會挑戰路易斯安那州一八九〇年《隔離車廂法》（Separate Car Act）的合憲性——該法要求鐵路公司隔離黑人與白人乘客。公民委員會將「普萊西訴佛格森案」一路上訴到最高法院，最終該法被宣判合憲。

約翰．馬歇爾．哈爾藍大法官：在「民權案例」、「普萊西訴佛格森案」以及其他一系列大幅限縮二次建國範圍的最高法院判決中謹守原則的異議者。

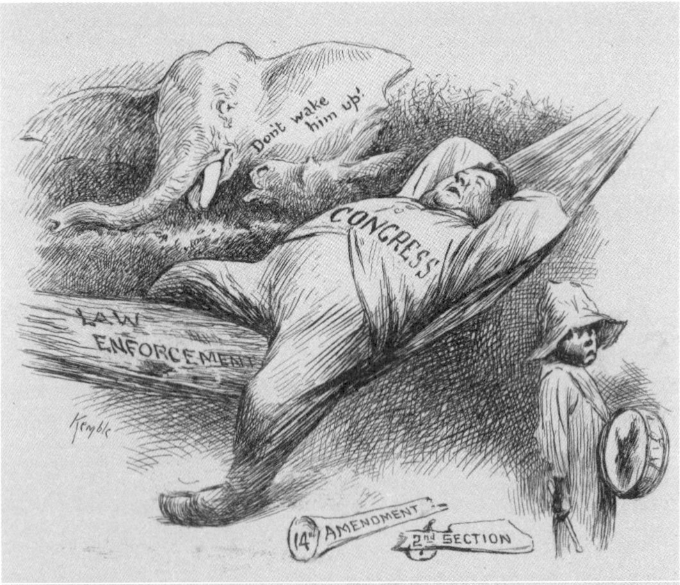

《第十四修正案》：這幅一九〇二年的諷刺漫畫譴責國會未能落實第十四修正案第二項。南方各州剝奪了幾乎所有黑人男性的投票權，依照憲法，這些州的眾議院席次應該大幅減少，但這項懲罰卻從未真正執行。

關於作者

哥倫比亞大學迪威特・柯林頓（Dewitt Clinton）[*]榮譽歷史教授艾瑞克・馮納，是美國最重要的歷史學家之一。他在哥倫比亞大學取得博士學位，師承理查・霍夫士達特（Richard Hofstadter）[†]。馮納曾擔任美國三大專業歷史組織的會長，它們分別是美國歷史學家組織（Organization of American Historians）、美國歷史學會（American Historical Association），以及美國歷史學家協會（Society of American Historians）。

馮納教授的著作聚焦於兩大主題，一為智識、政治與社會歷史的交叉點，另一則為美國種族關係的沿革，他的作品包括：*Free Soil, Free Labor, Free Men: The Ideology of the Republican Party Before the Civil War*（1970）、*Tom Paine and Revolutionary America*（1976）、

* 譯註：美國博物學者與政治家，曾任參議員、紐約市長與紐約州長。

† 譯註：上世紀五〇年代的美國公共知識分子，亦為哥倫比亞大學的迪威特・柯林頓歷史教授，兩度獲得普立茲獎，代表作為《美國的反智傳統》（*Anti-Intellectualism in American Life*）與《改革的年代》（*The Age of Reform*）等書。

Nothing But Freedom: Emancipation and Its Legacy（1983）；*Reconstruction: America's Unfinished Revolution, 1863–1877*（1988，班克羅夫特獎、法蘭西斯・帕克曼獎、洛杉磯時報圖書獎得獎作品）；*The Reader's Companion to American History*（編輯，與John A. Garraty合編，1991）；*The Story of American Freedom*（1998）；*Who Owns History? Rethinking the Past in a Changing World*（2002）；*Forever Free: The Story of Emancipation and Reconstruction*（2005）；*Our Lincoln: New Perspectives on Lincoln and His World*（編輯，2008）；*The Fiery Trial: Abraham Lincoln and American Slavery*（2010，普立茲獎、班克羅夫特獎、林肯獎得獎作品）；*Gateway to Freedom: The Hidden History of the Underground Railroad*（2015，紐約歷史協會圖書獎得主）；以及*Battles for Freedom: The Use and Abuse of American History*（2017）。他的美國歷史通論教科書*Give Me Liberty! An American History*於二〇〇四年出版，是該領域首屆一指的課本。他的作品已被翻譯成多國語言。

馮納還曾擔任過共同策展者，與奧利薇亞・馬洪尼（Olivia Mahoney）一起籌劃了兩場獲得獎項肯定的美國歷史展覽：*A House Divided: America in the Age of Lincoln*（芝加哥歷史學會，1990）與*America's Reconstruction: People and Politics After the Civil War*（維吉尼亞歷史學會，1995）。他為迪士尼世界的總統名人堂以及迪士尼樂園的「見過林肯先生」（Meet Mr. Lincoln）修訂美國歷史的展示內容，同時也擔任過好幾個國家公園服務處的歷史網站與歷史博物館的顧問。

馮納曾獲哥倫比亞畢業生學會頒發的優秀教師獎（1991），並獲哥倫比亞大學頒發的卓越教學總統獎（2006）。他是美國文理科學院（American Academy of Arts and Sciences）與英國國家學術院（British Academy）遴選出的會士，並擁有多所大學的榮譽博士學位。他曾任教於劍橋大學，擔任美國歷史與制度皮特講座教授（Pitt Professor）；牛津大學，擔任美國歷史的哈爾姆斯沃思教授（Harmsworth Professor）；莫斯科國立大學，擔任傅爾布萊特（Fulbright）教授；以及倫敦大學瑪麗王后學院，擔任利華休姆（Leverhulme）客座教授。

馮納是《過去與現在》（*Past and Present*）與《國家》（*Nation*）雜誌的編輯委員會成員，並供稿給《紐約時報》、《華盛頓郵報》、《洛杉磯時報》、《倫敦書評》等眾多出版品。他多次登上電視與廣播節目，在美國公共電視（PBS）與歷史頻道（History Channel）的歷史紀錄片裡也看得到他的身影。他在聯邦法院法官的大會上，在大衛營的白宮法務人員面前，在各個法學院的校園裡面，都發表過以重建修正案為題的專題演講。

64. *Charlotte Daily Observer*, April 29, 1903; *New Orleans Daily Picayune*, April 28, 1903; *Baltimore Sun*, April 28, 1903; *Springfield Daily Republican*, May 2, 1903.
65. *Montgomery Advertiser*, May 6, 1903; *Springfield Sunday Republican*, May 3, 1903; *Giles v. Teasley*, 193 U.S. 146 (1904); *James v. Bowman*, 190 U.S. 127 (1903); *Hodges v. United States*, 203 U.S. 1 (1906), 37. In the French-language original, Desdunes used the idiomatic expression "la satisfaction de pousser au pied de mure le gouvernement," which is difficult to translate exactly into English. It suggests forcing the government to do something it does not wish to do. Rodolphe Lucien Desdunes, *Nos Hommes et Notre Histoire* (Montreal, 1911), 194.

結語

1. For example, Richard Kluger, *Simple Justice: The History of Brown v. Board of Education and Black America's Struggle for Equality* (New York, 1976); Michael J. Klarman, *From Jim Crow to Civil Rights: The Supreme Court and the Struggle for Racial Equality* (New York, 2004).
2. *Bailey v. Alabama*, 219 U.S. 219 (1911); *Jones v. Alfred H. Mayer Co.*, 392 U.S. 409 (1968); Alexander Tsesis, *The Thirteenth Amendment and American Freedom: A Legal History* (New York, 2004), 83–84; William M. Carter Jr., "Race, Rights, and the Thirteenth Amendment: Defining the Badges and Incidents of Slavery," *UC Davis Law Review*, 40 (April 2007), 1311–22; Jack M. Balkin and Sanford Levinson, "The Dangerous Thirteenth Amendment," *CLR*, 112 (November 2012), 1460–70.
3. Ari Berman, *Give Us the Ballot: The Modern Struggle for Voting Rights in America* (New York, 2015); *Shelby County v. Holder*, 570 U.S. 529 (2013), 535; *New York Times*, June 25, 2018; Jamal Greene, "Fourteenth Amendment Originalism," *Maryland Law Review*, 71 (Issue 4, 2012), 978–79.
4. *McDonald v. City of Chicago*, 561 U.S. 742 (2010), 758; *Timbs v. Indiana*, 586 U.S. ___ (2019).
5. Paul Finkelman, "The Historical Context of the 14th Amendment," in Elizabeth Reilly, ed., *Infinite Hope and Finite Disappointment: The Story of the First Interpreters of the Fourteenth Amendment* (Akron, 2011), 35; Christopher W. Schmidt, *The Sit-Ins: Protest and Legal Change in the Civil Rights Era* (Chicago, 2018), 6–7; Pamela Brandwein, *Reconstructing Reconstruction: The Supreme Court and the Production of Historical Truth* (Durham, 1999), 176; Peggy Cooper Davis et al., "The Persistence of the Confederate Narrative," *Tennessee Law Review*, 84 (Winter 2017), 306–7, 341–43.
6. Martha Minow, "Alternatives to the State Action Doctrine in the Era of Privatization, Mandatory Arbitration, and the Internet: Directing Law to Serve Human Needs," *Harvard Civil Rights–Civil Liberties Law Review*, 52 (Winter 2017), 145–50; *Shelly v. Kraemer*, 334 U.S. 1 (1948); George Rutherglen, "The Thirteenth Amendment, the Power of Congress, and the Shifting Sources of Civil Rights Law," *CLR*, 112 (November 2012), 1561–63; Amy Dru Stanley, "The Sovereign Market and Sex Difference: Human Rights in America," in Christine Desan and Sven Beckert, eds., *American Capitalism: New Histories* (New York, 2018), 146–61.
7. *United States v. Morrison*, 529 U.S. 598 (2000), 602, 620–22.
8. Richard Rothstein, *The Color of Law: A Forgotten History of How Our Government Segregated America* (New York, 2017), xii–xv and *passim*.
9. *Adarand Constructors, Inc. v. Peña*, 515 U.S. 200 (1995).
10. Roy P. Basler, ed., *The Collected Works of Abraham Lincoln* (8 vols.: New Brunswick, 1953), 8: 332–33; Clinton Rossiter, ed., *The Federalist Papers* (New York, 1961), 276.

81; Robert Cook, "The Quarrel Forgotten? Toward a Clearer Understanding of Sectional Reconciliation," *JCWE*, 6 (September 2016), 426–27; John W. Burgess, *Reconstruction and the Constitution 1866–1876* (New York, 1902), vii, 217; William A. Dunning, *Essays on the Civil War and Reconstruction* (New York, 1904), 384–85; Eric Foner, "The Supreme Court and the History of Reconstruction—and Vice Versa," *CLR*, 112 (November 2012), 1585–1608.

53. *United States v. Wong Kim Ark* (1898), 169 U.S. 649; T. Alexander Aleinikoff, *Semblances of Sovereignty: The Constitution, the State, and American Citizenship* (Cambridge, 2002), 5–31; Mark Elliott, "The Lessons of Reconstruction: Debating Race and Imperialism in the 1890s," in Carole Emberton and Bruce W. Baker, eds., *Remembering Reconstruction: Struggles Over the Meaning of America's Most Turbulent Era* (Baton Rouge, 2017), 165–66.
54. Rayford W. Logan, *The Negro in American Life and Thought: The Nadir, 1877–1901* (New York, 1954); Michael J. Horan, "Political Economy and Sociological Theory as Influences Upon Judicial Policy—Making the *Civil Rights Cases* of 1883," *AJLH*, 16 (January 1972), 82–86; Adam Winkler, *We the Corporations: How American Businesses Won Their Civil Rights* (New York, 2018); Joseph B. James, *The Framing of the Fourteenth Amendment* (Urbana, 1956), 105, 159, 179.
55. Mark Elliott, *Color-Blind Justice: Albion Tourgée and the Quest for Racial Equality from the Civil War to Plessy v. Ferguson* (New York, 2006), 249–87; Charles A. Lofgren, *The Plessy Case: A Legal-Historical Interpretation* (New York, 1987), 32, 48–52, 173; Scott, "Public Rights," 797–802; Rodolphe Lucien Desdunes, *Our People and Our History: Fifty Creole Portraits*, ed. and trans. Dorothea Olga McCants (Baton Rouge, 1973), 141–44; Luxenberg, *Separate*, 471.
56. *Louisville, New Orleans, and Texas Railway v. Mississippi*, 133 U.S. 587 (1890); *Plessy v. Ferguson*, 163 U.S. 537 (1896), 544, 549, 550, 551.
57. Ibid., 561; *United States v. Wong Kim Ark*, 705; Gabriel J. Chin, "The First Justice Harlan by the Numbers: Just How Great was 'the Great Dissenter?' " *Akron Law Review*, 32 (Issue 3, 1992), 629–55.
58. *Plessy v. Ferguson*, 555, 559, 560, 562; *Cumming v. Richmond County Board of Education*, 175 U.S. 528 (1899).
59. Riegel, "Persistent Career," 17–20; *Dallas Morning News*, May 19, 1896; *San Francisco Chronicle*, May 19, 1896; *Enterprise* (Omaha), May 30, 1896; *Memphis Commercial Appeal*, October 18, 1911; Henry Billings Brown, "The Dissenting Opinions of Mr. Justice Harlan," *American Law Review*, 46 (May-June 1912), 336–38.
60. Foner, *Reconstruction*, 590–91; Francis N. Thorpe, ed., *The Federal and State Constitutions* (7 vols.: Washington, 1909), 4: 2120; Michael Perman, *Struggle for Mastery: Disfranchisement in the South, 1888–1908* (Chapel Hill, 2001), 13–28; Paul E. Herron, *Framing the Solid South: The State Constitutional Conventions of Secession, Reconstruction, and Redemption, 1860–1902* (Lawrence, 2017), 220–23.
61. Valelly, *Two Reconstructions*, 2, 123–26; Francis B. Simkins, "New Viewpoints on Southern Reconstruction," *Journal of Southern History*, 5 (February 1939), 50; George S. Boutwell, *Reminiscences of Sixty Years in Public Affairs* (2 vols.: New York, 1902), 2: 48. France instituted universal male suffrage in 1793, abandoned it in 1799, reintroduced it in 1848, and abandoned it again a few years later.
62. *Williams v. Mississippi*, 170 U.S. 213 (1898), 225; *Yick Wo v. Hopkins*, 118 U.S. 356 (1886), 373; Perman, *Struggle for Mastery*, 70.
63. Smith, *Emancipation*, 273; *Springfield Sunday Republican*, May 3, 1903; *Giles v. Harris*, 189 U.S. 475 (1903), 483, 488; Jamal Greene, "The Anticanon," *Harvard Law Review*, 125 (December 2011), 429.

The Lost Promise of *Strauder v. West Virginia*," *Texas Law Review*, 61 (May 1983), 1406–7.
38. *New York Tribune*, March 3, 1880.
39. Calhoun, *Conceiving*, 148–64; Wang Xi, *The Trial of Democracy: Black Suffrage and Northern Republicans, 1860–1910* (Athens, 1997), 330.
40. *Ex Parte Siebold*, 100 U.S. 371 (1880), 386, 394; *Ex Parte Yarbrough*, 110 U.S. 651 (1884), 652, 661, 663; Richard M. Valelly, *The Two Reconstructions: The Struggle for Black Enfranchisement* (Chicago, 2004), 69; *New York Times*, March 9, 1880; *Washington Post*, March 9, 1880.
41. *United States v. Harris*, 106 U.S. 629 (1883); Brandwein, *Rethinking*, 154–57.
42. Christopher Waldrep, *Jury Discrimination: The Supreme Court, Public Opinion, and a Grassroots Fight for Racial Equality in Mississippi* (Athens, 2010), 166; *Hall v. DuCuir*, 95 U.S. 485 (1878), 491, 502–4; *New Orleans Times-Picayune*, June 15, 1873; Brotherhood of Liberty, *Justice and Jurisprudence*, 191.
43. Stanley, "Slave Emancipation," 292; Fairman, *Reconstruction and Reunion*, 288–89, 564, 570; *Civil Rights Cases*, 109 U.S. 3 (1883), 11, 17, 20, 22, 24.
44. Linda Przybyszewski, *The Republic According to John Marshall Harlan* (Chapel Hill, 1999), 14–43, 83; Malvina Shanklin Harlan, *Some Memories of a Long Life* (New York, 2002), 112–14; *Civil Rights Cases*, 20, 26, 36, 42, 45, 53, 57, 61; *Pace v. Alabama*, 106 U.S. 583 (1883).
45. *Baltimore Sun*, October 17, 1883; *Hartford Daily Courant*, October 19, 1883; *Chicago Tribune*, October 17, 18, 1883; *Harrisburg Telegraph* in *Harrisburg Patriot*, October 17, 1883; *Milwaukee Daily Journal*, October 16, 1883; *Cincinnati Commercial Gazette*, October 27, 1883; William E. Read and William C. Berman, "Papers of the First Justice Harlan at the University of Louisville," *AJLH*, 11 (January 1967), 59n.
46. White, "Origins," 807; *Cleveland Gazette*, October 20, 1883; *New York Globe*, October 20, November 24, 1883; Steve Luxenberg, *Separate: The Story of Plessy v. Ferguson, and America's Journey from Slavery to Segregation* (New York, 2019), 356; Henry M. Turner, *The Black Man's Doom: Two Barbarous and Cruel Decisions of the United States Supreme Court* (Philadelphia 1896), 48–58.
47. *Civil Rights Cases*, 37; John H. Gauger, "A Delaware Experiment with Reconstruction Nullification," *Delaware History*, 21 (Spring-Summer 1985), 183–85; Donald G. Nieman, "The Language of Liberation: African Americans and Equalitarian Constitutionalism, 1830–1950," in Nieman, *Constitution, Law, and American Life*, 82; Davis, *"We Will Be Satisfied,"* 146–47; Foner, *Reconstruction*, 471; Stephen J. Riegel, "Persistent Career of Jim Crow: Lower Federal Courts and the Separate But Equal Doctrine, 1865–1896," *AJLH*, 28 (January 1984), 28–29.
48. Marianne L. Engelman Lado, "A Question of Justice: African-American Legal Perspectives on the 1883 Civil Rights Cases," *Chicago-Kent Law Review*, 70 (Issue 3, 1995), 1123–95; Carle, *Defining the Struggle*, 37–45; *New York Globe*, October 20, 1883.
49. Brotherhood of Liberty, *Justice and Jurisprudence*, 1, 13–14, 38, 76–77, 156–61, 244.
50. *Baltimore Sun*, December 30, 1889; *Kansas City Times*, May 11, 1890; *Philadelphia Inquirer*, January 9, 1890; *Detroit Plaindealer*, December 20, 1889; *Science: A Weekly Newspaper of All the Arts and Sciences*, 15 (January 10, 1890), 26–27.
51. Richard E. Welch Jr., "The Federal Elections Bill of 1890: Postscripts and Prelude," *JAH*, 52 (December 1965), 511–26; Valelly, *Two Reconstructions*, 121; Calhoun, *Conceiving*, 234–58.
52. David A. Bateman, Ira Katznelson, and John S. Lapinski, *Southern Nation: Congress and White Supremacy after Reconstruction* (Princeton, 2018), 77; Patrick J. Kelly, "The Election of 1896 and the Restructuring of Civil War Memory," in Alice Fahs and Joan Waugh, eds., *The Memory of the Civil War in American Culture* (Chapel Hill, 2004), 180–

Vote: Rediscovering the Woman Suffrage Movement (Troutdale, 1995), 81–87; Basch, "Reconstructing Citizenship," 55–71; *Minor v. Happersett*, 88 U.S. 162 (1875), 177.

24. Laura F. Edwards, "The Reconstruction of Rights: The Fourteenth Amendment and Popular Conceptions of Governance," *JSCH*, 41 (November 2016), 323–24; Jones, "Women, Gender, Reconstruction," 119–20; *New York Evening Post*, April 15, 1873.
25. Amy Dru Stanley, "Slave Emancipation and the Revolutionizing of Human Rights," in Gregory P. Downs and Kate Masur, eds., *The World the Civil War Made* (Chapel Hill, 2015), 269–73; Scott, "Public Rights," 783–90; David Donald, *Charles Sumner and the Rights of Man* (New York, 1970), 532–34; W. G. Eliot to Benjamin F. Butler, May 28, 1874, Benjamin F. Butler Papers, LC; James Mack Henry Frederick, *National Party Platforms of the United States* (Akron, 1896), 40, 44; Eric Foner, *Reconstruction: America's Unfinished Revolution 1863–1877* (New York, 2004 ed.), 532.
26. Stanley, "Slave Emancipation," 278–88; James W. White to Charles Sumner, January 27, 1872, Albert T. Morgan to Sumner, April 6, 1872, Charles Sumner Papers, HL; *CG*, 42nd Congress, 2nd Session, 429–31; *CR*, 43rd Congress, 1st Session, 50; *New National Era*, December 5, 1872; Barbara Y. Welke, "When All the Women Were White, and All the Blacks Were Men: Gender, Class, Race, and the Road to *Plessy*, 1855–1914," *LHR*, 13 (Fall 1995), 261–76; Jane Dailey, *Before Jim Crow: The Politics of Race and Emancipation in Postemancipation Virginia* (Chapel Hill, 2000), 106–9.
27. Foner, *Reconstruction*, 368–71; William S. Harris, *The Day of the Carpetbagger: Republican Reconstruction in Mississippi* (Baton Rouge, 1979), 440–46; *New Orleans Tribune*, January 7, 1869; H. S. McComb to Henry C. Warmoth, June 28, July 17, 1871, Henry C. Warmoth Papers, Southern Historical Collection, University of North Carolina.
28. Hugh Davis, *"We Will Be Satisfied with Nothing Less": The African American Struggle for Equal Rights in the North During Reconstruction* (Ithaca, 2011), 103–6; *CG*, 42nd Congress, 2nd Session, Appendix, 4.
29. Ibid., 42nd Congress, 2nd Session, 919; *CR*, 43rd Congress, 1st Session, 416; Calhoun, *Conceiving*, 70; Foner, *Reconstruction*, 533–35.
30. *CR*, 43rd Congress, 1st Session, 337, 412, 3451–54, 4148; 2nd Session, 242, 642–44, 727–29.; Donald, *Sumner*, 532.
31. *CR*, 43rd Congress, 1st Session, 407–10; Charles Fairman, *Reconstruction and Reunion 1864–88, Part Two* (New York, 1987), 174.
32. Stanley, "Slave Emancipation," 292; Alfred Avins, "The Civil Rights Act of 1875: Some Reflected Light on the Fourteenth Amendment and Public Accommodations," *CLR*, 66 (May 1966), 875.
33. Benjamin H. Bristow to G. C. Wharton, January 14, 1875, Benjamin H. Bristow Papers, LC; Carole Emberton, *Beyond Redemption: Race, Violence, and the American South After the Civil War* (Chicago, 2013).
34. LeeAnna Keith, *The Colfax Massacre: The Untold Story of Black Power, White Terror, and the Death of Reconstruction* (New York, 2008); Robert M. Goldman, *Reconstruction and Black Suffrage: Losing the Vote in Reese and Cruikshank* (Lawrence, 2001), 51–57; Brandwein, *Rethinking*, 15–17, 91–113; *United States v. Cruikshank*, 92 U.S. 542 (1875), 542, 551, 556.
35. *United States v. Reese*, 92 U.S. 214 (1875), 217–18.
36. *Strauder v. West Virginia*, 100 U.S. 303 (1880), 306; *Ex Parte Virginia*, 100 U.S. 339 (1880).
37. *Wheeling Register*, March 3, 1880; *New York Times*, March 19, 1880; *Virginia v. Rives*, 100 U.S. 313 (1880), 318; *Strauder v. West Virginia*, 310; Michael J. Klarman, *From Jim Crow to Civil Rights: The Supreme Court and the Struggle for Racial Equality* (New York, 2004), 40–41; Benno C. Schmidt Jr., "Juries, Jurisdiction, and Race Discrimination:

11. *New York Tribune*, March 3, 1880; John Sherman, *Selected Speeches and Reports on Finance and Taxation* (New York, 1879), 454; *CR*, 44th Congress, 1st Session, 5585; James G. Blaine, *Twenty Years of Congress* (2 vols.: Norwich, 1884), 2: 419–20; Rebecca J. Scott, "Public Rights, Social Equality, and the Conceptual Roots of the Plessy Challenge," *Michigan Law Review*, 106 (March 2008), 780.
12. *Blyew v. United States*, 80 U.S. 581 (1871), 591–93, 595–601.
13. *Milwaukee Daily Sentinel*, April 22, 1873; Ronald M. Labbé and Jonathan Lurie, *The Slaughterhouse Cases: Regulation, Reconstruction, and the Fourteenth Amendment* (Lawrence, 2003), 6, 75; Michael A. Ross, "Justice Miller's Reconstruction: The *Slaughter-House Cases*, Health Codes, and Civil Rights in New Orleans, 1861–1873," in Elizabeth Reilly, ed., *Infinite Hope and Finite Disappointment: The Story of the First Interpreters of the Fourteenth Amendment* (Akron, 2011), 99–114; Randy E. Barnett, "The Three Narratives of the *Slaughter-House Cases*," *JSCH*, 41 (November 2016), 298–304.
14. *Slaughterhouse Cases*, 83 U.S. 36 (1873), 62, 66, 68, 71, 78–80.
15. Ibid., 68; Nelson, *Fourteenth Amendment*, 163; *CR*, 43rd Congress, 1st Session, 4148; 2nd Session, 1379; Charles W. Calhoun, *Conceiving a New Republic: The Republican Party and the Southern Question, 1869–1900* (Lawrence, 2006), 52.
16. Michael A. Ross, *Justice of Shattered Dreams: Samuel Freeman Miller and the Supreme Court During the Civil War Era* (Baton Rouge, 2003), 204–5; Paul Kens, *The Supreme Court Under Morrison R. Waite, 1874–1888* (Columbia, 2010), 4–5, 25; William J. Novak, *The People's Welfare: Law and Regulation in Nineteenth-Century America* (Chapel Hill, 1996), 230–32.
17. *Slaughterhouse Cases*, 92, 96, 113, 123, 125, 129.
18. Timothy S. Huebner, *Liberty and Union: The Civil War Era and American Constitutionalism* (Lawrence, 2016), 397–98; Ross, *Miller*, xvi, 27, 201–8; Ross, "Miller's Reconstruction," 97–98; *Louisville Courier-Journal*, April 15, 1873; David S. Bogen, "Rebuilding the Slaughter-House: The Cases' Support for Civil Rights," in Reilly, *Infinite Hope*, 119–23; Richard L. Aynes, "Constricting the Law of Freedom: Justice Miller, The Fourteenth Amendment, and the *Slaughter-House Cases*," *Chicago-Kent Law Review*, 70 (1994), 627–89; Barnett, "Three Narratives," 295; Labbé and Lurie, *Slaughterhouse Cases*, 2; *New Orleans Daily Picayune*, April 15, 1873.
19. Norma Basch, "Reconstructing Female Citizenship: *Minor v. Happersett*," in Donald G. Nieman, ed., *The Constitution, Law, and American Life: Critical Aspects of the Nineteenth-Century Experience* (Athens, 1992), 53; Catherine A. Jones, "Women, Gender, and the Boundaries of Reconstruction," *JCWH*, 8 (March 2018), 116.
20. Gwen Hoerr Jordan, " 'Horror of a Woman': Myra Bradwell, the 14th Amendment, and the Gendered Origin of Sociological Jurisprudence," in Reilly, *Infinite Hope*, 191–202; Niven, *Chase Papers*, 3: 367–69.
21. *Bradwell v. Illinois*, 83 U.S. 130 (1873), 139, 141–42; Amy Dru Stanley, "The Sovereign Market and Sex Difference: Human Rights in America," in Christine Desan and Sven Beckert, eds., *American Capitalism: New Histories* (New York, 2018), 147.
22. *Cleveland Plain Dealer*, April 17, 1873; Peter W. Bardaglio, *Reconstructing the Household: Families, Sex, and the Law in the Nineteenth-Century South* (Chapel Hill, 1995), 131–35; Nancy W. Bercaw, *Gendered Freedoms: Race, Rights, and the Politics of Household in the Delta, 1861–1875* (Gainesville, 2003), 171–73; Jordan, " 'Horror of a Woman,' " 190; Peggy Cooper Davis, *Neglected Stories: The Constitution and Family Values* (New York, 1997), 23.
23. Ellen Carol DuBois, "Taking the Law Into Our Own Hands: *Bradwell, Minor*, and Suffrage Militance in the 1870s," in Marjorie Spruill Wheeler, ed., *One Woman, One*

47. Ibid., 41st Congress, 3rd Session, 1271; 42nd Congress, 1st Session, 477, 575–77, 709, 1871; Appendix, 153, 414–15.
48. Gregory P. Downs, *After Appomattox: Military Occupation and the Ends of War* (Cambridge, 2015), 6–9, 40–41; Robert W. Coakley, *The Role of Federal Military Forces in Domestic Disorders 1789–1878* (Washington, 1988), 311–12; Mark L. Bradley, *Bluecoats and Tar Heels: Soldiers and Civilians in Reconstruction North Carolina* (Lexington, 2009), 5–6; Lou Falkner Williams, *The Great South Carolina Ku Klux Klan Trials, 1871–1872* (Athens, 1996); Wang Xi, *The Trial of Democracy: Black Suffrage and Northern Republicans, 1860–1910* (Athens, 1997), 300–301.
49. Ibid., 300–301; August Belmont to G. W. McCrook, June 5, 1871, in Manton Marble Papers, LC; Frederick, *Platforms*, 39; Foner, *Reconstruction*, 508.
50. Clemenceau, *Reconstruction*, 299; *New York Tribune*, February 27, 1869; *New National Era*, March 21, 1872; James A. Garfield to Robert Folger, April 16, 1870, Letterbook, James A. Garfield Papers, LC.
51. Gillette, *Retreat*, 364.

第四章　正義與判例法

1. William M. Alexander, *The Brotherhood of Liberty, or Our Day in Court* (Baltimore, 1891), 6–12; *Indianapolis Freeman*, February 15, 1890; J. Clay Smith Jr., *Emancipation: The Making of the Black Lawyer, 1844–1944* (Philadelphia, 1993), 143–44, 178; Susan D. Carle, *Defining the Struggle: National Racial Justice Organizing, 1880–1915* (New York, 2013), 35–36.
2. *New York Freeman*, December 4, 1886; *Indianapolis Freeman*, April 6, 1889; Alexander, *Brotherhood*, 18.
3. Melissa Milewski, *Litigating Across the Color Line: Civil Cases Between Black and White Southerners from the End of Slavery to Civil Rights* (New York, 2018), 48–54, 77; Carle, *Defining*, 1–5, 54–56, 195.
4. Brotherhood of Liberty, *Justice and Jurisprudence: An Inquiry Concerning the Constitutional Limitations of the Thirteenth, Fourteenth, and Fifteenth Amendments* (Philadelphia, 1889), v, 423, 428, 451; Jon-Christian Suggs, "Romanticism, Law, and the Suppression of African-American Citizenship," in Reynolds J. Scott-Childress, ed., *Race and the Production of Modern American Nationalism* (New York, 1999), 67.
5. William E. Nelson, *The Fourteenth Amendment: From Political Principle to Judicial Doctrine* (Cambridge, 1988), 1; Richard L. Aynes, "Unintended Consequences of the Fourteenth Amendment," in David E. Kyvig, ed., *Unintended Consequences of Constitutional Amendments* (Athens, 2000), 120; Pamela Brandwein, *Rethinking the Judicial Settlement of Reconstruction* (New York, 2011), 1–3; G. Edmund White, "The Origins of Civil Rights in America," *Case Western Reserve Law Review*, 64 (Issue 3, 2014), 756.
6. *New York Times*, October 16, 1883.
7. John Niven, ed., *The Salmon P. Chase Papers* (5 vols.: Kent, 1993–98), 5: xx.
8. Pamela Brandwein, *Reconstructing Reconstruction: The Supreme Court and the Production of Historical Truth* (Durham, 1999), 85.
9. Brief biographies of the justices may be found in Kermit L. Hall, ed., *The Oxford Companion to the Supreme Court of the United States* (2nd ed.: New York, 2005); Andrew Kent, "The Rebel Soldier Who Became Chief Justice of the United States: The Civil War and Its Legacy for Edward Douglass White of Louisiana," *AJLH*, 56 (June 2016), 255.
10. Brotherhood of Liberty, *Justice and Jurisprudence*, 192; John G. Sproat, *The "Best Men": Liberal Reformers in the Gilded Age* (New York, 1968).

33. *Jackson Weekly Mississippi Pilot*, April 9, 1870; *New York Times*, April 9, 1870; Mitch Kachun, *Festivals of Freedom: Memory and Meaning in African American Emancipation Celebrations, 1808–1915* (Amherst, 2003), 132–33.
34. Foner, *Reconstruction*, 448; Timothy S. Huebner, *Liberty and Union: The Civil War Era and American Constitutionalism* (Lawrence, 2016), 391; *NAS*, May 15, June 5, 1869; *New York Times*, April 10, 1870.
35. Sarah Pugh to Mary Estlin, January 31, 1869, Estlin Papers, Dr. Williams's Library, London; Martha S. Jones, *All Bound Up Together: The Woman Question in African American Public Culture* (Chapel Hill, 2007), 146–47, 197; *Proceedings of the National Convention of the Colored Men of America* (Washington, 1869), 6, 12.
36. Faye E. Dudden, *Fighting Chance: The Struggle over Woman Suffrage and Black Suffrage in Reconstruction America* (New York, 2011), 80; Susan B. Anthony to Charles Sumner, February 8, 1870, Charles Sumner Papers, HL; *The Revolution*, February 11, March 11, June 10, 1869.
37. Ibid., January 20, 1868, March 11, 1869.
38. Ibid., December 24, 1868, March 18, May 20, 27, 1869; Alison M. Parker, *Articulating Rights: Nineteenth-Century American Women on Race, Reform, and the State* (DeKalb, 2010), 119–20; Rosalyn Terborg-Penn, *African American Women in the Struggle for the Vote, 1850–1920* (Bloomington, 1998), 27–42; Ellen C. Du Bois, *Feminism and Suffrage: The Emergence of an Independent Women's Movement in America 1848–1869* (Ithaca, 1978), 71–72.
39. Free, *Suffrage*, 162–64; *The Revolution*, December 17, 1868; *CG*, 39th Congress, 2nd Session, 40; 40th Congress, 3rd Session, 710, 727, 1039; *New York Times*, March 11, 1869; *Springfield Republican* in *NAS*, January 30, 1869.
40. Foner, *Reconstruction*, 425–35.
41. Hannah Rosen, *Terror in the Heart of Dixie: Citizenship, Sexual Violence, and the Meaning of Race in the Postemancipation South* (Chapel Hill, 2009), 9, 117, 180; J. W. Bailey to DeWitt Senter, May 15, 1869, Tennessee Governor's Papers, Tennessee State Library and Archives; Kidada E. Williams, *They Left Great Marks on Me: African American Testimonies of Racial Violence from Emancipation to World War I* (New York, 2012), 25; Herbert Aptheker, ed., *A Documentary History of the Negro People in the United States* (New York, 1969), 594–99; *Proceedings of the State Convention of the Colored Citizens of Tennessee* (Nashville, 1871), 4–7, 15; Adam Palmer to Rufus Bullock, August 24, 1869, Georgia Governor's Papers, University of Georgia; *New National Era*, March 21, 1872; 42nd Congress, 2nd Session, House Report 22 [Ku Klux Klan Hearings], Georgia, 611.
42. Shannon M. Smith, " 'They Mustered a Whole Company of Ku Klux as Militia': State Violence and Black Freedoms in Kentucky's Readjustment" (Paper Delivered at Conference: Freedoms Gained and Lost: Reinterpreting Reconstruction in the Atlantic World, College of Charleston, 2018).
43. John H. Wager to William H. Smith, August 1, 1869; Alabama Governor's Papers, Alabama State Department of Archives and History; Foner, *Reconstruction*, 342, 431; *U.S. Statutes at Large*, 16: 140–46, 433–40; 17: 13–15; *CG*, 41st Congress, 2nd Session, 3111–13.
44. Pamela Brandwein, *Rethinking the Judicial Settlement of Reconstruction* (New York, 2011), 30–51; Richard M. Valelly, *The Two Reconstructions: The Struggle for Black Enfranchisement* (Chicago, 2004), 107–8; *CG*, 42nd Congress, 1st Session, 375, 501; Appendix, 69–70, 78–79.
45. Ibid., 42nd Congress, 1st Session, 391, 394–95; 2nd Session, 1987.
46. Ibid., 42nd Congress, 1st Session, 448; Appendix, 153–54.

Norwich, 1884), 2: 412; James M. McPherson, *The Struggle for Equality: Abolitionists and the Negro in the Civil War and Reconstruction* (Princeton, 1964), 424; *Philadelphia Press*, November 6, 1868.

10. *CG*, 40th Congress, 3rd Session, 6–9; *Hartford Daily Courant*, December 17, 1868.
11. Alexander Keyssar, *The Right to Vote: The Contested History of Democracy in the United States* (New York, 2000), 94; *CG*, 40th Congress, 3rd Session, 709, 982–83.
12. Ibid., 40th Congress, 3rd Session, 728, 990; *Proceedings of the National Convention of the Colored Men of America* (Washington, 1869), 1, 20.
13. *CG*, 40th Congress, 3rd Session, 560; Appendix, 294.
14. *New York Journal of Commerce*, February 2, 1869; *CG*, 40th Congress, 3rd Session, 668.
15. Ibid., 40th Congress, 3rd Session, 901, 939; 41st Congress, 2nd Session, Appendix, 411.
16. *Cincinnati Daily Gazette*, March 21, 1866; *Springfield Weekly Republican*, February 6, 1869; Foner, *Reconstruction*, 447; *CG*, 40th Congress, 3rd Session, 1037; Keyssar, *Right to Vote*, 97; *Chicago Tribune*, February 1, 1869.
17. *Milwaukee Daily Sentinel*, January 27, 1869; *Hartford Daily Courant*, February 6, 1869; *CG*, 40th Congress, 3rd Session, 1013, 1037.
18. *Chicago Tribune*, February 10, 25, 1869; *CG*, 40th Congress, 3rd Session, 668–69.
19. *Boston Daily Advertiser*, February 10, 1869; Blaine, *Twenty Years*, 2: 416; Keyssar, *Right to Vote*, 100–101; Hans L. Trefousse, *The Radical Republicans: Lincoln's Vanguard for Racial Justice* (New York, 1969), 416–18.
20. *NAS*, February 20, 1869; George S. Boutwell, *Reminiscences of Sixty Years in Public Affairs* (2 vols.: New York, 1902), 2: 44–52.
21. *CG*, 40th Congress, 3rd Session, 1623; Georges Clemenceau, *American Reconstruction 1865–1870*, ed. Fernand Baldensperger, trans. Margaret MacVeagh (New York, 1928), 278–79.
22. *CG*, 40th Congress, 3rd Session, 862–63; Appendix, 97–99.
23. Henry Adams, "The Session," *North American Review*, 108 (April 1869), 613; *CG*, 40th Congress, 3rd Session, 863.
24. Ibid., 40th Congress, 3rd Session, 722, 1009, 1626–27; William Dudley Foulke, *Life of Oliver P. Morton* (2 vols.: Indianapolis, 1899), 2: 106–9.
25. *Boston Daily Advertiser*, March 1, 1869; *CG*, 40th Congress, 3rd Session, 727, 1010.
26. Foner, *Reconstruction*, 446; *CG*, 40th Congress, 3rd Session, 706, 909, 990; Appendix, 151, 205.
27. James D. Richardson, ed., *A Compilation of the Messages and Papers of the Presidents 1789–1897* (10 vols.: Washington, 1896–99), 7: 8; Foner, *Reconstruction*, 452.
28. William Gillette, *The Right to Vote: Politics and the Passage of the Fifteenth Amendment* (Baltimore, 1965), 150–54; David E. Kyvig, *Explicit and Authentic Acts: Amending the U.S. Constitution, 1776–1995* (Lawrence, 1996), 180–81. The states where black men did not enjoy the same voting rights as white men until ratification of the Fifteenth Amendment were: California, Connecticut, Delaware, Illinois, Indiana, Kansas, Kentucky, Maryland, Missouri, Ohio, Oregon, Nevada, New Jersey, New York, Pennsylvania, Tennessee, and West Virginia,
29. Akhil Reed Amar, *America's Constitution: A Biography* (New York, 2005), 401; McPherson, *Struggle for Equality*, 424–25.
30. Richard M. Re and Christopher M. Re, "Voting and Vice: Criminal Disenfranchisement and the Reconstruction Amendments," *YLJ*, 121 (May 2012), 1583–85, 1624–33; *CG*, 39th Congress, 2nd Session, 324; 40th Congress, 3rd Session, 361, 828.
31. Ibid., 40th Congress, 3rd Session, 862; *New York Times*, October 7, 2016.
32. Richardson, *Messages and Papers*, 7: 56; William Gillette, *Retreat from Reconstruction 1869–1879* (Baton Rouge, 1979), 22–23; *New National Era*, August 31, 1871; *Christian Recorder*, April 9, 1870.

48. *CG*, 39th Congress, 2nd Session, 159–60; Foner, *Reconstruction*, 276–77; Robert M. Goldman, *Reconstruction and Black Suffrage: Losing the Vote in Reese and Cruikshank* (Lawrence, 2001), 12.
49. Francis N. Thorpe, ed., *The Federal and State Constitutions* (7 vols.: Washington, 1909), 2: 822; 3: 1449–50, 1461, 1467; 5: 2800; 6: 3593; William M. Wiecek, "The Reconstruction of Federal Judicial Power, 1863–1875," *AJLH*, 13 (October 1969), 333–36.
50. Joseph B. James, *The Ratification of the Fourteenth Amendment* (Macon, 1984); Foner, *Reconstruction*, 277.
51. *New York Journal of Commerce*, June 16, 1866; *Springfield Republican*, June 9, 1866.

第三章　投票的權利

1. Eric Foner, *Reconstruction: America's Unfinished Revolution 1863–1877* (New York, 2014 ed.), 281–91; Francis B. Simkins and Robert H. Woody, *South Carolina During Reconstruction* (Chapel Hill, 1932), 81; Steven Hahn, *A Nation Under Our Feet: Black Political Struggles in the Rural South from Slavery to the Great Migration* (Cambridge, 2003), 184; Samuel S. Gardner to O. D. Kinsman, July 23, 1867, Wager Swayne Papers, Alabama State Department of Archives and History; Joseph H. Catchings to Benjamin G. Humphreys, August 24, 1866, Mississippi Governor's Papers, Mississippi Department of Archives and History; Sydney Nathans, *A Mind to Stay: White Plantation, Black Homeland* (Cambridge, 2017), 116.
2. 41st Congress, 2nd Session, House Miscellaneous Document 154, 1: 637; *Mobile Nationalist*, April 25, May 16, 1867; Laura F. Edwards, *A Legal History of the Civil War and Reconstruction: A Nation of Rights* (New York, 2015), 130–36; Kate Masur, *An Example for All the Land: Emancipation and the Struggle Over Equality in Washington, D.C.* (Chapel Hill, 2010), 7–9; William Crely to Adelbert Ames, October 9, 1875, Mississippi Governor's Papers.
3. Eric Foner, "Rights and the Constitution in Black Life During the Civil War and Reconstruction," *JAH*, 74 (December 1987), 203; Anne C. Bailey, *The Weeping Time: Memory and the Largest Slave Auction in American History* (New York, 2017), 123; *Washington Daily Morning Chronicle*, January 11, 1867; W. E. B. Du Bois, *The Souls of Black Folk* (Chicago, 1903), 4; *CG*, 40th Congress, 3rd Session, 555.
4. *Boston Daily Advertiser*, January 25, 1869; *CG*, 39th Congress, 2nd Session, 63, 76.
5. Leslie H. Fishel Jr., "Northern Prejudice and Negro Suffrage 1865–1870," *Journal of Negro History*, 39 (January 1954), 19–22; LaWanda Cox and John H. Cox, "Negro Suffrage and Republican Politics: The Problem of Motivation in Reconstruction Historiography," *Journal of Southern History*, 33 (August 1967), 317–19; Schuyler Colfax to Theodore Tilton, January 4, 1868, Schuyler Colfax Papers, New York Public Library; Phyllis F. Field, "Republicans and Black Suffrage in New York State: The Grass-Roots Response," *Civil War History*, 21 (June 1975), 141–46.
6. *CG*, 40th Congress, 3rd Session, 672, 708.
7. Henry D. Moore to Elihu B. Washburne, December 7, 1867, Elihu B. Washburne Papers, LC; James Mack Henry Frederick, *National Party Platforms of the United States* (Akron, 1896), 34; *CG*, 40th Congress, 3rd Session, 1006, 1966; Thaddeus Stevens to Charles Pence, June 24, 1868, Thaddeus Stevens Papers, LC.
8. Alexander C. Flick, *Samuel Jones Tilden; A Study in Political Sagacity* (New York, 1939), 176; *Official Proceedings of the Democratic National Convention* (New York, 1868), 180; *New York World*, September 13, 1868.
9. *Address of the Colored Men's Border State Convention to the People of the United States* (Broadside: Baltimore, 1868); James G. Blaine, *Twenty Years of Congress* (2 vols.:

George William Curtis* (3 vols.: New York, 1894), 1: 172.

35. William J. Novak, "The Legal Transformation of Citizenship in Nineteenth-Century America," in Meg Jacobs, William J. Novak, and Julian E. Zelizer, eds., *The Democratic Experiment: New Directions in American Political History* (Princeton, 2003), 93–106.
36. Faye E. Dudden, *Fighting Chance: The Struggle over Woman Suffrage and Black Suffrage in Reconstruction America* (New York, 2011), 70–81, 82; Ellen C. Du Bois, *Feminism and Suffrage: The Emergence of an Independent Women's Movement in America 1848–1869* (Ithaca, 1978), 61; *NAS*, May 13, 1865.
37. Free, *Suffrage Reconstructed*, 6, 105–6, 133–34; Dudden, *Fighting Chance*, 70–71; Martha S. Jones, *All Bound Up Together: The Woman Question in African American Public Culture, 1830–1900* (Chapel Hill, 2007), 135–36; *Proceedings of the Eleventh National Women's Rights Convention* (New York, 1866); Theodore Stanton and Harriot Stanton Blatch, eds., *Elizabeth Cady Stanton as Revealed in Her Letters, Diary and Reminiscences* (2 vols.: New York, 1922), 1: 109–10, 202–3; Epps, *Democracy Reborn*, 216–18.
38. *CG*, 39th Congress, 1st Session, 685, 832, 2882; Appendix, 102; 39th Congress, 2nd Session, 40.
39. Foner, *Reconstruction*, 255–56; *CG*, 39th Congress, 1st Session, 829, 1227, 1321; Blaine, *Twenty Years*, 2: 201; George S. Boutwell, *Reminiscences of Sixty Years in Public Affairs* (2 vols.: New York, 1902), 2: 42; Henry L. Dawes to Ella Dawes, March 16, 1866, Henry L. Dawes Papers, LC; Beverly Wilson Palmer, ed., *The Selected Letters of Charles Sumner* (2 vols.: Boston, 1990), 2: 316.
40. Novak, "Legal Transformation," 109; *Chicago Tribune*, December 12, 1868; *CG*, 39th Congress, 1st Session, 1115–20, 2460; Appendix, 228; Frederic Bancroft, ed., *Speeches, Correspondence, and Political Papers of Carl Schurz* (6 vols.: New York, 1913), 1: 413; Richard H. Abbott, *The Republican Party and the South, 1855–1877* (Chapel Hill, 1986), 216–18; James A. Padgett, ed., "Reconstruction Letters from North Carolina: Part I: Letters to Thaddeus Stevens," *North Carolina Historical Review*, 18 (April 1941), 181–82; Krug, *Trumbull*, 246–47; Christopher W. Schmidt, "Section 5's Forgotten Years: Congressional Power to Enforce the Fourteenth Amendment Before *Katzenbach v. Morgan*," *Northwestern University Law Review*, 113 (Issue 1 2018), 47. For the view that Republicans remained wedded to traditional ideas of federalism see Michael Les Benedict, *Preserving the Constitution: Essays on Politics and the Constitution in the Reconstruction Era* (New York, 2006), 4–9.
41. *CG*, 39th Congress, 1st Session, 1034, 2940; *New York Herald*, September 18, 1866.
42. *CG*, 39th Congress, 1st Session, 523, 529, 2500, 2538, 2929, 3213.
43. Ibid., 39th Congress, 1st Session, 2459, 3148. ("The baseless fabric of a vision" is from Shakespeare's *The Tempest*.)
44. Ibid., 39th Congress, 1st Session, 2332, 2462, 2766.
45. Wendell Phillips to Thaddeus Stevens, April 30, 1866, Thaddeus Stevens Papers, LC; *NAS*, July 14, 1866; Timothy Huebner, *The Civil War Era and American Constitutionalism* (Lawrence, 2016), 360; *New Orleans Tribune*, October 23, 1866; Stephen Kantrowitz, *More than Freedom: Fighting for Black Citizenship in a White Republic, 1829–1889* (New York, 2012), 319–25.
46. *CG*, 39th Congress, 1st Session, 2545, 3042, 3148; Foner, *Reconstruction*, 260–69; James E. Bond, *No Easy Walk to Freedom: Reconstruction and the Ratification of the Fourteenth Amendment* (Westport, 1997), 37, 87–88, 192, 216; Brooks D. Simpson, ed., *Reconstruction: Voices from America's First Great Struggle for Racial Equality* (New York, 2018), 314.
47. *Wisconsin State Register*, June 16, 1866; *New York Times*, October 11, 1866.

18. Harold M. Hyman and William M. Wiecek, *Equal Justice Under Law: Constitutional Development 1835–1875* (New York, 1982), 412–13; George Rutherglen, *Civil Rights in the Shadow of Slavery: The Constitution, Common Law, and the Civil Rights Act of 1866* (New York, 2013), 57–60; *CG*, 39th Congress, 1st Session, 1117–18.
19. *St. Louis Republican* in *New York Evening Post*, April 3, 1866; James D. Richardson, ed., *A Compilation of the Messages and Papers of the Presidents 1789–1897* (10 vols.: Washington, 1896–99), 6: 399–405.
20. Kendrick, *Journal of Joint Committee*, 46; *CG*, 39th Congress, 1st Session, 157–58.
21. Ibid., 39th Congress, 1st Session, 1034, 1063–65, 1095.
22. Robert Dale Owen, "Political Results from the Varioloid," *Atlantic Monthly*, 35 (June 1875), 660–70; James O. Hollister, *Life of Schuyler Colfax* (New York, 1886), 284; *New York Times*, May 21, 1866; David E. Kyvig, *Explicit and Authentic Acts: Amending the U.S. Constitution, 1776–1995* (Lawrence, 1996), 167.
23. *CG*, 39th Congress, 1st Session, 2459, 2768, 2890–91.
24. Rogers M. Smith, *Civic Ideals: Conflicting Visions of Citizenship in U.S. History* (New Haven, 1997), 309–11; Blaine, *Twenty Years*, 2: 207; Robert J. Kaczorowski, "To Begin the Nation Anew: Congress, Citizenship, and Civil Rights After the Civil War," *American Historical Review*, 92 (February 1987), 53; *CG*, 39th Congress, 1st Session, 2890–96; Earl M. Maltz, "The Fourteenth Amendment and Native American Citizenship," *Constitutional Commentary*, 17 (Winter 2000), 555–74; Catherine A. Jones, "Women, Gender, and the Boundaries of Reconstruction," *JCWE*, 8 (March 2018), 121.
25. *CR*, 43rd Congress, 2nd Session, 1379; *CG*, 42nd Congress, 1st Session, Appendix, 84.
26. Joseph B. James, *The Framing of the Fourteenth Amendment* (Urbana, 1956), 30; *CG*, 39th Congress, 1st Session, 3041; Kurt T. Lash, *The Fourteenth Amendment and the Privileges and Immunities of American Citizenship* (New York, 2014), 26–28.
27. *CG*, 39th Congress, 1st Session, 2765, 2961.
28. Elizabeth Reilly, "The Union as It Wasn't and the Constitution as It Isn't: Section 5 and Altering the Balance of Power," in Elizabeth Reilly, ed., *Infinite Hope and Finite Disappointment: The Story of the First Interpreters of the Fourteenth Amendment* (Akron, 2011), 79–80; *CG*, 39th Congress, 1st Session, 156–59, 1065, 1090.
29. Akhil Reed Amar, *The Bill of Rights: Creation and Reconstruction* (New Haven, 1998), 284; *CG*, 39th Congress, 204, 1088–94, 1151, 1833; 42nd Congress, 1st Session, Appendix, 84; Michael Kent Curtis, *No State Shall Abridge: The Fourteenth Amendment and the Bill of Rights* (Durham, 1986), 138–49; Richard L. Aynes, "On Misreading John Bingham and the Fourteenth Amendment," *YLJ*, 103 (October 1993), 61–60; Foner, *Reconstruction*, 533.
30. John Harrison, "Reconstructing the Privileges or Immunities Clause," *YLJ*, 101 (May 1992), 1387; *CG*, 39th Congress, 1st Session, 156–59. Linda Bosniak criticizes what she calls "citizenship romanticism" prevalent in recent legal scholarship, which obscures that under certain circumstances, citizenship itself can become a mode of subordination of others. Linda Bosniak, *The Citizen and the Alien: Dilemmas of Contemporary Membership* (Princeton, 2006), 1.
31. *CG*, 35th Congress, 2nd Session, 985; Philip S. Foner and George Walker, eds., *The Proceedings of the Black State Conventions, 1840–1865* (2 vols.: Philadelphia, 1979), 2: 263.
32. *CG*, 39th Congress, 1st Session, 256, 1159, 2766; 42nd Congress, 1st Session, Appendix, 156; William E. Nelson, *The Fourteenth Amendment: From Political Principle to Judicial Doctrine* (Cambridge, 1988), 76.
33. *NAS*, August 29, 1863; *CG*, 39th Congress, 1st Session, Appendix, 57.
34. Laura F. Edwards, *A Legal History of the Civil War and Reconstruction: A Nation of Rights* (New York, 2015), 105; Charles Eliot Norton, ed., *Orations and Addresses of*

第二章 朝平等邁進

1. Eric Foner, *Reconstruction: America's Unfinished Revolution 1863–1877* (New York, 2014 ed.), 228–39, *CG*, 39th Congress, 1st Session, 74.
2. Ibid., 39th Congress, 1st Session, 2882; 40th Congress, 3rd Session, 1326; 39th Congress, 1st Session, House Report 30, pt. 2, 174.
3. Mark M. Krug, *Lyman Trumbull, Conservative Radical* (New York, 1965); Foner, *Reconstruction*, 241–42; Thaddeus Stevens to Charles Sumner, August 26, 1865, Charles Sumner Papers, HL; LaWanda Cox and John H. Cox, "Negro Suffrage and Republican Politics: The Problem of Motivation in Reconstruction Historiography," *Journal of Southern History*, 33 (August 1967), 317–18.
4. *CG*, 39th Congress, 1st Session, 110, 256; Appendix, 56–57, 101–2; *New York Herald*, January 31, 1866.
5. *CG*, 39th Congress, 1st Session, 5, 297.
6. Beverly Wilson Palmer and Holly Byers Ochoa, eds., *The Selected Papers of Thaddeus Stevens* (2 vols.: Pittsburgh, 1997–98), 2: 37; *CG*, 39th Congress, 1st Session, 342, 1025; *New York Times*, January 14, February 17, 22, 1866; *New Orleans Tribune*, December 22, 1865; *Chicago Tribune*, December 29, 1865.
7. Earl Maltz, "Moving Beyond Race: The Joint Committee on Reconstruction and the Drafting of the Fourteenth Amendment," *Hastings Constitutional Law Quarterly*, 42 (Winter 2015), 291; Eric Mathiesen, *The Loyal Republic: Traitors, Slaves, and the Remaking of Citizenship in Civil War America* (Chapel Hill, 2018), 140–41; 39th Congress, 1st Session, House Report 30; *CG*, 39th Congress, 2nd Session, 782; Benjamin B. Kendrick, *The Journal of the Joint Committee of Fifteen on Reconstruction* (New York, 1914).
8. *CG*, 39th Congress, 1st Session, 1307.
9. Laura E. Free, *Suffrage Reconstructed: Gender, Race, and Voting Rights in the Civil War Era* (Ithaca, 2015), 114–15; *CG*, 39th Congress, 1st Session, 141.
10. D. Michael Bottoms, *An Aristocracy of Color: Race and Reconstruction in California and the West, 1850–1890* (Norman, 2013), 68; George W. Julian, *Political Recollections 1840 to 1872* (Chicago, 1884), 272; *CG*, 39th Congress, 1st Session, 383, 407; 39th Congress, 1st Session, House Report 30, pt. 2, 158.
11. Garrett Epps, *Democracy Reborn: The Fourteenth Amendment and the Fight for Equal Rights in Post–Civil War America* (New York, 2006), 107–18; *CG*, 39th Congress, 1st Session, 673, 1228, 1288, 2459; *Boston Daily Advertiser*, February 16, 1866; *NAS*, February 3, 1866; James G. Blaine, *Twenty Years of Congress* (2 vols.: Norwich, 1884), 2: 196–98.
12. *U.S. Statutes at Large*, 14: 27–28; *CG*, 39th Congress, 1st Session, 42.
13. Ibid., 39th Congress, 1st Session, 476, 1757–60.
14. Ibid., 39th Congress, 1st Session, 298, 1291; *New York Tribune*, November 17, 1865. On Bingham's career, see Gerard N. Magliocca, *American Founding Son: John Bingham and the Invention of the Fourteenth Amendment* (New York, 2013).
15. *CG*, 39th Congress, 1st Session, 1151; William McWillie to Benjamin S. Humphreys, December 31, 1866, Mississippi Governor's Papers, Mississippi Department of Archives and History.
16. *CG*, 39th Congress, 1st Session, 474–75, 500, 599, 1833; Darrell A. H. Miller, "The Thirteenth Amendment and the Regulation of Custom," *Columbia Law Review*, 112 (December 2012), 1811–54; Richard A. Gerber, "Civil Rights for Freed Persons: The Issue of Private Discrimination Revisited," *Connecticut Review*, 15 (Fall 1993), 25–33.
17. *CG*, 39th Congress, 1st Session, 319, 322, 476, 504, 606, 1117, 1156, 1294; Blaine, *Twenty Years*, 2: 179.

47. Sidney Andrews, *The South Since the War* (Boston, 1866), 324; *Annual Cyclopedia*, 1865, 19; Eric Foner, *Nothing But Freedom: Emancipation and Its Legacy* (Baton Rouge, 1983), 49–52; Hyman and Wiecek, *Equal Justice*, 319–20; Jerrell H. Shofner, *Nor Is It Over Yet: Florida in the Era of Reconstruction, 1863–1877* (Gainesville, 1974), 50–52; J. W. Blackwell to Andrew Johnson, November 24, 1865, Andrew Johnson Papers, LC; "Official Proceedings of the Colored Convention for the State of Mississippi, Vicksburg, November 22–25, 1865," manuscript, M-82 1866, Letters Received, Ser. 15, Washington Headquarters, RG 105, National Archives.
48. *New Haven Daily Palladium*, December 6, 1865; Daniel R. Goodloe, Manuscript History of Southern Provisional Governments of 1865, Daniel R. Goodloe Papers, Southern Historical Collection, University of North Carolina, Chapel Hill.
49. C. E. Lippincott to Lyman Trumbull, August 29, 1865, Lyman Trumbull Papers, LC; *New York Tribune*, December 25, 1865; Joe M. Richardson, *The Negro in the Reconstruction of Florida, 1865–1877* (Tallahassee, 1965), 44; *Liberator*, December 28, 1865; *CG*, 39th Congress, 1st Session, 153, 332–33, 427; *NAS*, January 19, 1867.
50. *CG*, 39th Congress, 2nd Session, 344–48.
51. *CG*, 39th Congress, 1st Session, 655; Thorpe, *Federal and State Constitutions*, 6: 3281; *New York Times*, July 2, 2017.
52. David M. Oshinsky, "Convict Labor in the Post–Civil War South: Involuntary Servitude After the Thirteenth Amendment," in Tsesis, *Promises of Liberty*, 101–9; Mancini, *One Dies, Get Another*, 20–41; Douglas A. Blackmon, *Slavery by Another Name: The Re-Enslavement of Black People in America from the Civil War to World War II* (New York, 2008), 7; William S. Harris, *The Day of the Carpetbagger: Republican Reconstruction in Mississippi* (Baton Rouge, 1979), 38–39; Foner, *Reconstruction*, 593; *Colored Men, Read! How Your Friends Are Treated!*, Broadside, July 1876, R. C. Martin Papers, Louisiana State University; Lichtenstein, *Twice the Work*, 18, 193; McLennan, *Crisis of Imprisonment*, 87–135.
53. Foner, *Reconstruction*, 79; Philip S. Foner and George E. Walker, eds., *Proceedings of the Black National and State Conventions, 1865–1900* (Philadelphia, 1986), 180; Steven Hahn, *A Nation Under Our Feet: Black Political Struggles in the Rural South from Slavery to the Great Migration* (Cambridge, 2003), 118–20; *Proceedings of the National Convention of Colored Men, Held in the City of Syracuse* (Boston, 1864), 42, 47; Vorenberg, *Final Freedom*, 81–87.
54. Foner, *Reconstruction*, 63–65; *New Orleans Tribune*, September 9, 1865; Hugh Davis, *"We Will Be Satisfied With Nothing Less": The African American Struggle for Equal Rights in the North During Reconstruction* (Ithaca, 2011), 1–21; Philip S. Foner and George E. Walker, eds., *The Proceedings of the Black State Conventions, 1840–1865* (2 vols.: Philadelphia, 1979), 1: 202.
55. Foner, *Reconstruction*, 114–15; Hahn, *A Nation*, 119–20; Foner and Walker, *Proceedings of Black State Conventions*, 2: 268; *Missouri Democrat*, November 29, 1865; "Colored People of Mobile" to [General Wager Swayne], August 2, 1865, Miscellaneous Papers, ser. 29, Alabama Assistant Commissioner, RG 105, National Archives; Timothy S. Huebner, *Liberty and Union: The Civil War Era and American Constitutionalism* (Lawrence, 2016), 323–47; *Anglo-African Magazine*, December 23, 1865.
56. *Liberator*, February 3, 10, 17, May 26, 1865; *NAS*, May 20, June 3, 1865.
57. Foner, *Reconstruction*, 66–67; *NAS*, February 3, March 4, 1865; Foner, *Douglass*, 378–83.
58. *New York World* in *Washington Daily National Intelligencer*, January 13, 1865.
59. Edwards, *Legal History*, 90.
60. *The Works of Charles Sumner* (15 vols.: Boston, 1870–83), 9: 427.

117–20, 176, 183, 258–60; William H. Wiggins Jr., *O Freedom! Afro-American Emancipation Celebrations* (Knoxville, 1987), 20.

34. *Memoirs of Cornelius Cole* (New York, 1908), 220; Guyora Binder, "Did the Slaves Author the Thirteenth Amendment? An Essay in Redemptive History," *Yale Journal of Law and the Humanities*, 5 (Summer 1993), 471–506; *CG*, 38th Congress, 1st Session, 1203, 1324; 2nd Session, 202.
35. Ibid., 38th Congress, 1st Session, 1465, 2960–62.
36. Ibid., 38th Congress, 1st Session, 1313, 1439–40, 2989.
37. Jacobus tenBroek, "Thirteenth Amendment to the Constitution of the United States: Consummation to Abolition and Key to the Fourteenth Amendment," *California Law Review*, 39 (June 1951), 180–81; *CG*, 38th Congress, 1st Session, 1324, 1424, 2990; 2nd Session, 202; Michael Vorenberg, "Citizenship and the Thirteenth Amendment: Understanding the Deafening Silence," in Tsesis, *Promises of Liberty*, 58–61.
38. Lea S. VanderVelde, "The Labor Vision of the Thirteenth Amendment," *University of Pennsylvania Law Review*, 138 (December 1989), 437–504; Basler, *Collected Works*, 8: 332–33; *CG*, 37th Congress, 2nd Session, Appendix, 322; 38th Congress, 1st Session, 2989–90.
39. Ibid., 38th Congress, 1st Session, 2990.
40. Stacey L. Smith, *Freedom's Frontier: California and the Struggle Over Unfree Labor, Emancipation, and Reconstruction* (Chapel Hill, 2013), 3–5, 206–17; Stacey L. Smith, "Emancipating Peons, Excluding Coolies," in Gregory P. Downs and Kate Masur, eds., *The World the Civil War Made* (Chapel Hill, 2015), 46–74.
41. Laura F. Edwards, *A Legal History of the Civil War and Reconstruction: A Nation of Rights* (New York, 2015), 124–27; Thavolia Glymph, " 'I'm a Radical Black Girl': Black Women Unionists and the Politics of Civil War History," *JCWE*, 8 (September 2018), 364–66; Foner, *Reconstruction*, 85–88, 290–91; Catherine A. Jones, "Women, Gender, and the Boundaries of Reconstruction," *JCWE*, 8 (March 2018), 113.
42. *CG*, 38th Congress, 2nd Session, 193.
43. Roger Ekirch, *Bound for America: The Transportation of British Convicts to the Colonies, 1718–1775* (New York, 1987), 22–27, 236–37; Rebecca M. McLennan, *The Crisis of Imprisonment: Protest, Politics, and the Making of the American Penal State, 1776–1941* (New York, 2008), 53–55, 63–66; Matthew J. Mancini, *One Dies, Get Another: Convict Leasing in the American South, 1866–1928* (Columbia, 1996), 1–14; Alex Lichtenstein, *Twice the Work of Free Labor: The Political Economy of Convict Labor in the New South* (New York, 1996), 23.
44. David Brion Davis, "Foreword: The Rocky Road to Freedom," in Tsesis, *Promises of Liberty*, xi; Thomas Jefferson, *Notes on the State of Virginia*, ed. William Peden (New York, 1954), 138; Christopher R. Green, "Duly Convicted: The Thirteenth Amendment as Procedural Due Process, *GJLP*, 15 (Winter 2017), 80; McLennan, *Crisis of Imprisonment*, 17. Thanks to David Konig for sharing ideas from his forthcoming book on Jefferson's legal thought.
45. David R. Upham, "The Understanding of 'Neither Slavery Nor Involuntary Servitude Shall Exist,' Before the Thirteenth Amendment," *GJLP*, 15 (Winter 2017), 139; Fairman, *Reconstruction and Reunion*, 1119; Green, "Duly Convicted," 79–80; *CG*, 38th Congress, 1st Session, 1325. The texts of state constitutions may be found in Francis N. Thorpe, ed., *The Federal and State Constitutions* (7 vols.: Washington, 1909). In emails to the author the historians Peter Onuf and Alan Taylor both referred to Jefferson's prisoner exemption as "boilerplate" language.
46. *Boston Daily Advertiser*, April 14, 1864; *CG*, 38th Congress, 1st Session, 521, 1488; *The Principia*, February 18, 1864; Beverly Wilson Palmer, ed., *The Selected Letters of Charles Sumner* (2 vols.: Boston, 1990), 2: 233.

14. Faye E. Dudden, *Fighting Chance: The Struggle Over Woman Suffrage and Black Suffrage in Reconstruction America* (New York, 2011), 51–61; Elizabeth Beaumont, *The Civic Constitution: Civic Visions and Struggles in the Path Toward Constitutional Democracy* (New York, 2014), 157; James M. McPherson, "In Pursuit of Constitutional Abolitionism," in Alexander Tsesis, ed., *The Promises of Liberty: The History and Contemporary Relevance of the Thirteenth Amendment* (New York, 2010), 29; *NAS*, February 6, March 19, May 28, 1864; Sinha, *Slave's Cause*, 587.
15. David Donald, *Charles Sumner and the Rights of Man* (New York, 1970), 147–51; *NAS*, January 9, 1864; *CG*, 38th Congress, 1st Session, 521, 1482.
16. Ibid., 39th Congress, 1st Session, 1118.
17. Ibid., 38th Congress, 1st Session, 1314, 1488.
18. Ibid., 38th Congress, 1st Session, 523, 1320–21.
19. *New York Herald*, January 12, 1866; *Chicago Tribune*, November 14, 1864.
20. The first eight amendments, the core of the Bill of Rights, were almost universally understood to protect civil liberties against violation by the federal government; the Ninth and Tenth reserved other, unspecified, rights and powers to the states and the people; the Eleventh restricted federal judicial power. The Twelfth revised how votes were cast by presidential electors and did not affect the balance of power between the state and national governments.
21. Harold M. Hyman and William M. Wiecek, *Equal Justice Under Law: Constitutional Development 1835–1875* (New York, 1982), 386–87; James G. Blaine, *Twenty Years of Congress* (2 vols.: Norwich, 1884), 1: 539.
22. Stephen Sawyer and William J. Novak, "Emancipation and the Creation of Modern Liberal States in America and France," *JCWE*, 3 (December 2016), 471.
23. Foner, *Fiery Trial*, 292–93; *CG*, 38th Congress, 1st Session, 1364–66, 1484, 2941, 2987.
24. Ibid., 38th Congress, 1st Session, 2615, 2981, 2986, 2991.
25. Ibid., 38th Congress, 1st Session, 1864, 2995; *New York Herald*, February 6, April 9, 1864.
26. Isaac N. Arnold to Abraham Lincoln, December 4, 1863, Abraham Lincoln Papers, LC; Foner, *Fiery Trial*, 298–99; *NAS*, July 9, 1864; *New York Times*, February 13, June 13, 1864.
27. Vorenberg, *Final Freedom*, 94; *NAS*, November 5, 1864; Foner, *Fiery Trial*, 312–13.
28. *New York Times*, January 12, 1865; *CG*, 38th Congress, 2nd Session, 122, 260; Leonard L. Richards, *Who Freed the Slaves? The Fight Over the Thirteenth Amendment* (Chicago, 2015), 204–15.
29. *CG*, 38th Congress, 2nd Session, 531; *Chicago Tribune*, February 1, 1865; *Boston Daily Advertiser*, February 1, 4, 1865; "George W. Julian's Journal—the Assassination of Lincoln," *Indiana Magazine of History*, 11 (December 1915), 327; *New York Tribune*, February 1, 1865; *New York Herald*, February 1, 1865; *New York Times*, February 1, 1865.
30. Basler, *Collected Works*, 8: 254; David E. Kyvig, *Explicit and Authentic Acts: Amending the U.S. Constitution, 1776–1995* (Lawrence, 1996), 162.
31. Foner, *Fiery Trial*, 316; Eric Foner, *Reconstruction: America's Unfinished Revolution 1863–1877* (New York, 2014 ed.), 176–77; Bruce Ackerman, *We the People: Transformations* (Cambridge, 1998), 139.
32. M. Audley Couper to Francis P. Corbin, July 28, 1866, Francis P. Corbin Papers, New York Public Library; Samuel L. M. Barlow to Montgomery Blair, November 13, 1865, Samuel L. M. Barlow Papers, Huntington Library; Ackerman, *We the People*, 143; Richards, *Who Freed the Slaves?*, 239.
33. *New York Times*, December 20, 1865; Mitch Kachun, *Festivals of Freedom: Memory and Meaning in African American Emancipation Celebrations, 1808–1915* (Amherst, 2003),

Era (Ithaca, 2009), 170–71; Foner, *Reconstruction*, 62–65; McPherson, *Negro's Civil War*, 250–54.
26. *CG*, 40th Congress, 3rd Session, Appendix, 294; Charles Sumner to John Bright, May 27, 1867, John Bright Papers, British Library; Foner, *Reconstruction*, 24.
27. Foner, *Douglass*, 3: 394–401; *New York Times*, January 17, 1864; *Journal of Commerce* in *NAS*, May 7, 1864.
28. Foner, *Reconstruction*, 40–66.
29. Colin Kidd, "The Grail of Original Meaning: Uses of the Past in American Constitutional Theory," *Transactions of the Royal Historical Society*, 6 ser., 26 (2016), 177–78; *Thomas Paine: Collected Writings* (New York, 1995), 574; Eric Foner, *The Fiery Trial: Abraham Lincoln and American Slavery* (New York, 2010), 171–72, 242; Kammen, *A Machine*, 112.
30. Foner, *Reconstruction*, 232; David Donald, *Charles Sumner and the Rights of Man* (New York, 1970), 352; Gideon Welles, "A Defense of Andrew Johnson's Administration," manuscript, 1868, Gideon Welles Papers, Huntington Library.
31. E. L. Godkin, "The Constitution and Its Defects," *North American Review*, 99 (July 1864), 120.
32. Wendell Phillips to Charles Sumner, March 24, 1866, Charles Sumner Papers, HL.

第一章　自由的定義？

1. Roy P. Basler, ed., *The Collected Works of Abraham Lincoln* (8 vols.: New Brunswick, 1953–55), 8: 333; *Chicago Daily Tribune*, May 15, 1858.
2. *New York Times*, December 17, 1864; Gregory P. Downs, *After Appomattox: Military Occupation and the Ends of War* (Cambridge, 2015), 41; Charles Fairman, *Reconstruction and Reunion 1864–88, Part One* (New York, 1971), 1156.
3. Manisha Sinha, *The Slave's Cause: A History of Abolition* (New Haven, 2016), 587; Michael Vorenberg, *Final Freedom: The Civil War, the Abolition of Slavery, and the Thirteenth Amendment* (New York, 2001), 18–22.
4. Basler, *Collected Works*, 2: 492; Eric Foner, *The Fiery Trial: Abraham Lincoln and American Slavery* (New York, 2010).
5. Basler, *Collected Works*, 2: 461; 3: 181; James Oakes, *The Scorpion's Sting: Antislavery and the Coming of the Civil War* (New York, 2014), 16–17.
6. Ira Berlin, *Many Thousands Gone: The First Two Centuries of Slavery in North America* (New York, 1998), 8; Moses I. Finley, *Ancient Slavery and Modern Ideology* (New York, 1980), 79–80; R. L. Meek et al., eds., *The Glasgow Edition of the Works and Correspondence of Adam Smith* (8 vols.: New York, 1976–83), 5: 173; Eric Foner, "Lincoln and Colonization," in Foner, ed., *Our Lincoln: New Perspectives on Lincoln and His World* (New York, 2008), 135–66.
7. Rebecca J. Scott, "Paper Thin: Freedom and Re-enslavement in the Diaspora of the Haitian Revolution," *LHR*, 29 (November 2011), 1061–87.
8. Foner, *Fiery Trial*, 171–220.
9. Ibid., 230–38.
10. Ibid., 240–47; Philip S. Foner, ed., *The Life and Writings of Frederick Douglass* (5 vols.: New York, 1950–75), 3: 394.
11. Basler, *Collected Works*, 6: 28–29.
12. James Oakes, "Making Freedom National: Salmon P. Chase and the Abolition of Slavery," *GJLP*, 13 (Summer 2015), 407; Basler, *Collected Works*, 7: 1–2, 36–54; Foner, *Fiery Trial*, 305–06, 315; *Wisconsin State Register*, April 16, 1864.
13. *CG*, 38th Congress, 1st Session, 19, 1199; *The Miscellaneous Writings of Francis Lieber* (2 vols.: Philadelphia, 1881), 2: 177–79.

15. Foner, *Free Soil*, 83; Roy P. Basler, ed., *The Collected Works of Abraham Lincoln* (8 vols.: New Brunswick, 1953–55), 3: 522–50; Elizabeth Beaumont, *The Civic Constitution: Civic Visions and Struggles in the Path Toward Constitutional Democracy* (New York, 2014), 120–22.
16. Larry Ceplair, ed., *The Public Years of Sarah and Angelina Grimké: Selected Writings 1835–1839* (New York, 1989), 194–95; William Yates, *Rights of Colored Men to Suffrage, Citizenship and Trial by Jury* (Philadelphia, 1838); Manisha Sinha, *The Slave's Cause: A History of Abolition* (New Haven, 2016), 462; *The Constitution of the American Anti-Slavery Society: with the Declaration of the National Anti-Slavery Convention at Philadelphia, 1833* (New York, 1838), 7. Martha S. Jones discusses Yates and his treatise in *Birthright Citizens: A History of Race and Rights in Antebellum America* (New York, 2018), 1–8.
17. *Liberator*, December 29, 1832; *Proceedings of the New England Anti-slavery Convention: held in Boston, May 24, 25, 26, 1836* (Boston, 1836), 17; Foner, *Free Soil*, 281–84; Gerard N. Magliocca, *American Founding Son: John Bingham and the Invention of the Fourteenth Amendment* (New York, 2013), 56.
18. Jones, *Birthright Citizens*; Donald G. Nieman, "The Language of Liberation: African Americans and Equalitarian Constitutionalism, 1830–1950," in Nieman, ed., *The Constitution, Law, and American Life: Critical Aspects of the Nineteenth-Century Experience* (Athens, 1992), 69; Martin R. Delany, *The Condition, Elevation, and Destiny of the Colored People of the United States* (Philadelphia, 1852), 48; *Colored American*, May 9, 1840; *Minutes of the National Convention of Colored Citizens; Held at Buffalo* (New York, 1843), 17.
19. Ripley, *Black Abolitionist Papers*, 4: 230, 252; Elizabeth Stordeur Pryor, *Colored Travelers: Mobility and the Fight for Citizenship before the Civil War* (Chapel Hill, 2016), 1–4; Andrew K. Diemer, *The Politics of Black Citizenship: Free African Americans in the Mid-Atlantic Borderland, 1817–1863* (Athens, 2016), 6–7.
20. Eric Slauter, *The State as a Work of Art: The Cultural Origins of the Constitution* (Chicago, 2009), 173–74; Harold M. Hyman and William M. Wiecek, *Equal Justice Under Law: Constitutional Development 1835–1875* (New York, 1982), 400; Eric Foner, "Rights and the Constitution in Black Life During the Civil War and Reconstruction," *JAH*, 74 (December 1987), 213; Philip S. Foner and George E. Walker, eds., *The Proceedings of the Black State Conventions, 1840–1865* (2 vols.: Philadelphia, 1979), 1: 172.
21. Paul Finkelman, *Supreme Injustice: Slavery in the Nation's Highest Court* (Cambridge, 2018), 52; Smith, *Civic Ideals*, 265–68; Robert J. Cottrol, *The Long, Lingering Shadow: Slavery, Race, and Law in the American Hemisphere* (Athens, 2013), 80–81.
22. *Anglo-African Magazine* (May 1859), 144–50; Richard L. Aynes, "Unintended Consequences of the Fourteenth Amendment," in David E. Kyvig, ed., *Unintended Consequences of Constitutional Amendments* (Athens, 2000), 113.
23. James M. McPherson, *The Struggle for Equality: Abolitionists and the Negro in the Civil War and Reconstruction* (Princeton, 1964), 221; William G. Shade, " 'Revolutions May Go Backwards': The American Civil War and the Problem of Political Development," *Social Science Quarterly*, 55 (December 1974), 760; James M. McPherson, ed., *The Negro's Civil War* (New York, 1965), 251–52.
24. Michael Vorenberg, "Citizenship and the Thirteenth Amendment: Understanding the Deafening Silence," in Tsesis, *Promises of Liberty*, 70; Jones, *Birthright Citizens*, 148; Earl M. Maltz, *Civil Rights, the Constitution, and Congress, 1863–1869* (Lawrence, 1990), 7–8.
25. *Christian Recorder*, July 9, 1864; Christian G. Samito, *Becoming American Under Fire: Irish Americans, African Americans, and the Politics of Citizenship During the Civil War*

J. Novak, and Julian E. Zelizer, eds., *The Democratic Experiment: New Directions in American Political History* (Princeton, 2003), 110.

5. *CG*, 40th Congress, 3rd Session, Appendix, 95–96; William M. Wiecek, "Emancipation and Civil Status: The American Experience, 1865–1915," in Alexander Tsesis, ed., *The Promises of Liberty: The History and Contemporary Relevance of the Thirteenth Amendment* (New York, 2010), 79–83; Smith, *Civic Ideals*, 180; Paul Finkelman, "Prelude to the Fourteenth Amendment: Black Legal Rights in the Antebellum North," *Rutgers Law Journal*, 17 (Spring/Summer 1986), 415–82; James H. Kettner, *The Development of American Citizenship, 1608–1870* (Chapel Hill, 1978), 311–23.
6. Nathan Perl-Rosenthal, *Citizen Sailors: Becoming American in the Age of Revolution* (Cambridge, 2015), 188–90; Smith, *Civic Ideals*, 175–77, 255–58.
7. Eric Foner, "The Meaning of Freedom in the Age of Emancipation," *JAH*, 81 (September 1994), 443; Noah Webster, *A Dictionary of the English Language* (2 vols.: London, 1852); Laura E. Free, *Suffrage Reconstructed: Gender, Race, and Voting Rights in the Civil War Era* (Ithaca, 2015), 11.
8. J. R. Pole, *The Pursuit of Equality in American History* (rev. ed.: Berkeley, 1993), 38; Linda K. Kerber, "The Meanings of Citizenship," *JAH*, 84 (December 1997), 834–40; Linda A. Tvrdy, "Constitutional Rights in a Common Law World: The Reconstruction of North Carolina Legal Culture, 1865–1874" (Ph.D. diss., Columbia University, 2013); *CG*, 38th Congress, 1st Session, 1488; Novak, "Legal Transformation," 88–97; Laura F. Edwards, *The People and Their Peace: Legal Culture and the Transformation of Inequality in the Post-Revolutionary South* (Chapel Hill, 2009), 5–13.
9. James Oakes, "Natural Rights, Citizenship Rights, States' Rights, and Black Rights: Another Look at Lincoln and Race," in Eric Foner, ed., *Our Lincoln: New Perspectives on Lincoln and His World* (New York, 2008), 110–14; Laura F. Edwards, "The Reconstruction of Rights: The Fourteenth Amendment and Popular Conceptions of Governance," *JSCH*, 41 (November 2016), 313.
10. Eric Foner, *Free Soil, Free Labor, Free Men: The Ideology of the Republican Party Before the Civil War* (New York, 1995 ed.), 290–95; *New York Times*, November 8, 1860.
11. Heather Cox Richardson, "North and West of Reconstruction: Studies in Political Economy," in Thomas J. Brown, ed., *Reconstructions: New Perspectives on the Postbellum United States* (New York, 2006), 69; Kate Masur, " 'The People's Welfare,' Police Powers, and the Rights of Free People of African Descent," *AJLH*, 57 (June 2017), 238–42; Laura F. Edwards, "Reconstruction and the History of Governance," in Gregory P. Downs and Kate Masur, eds., *The World the Civil War Made* (Chapel Hill, 2015), 22–45; William J. Novak, *The People's Welfare: Law and Regulation in Nineteenth-Century America* (Chapel Hill, 1996).
12. Philip S. Foner, ed., *The Life and Writings of Frederick Douglass* (5 vols.: New York, 1950–75), 4: 199; *New York World*, April 5, 1872; Downs and Masur, *World the Civil War Made*, 3–15.
13. Smith, *Civic Ideals*, 247; Randy E. Barnett, "Whence Comes Section One? The Abolitionist Origins of the Fourteenth Amendment," *Journal of Legal Analysis*, 3 (Spring 2011), 165–69; *Liberator*, July 14, 1854; Michael Kammen, *A Machine That Would Go of Itself: The Constitution in American Culture* (New York, 1986), 101; Mark E. Brandon, *Free in the World: American Slavery and Constitutional Failure* (Princeton, 1998), 52–57; C. Peter Ripley et al., eds., *The Black Abolitionist Papers* (5 vols.: Chapel Hill, 1985–92), 2: 202; Frederick Douglass, *The Constitution of the United States: Is It Pro-Slavery or Anti-Slavery* (Halifax, 1860), 12; *Frederick Douglass' Paper*, December 7, 1855.
14. Foner, *Free Soil*, 73–102; James Oakes, *Freedom National: The Destruction of Slavery in the United States, 1861–1865* (New York, 2012), 1–48; James Oakes, *The Scorpion's Sting: Antislavery and the Coming of the Civil War* (New York, 2014).

Remembering Reconstruction: Struggles Over the Meaning of America's Most Turbulent Era (Baton Rouge, 2017), 37–39; Gunnar Myrdal, *An American Dilemma: The Negro Problem and Modern Democracy* (New York, 1944), 446.

7. Eric Foner, "The Supreme Court and the History of Reconstruction—and Vice Versa," *CLR*, 112 (November 2012), 1585–1608; David M. O'Brien, *Justice Robert H. Jackson's Unpublished Opinion in Brown v. Board: Conflict, Compromise, and Constitutional Interpretation* (Lawrence, 2017), 124.
8. W. E. B. Du Bois, *Black Reconstruction in America* (New York, 1935).
9. George S. Boutwell, *Reminiscences of Sixty Years in Public Affairs* (2 vols.: New York, 1902), 2:42.
10. David E. Kyvig, ed., *Unintended Consequences of Constitutional Amendments* (Athens, 2000).
11. *CG*, 39th Congress, 1st Session, 2466–67; Barry Friedman, "Reconstructing Reconstruction: Some Problems for Originalists (And for Everybody Else, Too)," *University of Pennsylvania Journal of Constitutional Law*, 11 (July 2009), 1707. See also Jamal Greene, "Fourteenth Amendment Originalism," *Maryland Law Review*, 71 (2012), 979–84.
12. Faye E. Dudden, *Fighting Chance: The Struggle over Woman Suffrage and Black Suffrage in Reconstruction America* (New York, 2011), 51.
13. Elizabeth Cady Stanton, *Eighty Years and More (1815–1897)* (New York, 1898), 241; Elizabeth Beaumont, *The Civic Constitution: Civic Visions and Struggles in the Path Toward Constitutional Democracy* (New York, 2014), xv–xvi, 2–4; Laura F. Edwards, *A Legal History of the Civil War and Reconstruction: A Nation of Rights* (New York, 2015), 6; Hendrik Hartog, "The Constitution of Aspiration and 'The Rights that Belong to Us All,' " *JAH*, 74 (December 1987), 354; Catherine A. Jones, "Women, Gender, and the Boundaries of Reconstruction," *JCWE*, 8 (March 2018), 116.
14. *CG*, 41st Congress, 2nd Session, 3607; Foner, *Reconstruction*, 232.
15. David W. Blight, *Frederick Douglass: Prophet of Freedom* (New York, 2018), 743.
16. Michael Vorenberg, *Final Freedom: The Civil War, the Abolition of Slavery, and the Thirteenth Amendment* (New York, 2001), 60; *Philadelphia North American and United States Gazette*, June 8, 1866.

引言　二次建國的起源

1. Michael J. Klarman, *The Framers' Coup: The Making of the United States Constitution* (New York, 2016), 261.
2. Sean Wilentz, *No Property in Man: Slavery and Antislavery at the Nation's Founding* (Cambridge, 2018), 162–63; "Interview: Linda Colley," *British Academy Review*, 28 (Summer 2016), 26. I borrow the observation about "We the People" from a talk by James Sidbury at "The Future of the African-American Past," a conference held in Washington, D.C., in May 2016.
3. Benedict R. Anderson, *Imagined Communities: Reflections on the Origin and Spread of Nationalism* (London, 1983); J. Hector St. John de Crèvecoeur, *Letters from an American Farmer*, ed. Alfred E. Stone (New York, 1981), 69.
4. Carrie Hyde, *Civic Longing: The Speculative Origins of U.S. Citizenship* (Cambridge, 2018), 10; Rogers M. Smith, *Civic Ideals: Conflicting Visions of Citizenship in U.S. History* (New Haven, 1997), 115–25; Eric Mathiesen, *The Loyal Republic: Traitors, Slaves, and the Remaking of Citizenship in Civil War America* (Chapel Hill, 2018), 13–14; *CG*, 40th Congress, 3rd Session, Appendix, 95–96; William J. Novak, "The Legal Transformation of Citizenship in Nineteenth-Century America," in Meg Jacobs, William

註釋

註釋中的縮寫

AJLH 《美國法律史期刊》(*American Journal of Legal History*)
CG 《國會世界》(*Congressional Globe*)
CR 《國會紀錄》(*Congressional Record*)
CLR 《哥倫比亞法律評論》(*Columbia Law Review*)
GJLP 《喬治城法律與公共政策期刊》(*Georgetown Journal of Law and Public Policy*)
HL 哈佛大學霍頓圖書館(*Houghton Library, Harvard University*)
JAH 《美國史期刊》(*Journal of American History*)
JCWE 《南北戰爭時期期刊》(*Journal of the Civil War Era*)
JSCH 《最高法院史期刊》(*Journal of Supreme Court History*)
LC 國會圖書館(*Library of Congress*)
LHR 《法律與歷史評論》(*Law and History Review*)
NAS 《全國反奴標準報》(*National Anti-Slavery Standard*)
YLJ 《耶魯法律期刊》(*Yale Law Journal*)

前言

1. *CG*, 41st Congress, 2nd Session, 3607.
2. Eric Foner, *Reconstruction: America's Unfinished Revolution 1863–1877* (New York, 2014 ed.). For a collection of essays surveying current scholarship on Reconstruction, see John David Smith, ed., *Interpreting American History: Reconstruction* (Kent, 2016).
3. John David Smith, ed., *The Dunning School: Historians, Race, and the Meaning of Reconstruction* (Lexington, 2013).
4. John W. Burgess, *Reconstruction and the Constitution 1866–1876* (New York, 1902), 217; Claude G. Bowers, *The Tragic Era: The Revolution After Lincoln* (Cambridge, 1929).
5. Marilyn Lake and Henry Reynolds, *Drawing the Global Colour Line: White Men's Countries and the International Challenge of Racial Equality* (New York, 2008), 6–10, 50–65.
6. Jason Morgan Ward, "Causes Lost and Found: Remembering and Refighting Reconstruction in the Roosevelt Era," in Carole Emberton and Bruce E. Baker, eds.,

Beyond

95

世界的啟迪

二次建國：重塑美國憲法的關鍵時刻

The Second Founding: How the Civil War and Reconstruction Remade the Constitution

作者	艾瑞克・馮納（Eric Foner）
譯者	鄭煥昇
總編輯	洪仕翰
責任編輯	王晨宇
行銷企劃	張偉豪
封面設計	陳恩安
排版	宸遠彩藝

出版	衛城出版 / 遠足文化事業股份有限公司
發行	遠足文化事業股份有限公司（讀書共和國出版集團）
地址	231 新北市新店區民權路 108-3 號 8 樓
電話	02-22181417
傳真	02-22180727
客服專線	0800-221029
法律顧問	華洋法律事務所　蘇文生律師
印刷	呈靖彩藝有限公司
初版	2025 年 7 月
定價	520 元
ISBN	9786267645734（紙本）
	9786267645710（EPUB）
	9786267645727（PDF）

歡迎團體訂購，另有優惠，請洽 02-22181417，分機 1124

The Second Founding: How the Civil War and Reconstruction Remade the Constitution

Originally published in English by W. W. Norton & Company

ACRO POLIS 衛城出版

Email acropolisbeyond@gmail.com

Facebook www.facebook.com/acrolispublish

國家圖書館出版品預行編目(CIP)資料

二次建國：重塑美國憲法的關鍵時刻/艾瑞克.馮納(Eric Foner)作；鄭煥昇譯. -- 初版. -- 新北市：衛城出版，遠足文化事業股份有限公司出版：遠足文化事業股份有限公司發行，2025.07

面；　公分. -- (Beyond；95)(世界的啟迪)

譯自：The second founding : how the civil war and reconstruction remade the constitution

ISBN 978-626-7645-73-4(平裝)

1. 憲法修改　2. 憲法制定　3. 美國

581.52　　114008094